독자의 1초를
아껴주는 정성을
만나보세요!

세상이 아무리 바쁘게 돌아가더라도 책까지 아무렇게나 빨리 만들 수는 없습니다.
인스턴트 식품 같은 책보다 오래 익힌 술이나 장맛이 밴 책을 만들고 싶습니다.
땀 흘리며 일하는 당신을 위해 한 권 한 권 마음을 다해 만들겠습니다.
마지막 페이지에서 만날 새로운 당신을 위해 더 나은 길을 준비하겠습니다.

모두의 딥러닝 개정 3판

Deep learning for everyone

초판 발행 · 2022년 3월 31일
초판 6쇄 발행 · 2024년 10월 1일

지은이 · 조태호
발행인 · 이종원
발행처 · (주)도서출판 길벗
출판사 등록일 · 1990년 12월 24일
주소 · 서울시 마포구 월드컵로 10길 56(서교동)
대표 전화 · 02)332-0931 | **팩스** · 02)323-0586
홈페이지 · www.gilbut.co.kr | **이메일** · gilbut@gilbut.co.kr

기획 및 책임편집 · 안윤경(yk78@ gilbut.co.kr) | **디자인** · 박상희 | **제작** · 이준호, 손일순, 이진혁, 김우식
영업마케팅 · 임태호, 전선하, 차명환, 박민영, 박성용 | **영업관리** · 김명자 | **독자지원** · 윤정아

교정교열 · 김윤지 | **전산편집** · 박진희 | **출력·인쇄** · 예림인쇄 | **제본** · 예림바인딩

ISBN 979-11-6521-924-6 93000
(길벗 도서번호 080324)

정가 24,000원

독자의 1초를 아껴주는 정성 길벗출판사

길벗 | IT단행본, IT교육서, 교양&실용서, 경제경영서
길벗스쿨 | 어린이학습, 어린이어학

페이스북 · www.facebook.com/gbitbook
예제소스 · https://github.com/taehojo/deeplearning

즐거운
프로그래밍
경 험

개정3판

모두의 딥러닝

조태호 지음

길벗

이 책은 딥러닝에 입문하려는 이들에게 이론과 실습을 통해 기본기를 탄탄하게 잡아 주는 책입니다. 딥러닝 기초 수학으로 개념을 잡고, 텐서플로 2를 이용해 직접 모델을 돌려 보도록 구성되어 있습니다. GPU가 없어도 코랩에서 바로 실습이 가능하도록 코드가 잘 되어 있기에, 비전공자들도 실습 환경 고민 없이 쉽게 공부할 수 있습니다. 코드 주석, 도식화, 눈에 잘 들어오는 편집 등 책의 완성도가 굉장히 높습니다. 딥러닝 입문을 희망하는 이들이 있다면, 이 책을 꼭 추천하고 싶습니다.

장대혁_NLP 엔지니어(실습 환경: 코랩)

이 책은 딥러닝에 대한 사전 지식이 없는 사람들도 쉽게 이해할 수 있도록 여러 비유와 예시를 들어 딥러닝의 개념을 설명하고 있습니다. 주제별로 코드를 한 줄씩 자세하게 설명해 딥러닝을 처음 접하는 사람들도 딥러닝의 개념을 확실하게 이해할 수 있도록 도와줍니다. 간단한 로지스틱 회귀부터 CNN, 자연어 처리뿐만 아니라 GAN, XAI 등 최신 동향도 설명하고 있어 최신 기술까지 습득할 수 있도록 도와 주는 유용한 책입니다. 또한, 마지막의 캐글을 활용한 분석의 경우도 캐글에 입문하고자 하는 사람들에게 도움이 될 것 같습니다. 딥러닝 개념을 쉽게 이해할 수 있는 책을 찾고 있는 분들에게 추천합니다.

이혜민_LG 디스플레이 데이터 분석가(실습 환경: 코랩)

이번 개정 3판의 의미가 큰 것 같습니다. 그동안 충분히 좋은 책으로 인정을 받아왔는데, 이번 3판에서 실습 환경이 코랩으로 제공되어 학습 편의성이 한층 향상되었습니다. 책을 읽으면서, 저자분의 친절함을 많은 곳에서 느낄 수 있었습니다. 특히 딥러닝에서 사용되는 수학적인 이론을 정의하고 그 이론을 바탕으로 실제 딥러닝 코드에 적용되는 설명이 매우 인상 깊었습니다. "어…… 들어는 보았는데……, 사용해 보았는데……." 왜 쓰는지 잘 기억이 나지 않는 경우가 있었는데, 멀리 흩어져 있는 지식들이 정리되었고, 책장에 한 권은 비치해 놓고 봐야 하는 책이라는 생각이 들었습니다. 친절한 해설, 그 안에 구체화된 그림으로 전체적인 딥러닝 뷰를 볼 수 있고 사용되는 이론과 동작 원리가 설명되어 있어서 많은 도움이 됩니다. 편집이 깔끔하고 컬러로 구성되어 학습하는 데 가독성이 높아 내용을 한눈에 파악할 수 있었습니다.

〈모두의 딥러닝〉으로 새롭게 딥러닝을 시작하는 독자분에게는 좋은 기준을 세워 줄 수 있고 기존에 조금 알고 계신 독자분께서는 조금 더 깊게 내공을 다질 수 있는 책이라고 생각됩니다.

박찬웅_SW 개발자(실습 환경: 코랩)

사실, 딥러닝 이미지 분야 쪽에서 일한 지 3년 차입니다. 옛날에는 논문을 보고 배우며 실습해야 했고, 혼자서 하기에는 많은 어려움이 있었습니다. 하지만 이 책을 보고 나서, 처음 딥러닝을 배우는 사람에게 너무 친숙하게 책을 만들었다는 생각이 들었습니다. 기초적인 수학부터 시작해서 논문으로 이해해야만 하는 역전파, 그리고 쉽지 않은 RNN이나 최신의 Vision Transformer 같은 개념들을 그림과 함께 제대로 잘 설명하고 있으며, 이 책을 쓰기 위해 많은 노력을 했다는 것을 느낄 수 있었습니다. 매우 친숙한 문제들로 실습하는 것이 정말 좋았고, 코드도 깔끔하게 잘 짜여 있습니다.

장승호_소프트웨어 엔지니어(실습 환경: 코랩)

금융, 공공기관 개발과 프로젝트를 하던 중 디지털 금융에 관심이 생기면서 머신 러닝에도 관심을 가지게 되었습니다. 처음에는 유튜브나 동영상 강의 그리고 강좌를 듣는 것이 좋다고 하여 무조건 많이 들었는데, 기본이 부족해서 이해하는 데 많은 어려움을 겪었습니다. 그러던 중 베타테스트 기회를 얻게 되었고, 책 한 권에 딥러닝의 전반적인 내용이 다 포함되어 있는 것과 핵심적인 부분만 이해하기 쉽도록 설명되어 있는 부분이 좋았습니다. 그래서 전에 제가 기본 없이 의욕만 가지고 접한 동영상의 내용들도 같이 이해되는 플러스 효과를 얻게 되었습니다. 딥러닝을 입문하는 데 전혀 부족함이 없는 책이라고 생각하며, 강력 추천합니다.

안종식_PM/PL/개발자(아이티아이즈 수석)(실습 환경: 코랩)

몇 년 전 딥러닝 프로젝트를 처음 맡았을 때, 가진 지식이 전무함에도 어울리지 않게 중급서를 구매해서 보았는데 지식 습득까지는 이어지지 못한 적이 있었습니다. 어떤 도서가 입문서인지, 중급서인지 판단도 안 되던 시기였죠. 〈모두의 딥러닝〉은 기초 입문서로, 머신 러닝을 처음 배우고 기초 지식이 전무한 사람에게 첫 입문서로 더할 나위 없이 좋은 책입니다. 이를 기반으로 지식을 더해 가고 중급 개발자로 성장하길 바라겠습니다.

이진_IoT 플랫폼 개발(실습 환경: 코랩)

2017년에 출간된 〈모두의 딥러닝 1판〉에 비해, 지금 여러분이 보시는 〈모두의 딥러닝 개정 3판〉은 분량이 1.5배 이상 늘었고, 80% 가까운 내용이 새롭게 업데이트되었습니다. 1판의 목표는 '쉽고 빠르게 딥러닝을 실행'하는 것이었지만, 이후 5년간 수많은 교육 현장에서 교재로 채택되며 '딥러닝 교육의 표준을 제시하는 국내 대표 서적'으로 점차 탈바꿈해 온 결과가 3판이라고 할 수 있습니다. 딥러닝의 기본과 CNN, RNN까지 다루던 1판 내용에 최신 기술을 더하고자 GAN, 오토 인코더, 전이 학습, 자연어 처리를 추가한 〈모두의 딥러닝 개정 2판〉이 출간되었고, 현업과 연구에 적용 가능한 기술들을 모두 담기 위한 노력은 머신 러닝의 범위까지 아우르는 〈모두의 딥러닝 개정 3판〉이 되어 여러분을 만나게 되었습니다.

기존에 했던 설명보다 더 나은 방향의 설명이 가능한지를 끊임없이 고민하며, 이해할 수 있고, 실행 가능한 예제, 내 업무와 연구에 도입할 수 있는 딥러닝 기술을 익힐 수 있는 책이 되게끔 노력했습니다. 현업과 연구에서 다룰 수 있는 최신 알고리즘을 소개하고자, 특히 이번 3판에는 구글 알파폴드의 핵심인 어텐션 편이 더해졌고, 딥러닝의 예측 결과를 설명해 주는 설명 가능한 딥러닝 편, 다져진 실력을 직접 확인하고 세계로 뻗어 나가게 돕는 캐글로의 도전 편이 더해지게 되었습니다. 또 복잡한 초기 설치가 필요 없게끔 개편되었고, 컴퓨터 성능의 한계가 실행에 방해되지 않도록 구글 코랩 중심으로 모든 코드와 내용을 전면 수정하였습니다.

가장 큰 변화는 딥러닝 이외의 머신 러닝을 모아 가장 많이 사용하는 머신 러닝 TOP 10을 선정하고, 데이터를 다루는 데 필수적인 판다스의 기능을 한눈에 파악하게 해 주는 내용을 새롭게 편성해서 이들을 별책 부록으로 만들었다는 것입니다. 이로써 현업에서 많이 쓰이는 머신 러닝, 딥러닝의 핵심을 두루 소개하며, 각 요소마다 적절한 코드를 통해 실제로 해당 알고리즘을 다루게 해 주는 내실 있는 구성으로 재탄생되었다고 생각합니다.

초판부터 이어지는 이 책의 주목적, 즉 컴퓨터나 프로그래밍의 길을 접해 보지 않은 사람도 충분히 이해가 되게끔 설명하자는 것은 이번에도 여전히 최우선 목표였습니다. 고등학교 수준의 수학, 기본 파이썬을 아는 정도의 프로그래밍 실력만으로 딥러닝을 막힘없이 해내게끔 가이드하기 위해 최선의 노력을 기울였습니다.

기획부터 출간까지 많은 것들을 함께 해 주시고 정성을 다해 도와주신 안윤경 팀장님께 특별히 감사드리고, 변함없이 든든하게 지켜봐 주시는 서형철 실장님께도 감사의 마음을 전합니다. 이제 더 이상 누군가 해 놓은 딥러닝을 가져와 쓰는 시대가 아닙니다. 인터넷의 발달이 일방적 정보 전달의 시대를 끝냈듯, 구글 코랩 같은 최적의 시스템들이 내가 직접 AI를 만들고 배포하는 시대를 열어 주었습니다. 이러한 시대의 첨단에 선 여러분이 새로운 인공지능의 시대로 나아가는 데 이 책이 기여하길 바랍니다.

2022년 3월

조태호

이 책의 구성과 활용법

이 책은 크게 다음과 같이 총 다섯 개의 파트와 심화 학습, 별책 부록으로 구성되었습니다.

1 **딥러닝 준비 운동**   딥러닝 작업 환경을 갖추고 실제 데이터를 사용해 일단 딥러닝을 실행시켜 봅니다. 그다음 딥러닝을 공부하는 데 필요한 기초 수학을 살펴보며 본격적으로 학습에 들어갈 준비를 합니다.

2 **기본 동작 원리**   머신 러닝 및 딥러닝의 기본 원리인 선형 회귀와 로지스틱 회귀를 배웁니다.

3 **딥러닝의 시작**   딥러닝을 설계할 때 꼭 필요한 신경망과 역전파의 개념을 배웁니다.

4 **딥러닝의 기본기**   예제를 통해 딥러닝 이론이 실제 프로젝트에 어떻게 적용되는지 확인합니다. 총 여섯 개의 프로젝트를 실습하며 각 프로젝트는 딥러닝에서 꼭 필요한 기술을 하나씩 담고 있습니다.

5 **딥러닝 활용**   딥러닝을 다양하게 활용해 봅니다. 지금까지 공부한 것을 바탕으로 CNN, RNN, 자연어 처리, GAN, 전이 학습, 설명 가능한 딥러닝, 캐글 도전 등을 익히고 다루어 봅니다.

6 **심화 학습**   역전파와 신경망을 조금 더 깊이 알아봅니다. 컴퓨터 과학을 전공하고 싶거나 딥러닝 이론에 관심이 있다면 심화 학습 편을 반드시 읽어 보세요.

7 **별책 부록**   가장 많이 사용하는 머신 러닝 알고리즘 TOP 10 및 데이터를 다루는 데 필수적인 92개의 판다스 코드가 정리되어 있습니다.

동영상 강의   다음 주소에서 이 책의 동영상 강의를 볼 수 있습니다. 저자 직강의 묘미를 느껴 보세요!

• https://bit.ly/taehojo

이 책의 실습을 하려면

이 책에 나오는 예제 소스는 모두 파이썬(Python)으로 작성되었으며, 케라스와 텐서플로 2를 사용합니다. 또한, 실습에 필요한 데이터셋과 완성 파일을 모두 제공합니다. 본문은 모두 구글 코랩(Colab)으로 실습하지만 자신의 컴퓨터에서 실행하려는 분들을 위해 주피터 노트북용 파일(ipynb) 및 아나콘다 설치 방법도 설명합니다. 코드 길이가 짧고 간결해 파이썬 기초 문법 정도만 알면 누구나 볼 수 있지만, 프로그래밍을 한 번도 접해 본 적이 없는 사람이라면 파이썬 입문서와 함께 볼 것을 추천합니다.

코랩에서 설치 없이 실행하기

각 장의 예제 파일은 코랩에서 바로 실행할 수 있으며, 예제 파일이 있는 장에는 다음과 같이 두 가지 경로가 소개되어 있습니다.

> ◎ **예제 소스** https://github.com/taehojo/deeplearning → 2장. 딥러닝의 핵심 미리보기 [구글 코랩 실행하기]
> ◎ **바로 가기** https://bit.ly/dl3-ch02

1. 저자 깃허브(https://github.com/taehojo/deeplearning)에 접속합니다.
2. 페이지 하단에서 실습할 장 옆의 **구글 코랩 실행하기**를 클릭합니다. 또는 바로 가기 주소(https://bit.ly/dl3-ch02)로 접속합니다.

> **2장. 딥러닝의 핵심 미리보기** [구글 코랩 실행하기]

3. 그러면 다음과 같이 바로 실행할 수 있는 페이지가 뜹니다.

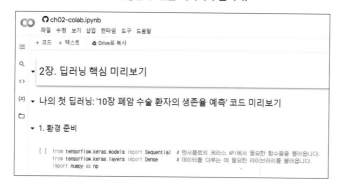

자세한 내용은 22쪽과 33쪽을 참고하세요.

내 컴퓨터에서 주피터 노트북으로 실행하기

1. 저자 깃허브(https://github.com/taehojo/deeplearning)에 접속해 **Code** 〉 **Download ZIP**을 클릭해 예제 파일을 내려받습니다.

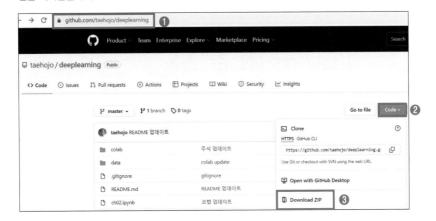

2. 원하는 곳에 내려받은 예제 파일의 압축을 풉니다.
3. 부록(370쪽)을 참고해 아나콘다(Anaconda)를 설치합니다.
4. 주피터 노트북을 실행한 후 예제 파일이 있는 폴더로 이동해 실습을 원하는 파일을 선택하면 됩니다. 자세한 내용은 부록을 참고하세요.

예제 소스는 저자 깃허브, 길벗출판사 깃허브, 길벗출판사 웹 사이트에서 내려받을 수 있으며, 가장 최신 예제는 저자 깃허브를 참고해 주세요.

- **저자 깃허브**: https://github.com/taehojo/deeplearning
- **길벗출판사 깃허브**: https://github.com/gilbutITbook/080324
- **길벗출판사 웹 사이트**: https://www.gilbut.co.kr (도서명 검색 → 자료실)

오탈자 확인&문의

이 책의 오탈자는 저자 깃허브와 길벗출판사 웹 사이트에서 확인할 수 있습니다.

- **저자 깃허브**: https://github.com/taehojo/deeplearning
- **길벗출판사 웹 사이트**: https://www.gilbut.co.kr (도서명 검색 → 자료실)

도서 관련 문의는 **길벗출판사 웹 사이트** 〉 **고객센터** 〉 **1:1 문의**로 부탁드립니다.

목차

첫째마당　딥러닝 시작을 위한 준비 운동　17

심화 학습   347

첫째
마당

딥러닝 시작을 위한
준비 운동

온통 딥러닝에 관한 이야기입니다. 이 책을 손에 넣은 여러분
도 어디선가 딥러닝에 관해 전해 들었을 것입니다. 아마 그
이야기는 딥러닝이 할 수 있는 놀라운 일에 관한 것이었을 테
고요. 이제 그 딥러닝이 여러분의 이야기가 될 것입니다. 이
책으로 딥러닝이 무엇인지 기본 개념을 익히고 예제를 실행해
보며 딥러닝에 관한 자신감을 얻게 될 것입니다.

1장 해 보자! 딥러닝

DEEP LEARNING FOR EVERYONE

 1 인공지능? 머신 러닝? 딥러닝?

바야흐로 딥러닝의 전성시대입니다. 딥러닝이 암을 대신 진단하고 생명 현상의 신비를 풀어내며, 각종 산업 전반에 커다란 변화를 가져오고 있습니다. 딥러닝이 어느 날 갑자기 등장한 것은 아닙니다. 딥러닝은 사람을 닮은 인공지능을 만들기 위해 수십 년간 지속해 온 노력의 결실입니다. 사람이 할 수 있는 것과 유사한 판단을 컴퓨터가 해낼 수 있게끔 인공지능을 연구하던 중, 기존의 데이터를 이용해 앞으로 일을 예측하는 '머신 러닝(machine learning)' 기법이 효과적임을 발견했습니다. 이 머신 러닝 안에는 여러 알고리즘이 있는데, 이 중 가장 좋은 효과를 내는 것이 바로 딥러닝입니다.

따라서 인공지능, 머신 러닝, 딥러닝의 관계를 그림 1-1과 같이 표현할 수 있습니다.

그림 1-1 | 인공지능, 머신 러닝, 딥러닝의 관계

인공지능의 큰 범주 안에 머신 러닝이 속하고, 머신 러닝의 일부분이 딥러닝인 것이지요. 만일 인공지능이 먹을 수 있는 모든 음식이라고 한다면 머신 러닝은 영양가 많은 고기 음식이라 할 수 있고, 딥러닝은 그중에서도 최고급 스테이크 요리쯤 된다고 할 수 있습니다.

우리는 이 책을 통해 최고급 요리에 해당하는 딥러닝을 맛볼 것입니다. 그런데 고기 맛을 알아야 진정한 스테이크 맛을 음미할 수 있듯, 딥러닝을 충분히 음미하려면 먼저 머신 러닝 맛을 보아야 합니다.

머신 러닝은 많은 계산을 필요로 하기 때문에 여러 가지 수학 공식이 쏟아져 나오기도 합니다. 따라서 꼭 필요한 머신 러닝만 골라 주면서 '진입 장벽'을 자연스럽게 뛰어넘게 만드는 숙련된 가이드가 필요합니다.

이 책이 여러분의 가이드가 되어 줄 것입니다. 딥러닝 학습에 꼭 필요한 이론과 실습 예제가 난이도를 고려해 차례로 등장합니다. 한 챕터씩 공부하다 보면 선형 회귀, 로지스틱 회귀를 지나 자연스레 신경망을 만나게 되고, 실제 세상에 적용 가능한 딥러닝을 경험하게 될 것입니다. 책의 마지막 장을 넘길 때쯤, 여러분은 수술 환자의 사망률을 예측하고 아이리스의 품종을 맞추고 손으로 쓴 글씨를 판별하는 딥러닝의 주인이 되어 있을 것입니다. 딥러닝 이외에 종종 쓰이는 머신 러닝 알고리즘들은 별책으로 편성되어 있습니다. 별책 부록에서 제공되는 '가장 많이 사용되는 머신 러닝 알고리즘 Top10'과 '판다스 사용법'까지 참조하면, 타인의 것으로만 보이던 인공지능, 머신 러닝, 딥러닝이 바로 여러분의 손에 쥐어질 것입니다.

② 딥러닝 실행을 위해 필요한 세 가지

딥러닝을 실행하기 위해 반드시 갖추어야 할 세 가지 준비 사항이 있습니다. **데이터**, **컴퓨터**, 그리고 **프로그램**입니다.

■ 데이터

딥러닝은 데이터를 이용해 예측 또는 판별을 수행합니다. 이때 사용되는 데이터는 이름표가 달려 있는지에 따라 두 종류로 나눕니다.

예를 들어 개와 고양이 사진으로 이루어진 데이터가 있다고 해 봅시다. 각각 사진에 '개' 또는 '고양이'라고 이름표가 붙어 있다면, 개 사진을 보고 '개'라고 판별하고 고양이 사진을 '고양이'라고 판별하는 딥러닝 모델을 만들 수 있습니다. 이렇게 이름표가 주어진 데이터를 이용해 그 이름표를 맞히는 것을 '지도 학습'이라고 합니다.

반대로 이름표가 없이 개와 고양이 사진이 그냥 마구잡이로 섞여 있다고 생각해 봅시다. 이때도 딥러닝을 활용할 수 있습니다. 사진 속에서 개 사진들의 공통적인 특징을 찾아내고 고양이 사진들의 특징을 찾아내 이 두 그룹을 분류해 낼 수 있습니다. 이렇게 이름표가 없는 데이터를 이용하는 것을 '비지도 학습'이라고 합니다. 딥러닝을 설계할 때는 이처럼 주어진 데이터에 이름표가 있는지 없는지에 따라 지도 학습을 사용할지, 아니면 비지도 학습을 사용할지 결정하게 됩니다. 이 책은 CNN, RNN 등의 지도 학습과 GAN, 오토인코더 등의 비지도 학습 계열을 모두 다루게 됩니다. 우리가 이 책에서 다루는 대부분의 예제는 이름표가 있는 지도 학습이지만, 책 후반부에서는 비지도 학습 계열인 GAN과 오토인코더도 배웁니다.

■ 컴퓨터(CPU? GPU?)

딥러닝을 일반 CPU 컴퓨터에서 동작시킬지 아니면 고속 그래픽 처리에 특화된 전용 프로세서인 GPU에서 동작시킬지 선택할 수 있습니다. 이 책 예제들은 대부분 CPU와 GPU, 어떤 환경에서도 잘 작동합니다. 다만 이 책에서 배운 내용을 자신이 가지고 있는 더 많은 데이터에 적용하려면 GPU 작업 환경을 갖추길 추천합니다.

■ 프로그램

데이터와 컴퓨터 장비가 준비되었다면, 이제 딥러닝을 구동할 수 있게끔 프로그래밍을 해야 합니다. 프로그래밍에 익숙하지 않아도, 수학에 자신이 없어도 구글 코랩(Google Colab)과 딥러닝 라이브러리를 활용하면 누구나 딥러닝을 어렵지 않게 구현할 수 있습니다.

3 구글 코랩 실행하기

딥러닝을 만들고 작동시키는 대표적인 방법에는 구글이 제공하는 **구글 코랩**을 이용하는 방법과 내 컴퓨터에 **아나콘다**(Anaconda)를 설치한 후 가상 환경에서 실행하는 방법[1]이 있습니다. 구글 코랩에는 딥러닝 실행을 위한 환경이 이미 갖추어져 있고, 무료로 제공되는 GPU/TPU

---

1 아나콘다는 파이썬을 비롯해 여러 가지 라이브러리를 쉽게 설치하고 관리하게 해 주는 파이썬 배포판입니다.

등 빠른 프로세서를 사용할 수 있다는 장점이 있기 때문에 우리는 구글 코랩을 사용해 실습할 예정입니다. 만일 내 컴퓨터에서 아나콘다 가상 환경을 설치해 딥러닝을 실행하려면 부록 A(370쪽)를 참고하세요.

TIP

구글 코랩과 아나콘다 가상 환경을 이용하는 방법의 장단점은 표 1-1과 같습니다.

표 1-1 | 딥러닝 프로그래밍 툴의 장단점

구분	장점	단점
구글 코랩	• 설치가 필요 없음 • 구글의 GPU와 TPU를 무료로 사용해 빠른 실행이 가능 • 구글 드라이브와 연동 가능	• 아무 작업도 하지 않을 경우 90분 후 세션 종료 • 최대 세션 유지 시간은 12시간(무료 버전의 경우)
주피터 노트북	• 세션 유지 시간의 제약이 없음	• 아나콘다를 설치해야 이용 가능 • 컴퓨터 사양에 작업 성능이 종속됨

■ 구글 코랩의 개요

구글 코랩을 사용하기 위해 필요한 소프트웨어는 웹 브라우저뿐입니다. ❶ 웹 브라우저로 구글 코랩에 접속해서 ❷ 딥러닝을 위해 필요한 편집을 마치면, ❸ 구글 클라우드 서버에서 해당 프로그램이 실행되고, ❹ 결과를 구글 코랩에 보여 줍니다. 구글 코랩을 통해 만들고 실행한 파일은 구글 드라이브에 저장하고 불러올 수 있습니다.

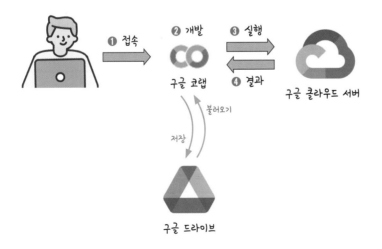

1. 구글 코랩을 사용하려면 구글 계정이 있어야 합니다. 구글 계정이 없다면 먼저 구글 웹 사이트에 접속해 계정을 만듭니다.

그림 1-2 | 구글 계정 만들기

2. 인증 과정과 약관 동의 과정을 거쳐 구글 계정을 만들고 해당 계정에 로그인하고 나면, ❶ ⠿ 아이콘을 클릭한 후 ❷ 드라이브를 클릭합니다.

그림 1-3 | 구글 드라이브 선택

3. 구글 드라이브가 열리면 왼쪽 상단의 ❶ **새로 만들기** > ❷ **더보기** > ❸ **연결할 앱 더보기**를 차례로 선택합니다.

그림 1-4 | 연결할 앱 선택

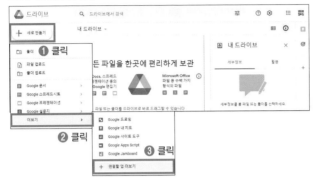

4. ❶ 'Colaboratory'를 검색하고 ❷ 해당 앱을 클릭한 후 ❸ **설치**를 클릭합니다.

그림 1-5 | Colaboratory를 검색해서 설치

5. 화면에 나오는 대로 동의와 계정 선택 단계를 진행합니다. 그림 1-6과 같이 뜨면 설치가 완료된 것입니다. ❶ **확인**을 눌러 구글 코랩을 기본 앱으로 설정하고 ❷ **완료**를 눌러 설치를 마칩니다.

그림 1-6 | 구글 코랩 설치 완료

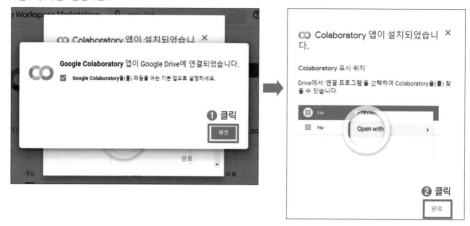

6. 이제 다시 한 번 **새로 만들기** > **더보기**를 선택하면 Google Colaboratory 메뉴가 생긴 것을 확인할 수 있습니다. 클릭해서 구글 코랩을 실행합니다.

그림 1-7 | 구글 코랩의 실행

■ 코랩으로 새 노트북 파일 만들기

1. 그림 1-8과 같이 구글 코랩이 실행되면 먼저 파일명을 바꾸어 보겠습니다. ❶ 상단에 Untitled0.ipynb라고 되어 있는 부분을 클릭해 ❷ '나의 첫 코랩'이라고 입력합니다.

그림 1-8 | 파일명 바꾸기

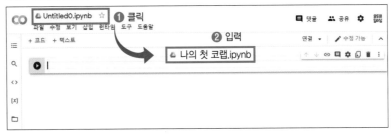

2. ❶ 우측의 **연결** 버튼을 클릭하고 잠시 기다리면 ❷ 메모리(RAM)와 디스크 사용량을 표시하는 막대 그래프가 표시됩니다.

그림 1-9 | 구글 클라우드 서버와 연결하기

3. 추가 설정이 없을 경우 CPU 기반으로 구동됩니다. 빠른 실행을 위해 GPU 또는 TPU와 연결시켜 보겠습니다. 메뉴에서 ❶ **수정** › ❷ **노트 설정**을 클릭한 후 ❸ **하드웨어 가속기**의 None을 ❹ GPU(또는 TPU)로 선택하고 ❺ **저장**을 누릅니다. 책에서는 GPU를 선택했습니다.

그림 1-10 | GPU 또는 TPU와 연결하기

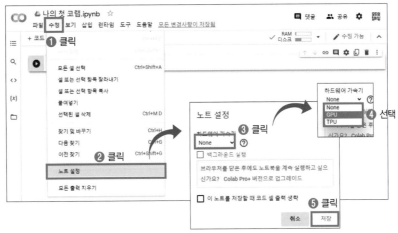

잠깐만요

TPU는 구글에서 만든 데이터 분석 및 딥러닝용 하드웨어입니다. 구글 클라우드 서버 내에서만 사용할 수 있으며, GPU보다 특정 환경에서 훨씬 빠른 연산이 가능한 것으로 알려져 있습니다.

▪ 코드 실행하기

이제 GPU 혹은 TPU를 이용해 구글 코랩을 사용할 준비가 되었습니다. 간단한 코드를 입력해 보면서 사용법을 알아보겠습니다. 딥러닝을 위한 코드는 파이썬 언어로 만들어집니다.

TIP

파이썬은 배우기 쉽고 데이터를 다루는 기능이 뛰어나, 딥러닝과 인공지능 분야에서 가장 많이 쓰이는 프로그래밍 언어입니다.

4. ❶ 다음과 같이 Hello, Deeplearning!을 출력하는 코드를 입력합니다.

```
print("Hello, Deeplearning!")
```

❷ **실행** 버튼(▶)을 클릭한 후 ❸ 출력을 확인해 봅니다.

그림 1-11 | 첫 코드 실행

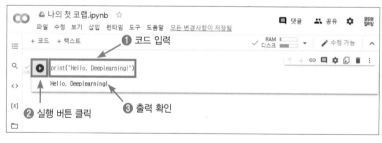

5. 메뉴 바로 밑에는 **+ 코드**와 **+ 텍스트** 버튼이 있습니다. 이를 이용해 코드를 새로 입력할지, 텍스트를 입력할지 결정할 수 있습니다. 먼저 코드를 새롭게 추가해 보겠습니다. ❶ **+ 코드**를 클릭해서 ❷ 새로운 코드 편집창이 나타나는 것을 확인합니다.

그림 1-12 | 새 코드 편집창 만들기

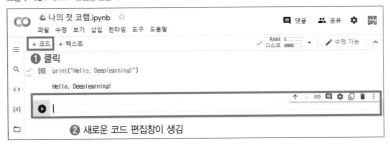

TIP
창 상단이나 하단에 마우스를 살짝 가져가도 + 코드, + 텍스트 선택 버튼이 나옵니다. 이후 코드가 길어질 때 상단 메뉴까지 이동하는 번거로움을 덜 수 있는 편리한 기능입니다.

그림 1-13 | 또 다른 코드 편집창 생성법

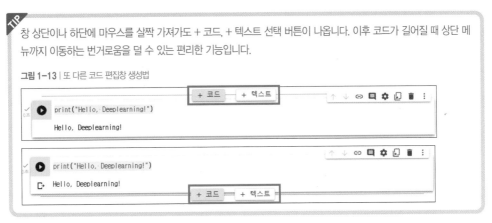

6. 딥러닝을 위해 반드시 필요한 라이브러리는 텐서플로입니다(텐서플로는 2장에서 자세히 설명합니다). 구글 코랩에는 텐서플로가 이미 설치되어 있습니다. 설치된 텐서플로의 버전을 확인하는 코드를 실행해 보겠습니다. 새로 연 코드 편집창에 다음과 같이 입력합니다.

```
import tensorflow as tf
print(tf.__version__)
```

실행 버튼을 클릭하고 출력을 확인합니다.

그림 1-14 | 새로운 코드 실행

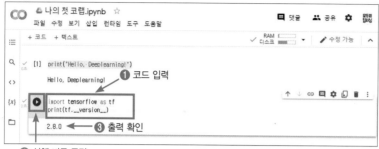

❶ 코드 입력

 ❷ 실행 버튼 클릭

❸ 출력 확인

현재 사용 중인 텐서플로의 버전이 출력됩니다.

> **잠깐만요**
>
> 이 글을 쓰는 시점의 구글 코랩의 텐서플로 버전은 2.8입니다. 텐서플로의 버전에 따라 실행 결과나 특성이
> 조금씩 달라질 수 있습니다.

■ 텍스트 입력하기

7. 이번에는 텍스트를 입력하고 다루는 방법에 대해 알아보겠습니다. ❶ **+ 텍스트**를 클릭해 ❷ 텍스트 입력창을 추가합니다.

그림 1-15 | 새로운 텍스트 입력창 생성

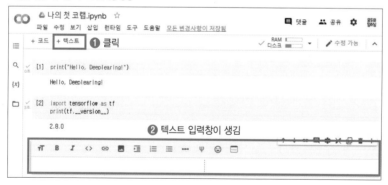

8. 텍스트 입력창 왼쪽에 텍스트를 입력하면, 어떻게 보여질지 오른쪽에 나타납니다.

그림 1-16 | 텍스트의 입력과 미리 보기

TIP

#이나 * 등 기호를 붙이면 텍스트의 크기나 굵기, 기울기 등을 조정할 수 있는데, 이것을 마크다운 언어라고 합니다. 구글 코랩은 #이나 * 기호를 일일이 기억하지 않아도 이를 자동으로 붙여 주는 툴을 텍스트 입력창 상단에 제공합니다. 예를 들어 ❶ ⊤를 클릭하면 # 기호가 추가되면서 앞서 입력한 글씨의 크기가 변하는 것을 볼 수 있습니다.

그림 1-17 | 글씨 크기 변경하기 1

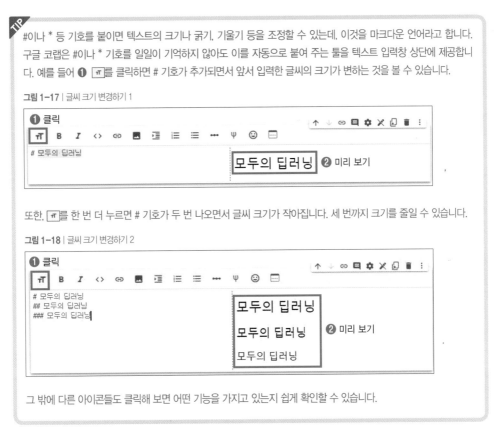

또한, ⊤를 한 번 더 누르면 # 기호가 두 번 나오면서 글씨 크기가 작아집니다. 세 번까지 크기를 줄일 수 있습니다.

그림 1-18 | 글씨 크기 변경하기 2

그 밖에 다른 아이콘들도 클릭해 보면 어떤 기능을 가지고 있는지 쉽게 확인할 수 있습니다.

9. ESC 키를 누르면 텍스트 편집이 종료되며, 더블클릭하거나 ENTER 키를 눌러 다시 편집할 수 있습니다.

그림 1-19 | 텍스트 편집 종료

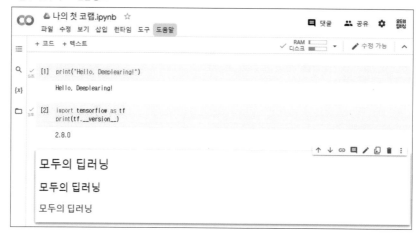

■ 노트북 파일 저장하기

10. 구글 코랩에서 작성한 노트북 파일은 구글 드라이브에 저장됩니다. 메뉴의 **❶ 파일 >**
❷ 저장을 선택한 후 **❸** 드라이브에 노트북 파일이 저장된 것을 확인합니다.

그림 1-20 | 파일을 내 드라이브에 저장

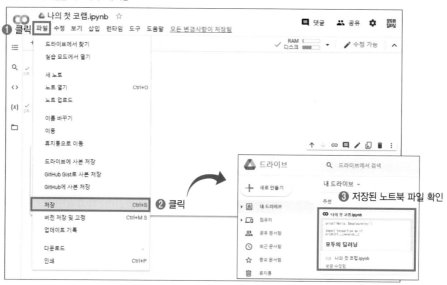

지금까지 구글 코랩을 실행하고, 실행한 파일을 내 구글 드라이브에 저장해 보았습니다.

2장 딥러닝의 핵심 미리 보기

DEEP LEARNING FOR EVERYONE

◎ 예제 소스　https://github.com/taehojo/deeplearning → 2장. 딥러닝의 핵심 미리보기 [구글 코랩 실행하기]
◎ 바로 가기　https://bit.ly/dl3-ch02

1 ｜ 미지의 일을 예측하는 원리

> 기존 환자의
> 데이터를 이용해
> 새로운 환자의
> 수술 결과를 예측하는
> 프로그램을 짜 보세요!

이러한 과제를 받았다고 해 봅시다. 기존 프로그래밍 기법으로 이러한 프로그램을 만들려면 쉽지 않습니다. 하지만 머신 러닝은 이를 매우 쉽게 해결합니다. 기존에 우리가 했던 프로그래밍이 데이터를 입력해서 답을 구하는 데 초점이 맞추어 있었다면, 머신 러닝은 데이터 안에서 규칙을 발견하고 그 규칙을 새로운 데이터에 적용해서 새로운 결과를 도출하는 데 초점이 맞추어 있기 때문입니다. 머신 러닝은 기존 데이터를 이용해 아직 일어나지 않은 미지의 일을 예측하기 위해 만들어진 기법입니다. 그림 2-1은 이를 잘 설명해 줍니다.

그림 2-1 | 머신 러닝과 일반 프로그래밍 비교

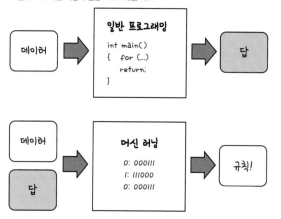

실제 예를 들어 머신 러닝을 활용하는 방법에 대해 살펴보겠습니다. 중환자를 전문으로 수술하는 어느 병원의 의사가 수많은 환자를 수술해 오던 중 다음과 같은 질문을 던져 보았습니다. "혹시 수술하기 전에 수술 후의 생존율을 수치로 예측할 수 있는 방법이 없을까?"

방법이 있습니다. 자신이 그동안 집도한 수술 환자의 수술 전 상태와 수술 후 생존율을 정리해 놓은 **데이터**를 머신 러닝 알고리즘에 넣는 것입니다. 그러면 머신 러닝은 데이터가 가진 패턴과 규칙을 분석해서 저장해 둡니다. 이후 새로운 환자가 오면 저장된 분석 결과와 비교해 생존 가능성을 예측하게 되는 것입니다. 이것이 바로 머신 러닝이 하는 일입니다.

여기서 데이터가 입력되고 패턴이 분석되는 과정을 **학습**(training)이라고 합니다. 다시 말해 학습 과정은 깨끗한 좌표 평면에 기존 환자들을 하나씩 배치하는 과정이라고 할 수 있습니다. 예를 들어 환자들의 분포를 그래프 위에 펼쳐 놓고 이 분포도 위에 수술 성공과 실패 여부를 구분짓는 경계를 그려 넣습니다. 이를 잘 저장해 놓았다가 새로운 환자가 오면 분포도를 다시 꺼냅니다. 그리고 새 환자가 분포도의 어디쯤 위치하는지 정하고는 아까 그려 둔 경계선을 기준으로 이 환자의 수술 결과를 예측하는 것입니다. 이를 그림으로 표현하면 그림 2-2와 같습니다.

그림 2-2 | 머신 러닝의 학습 및 예측 과정

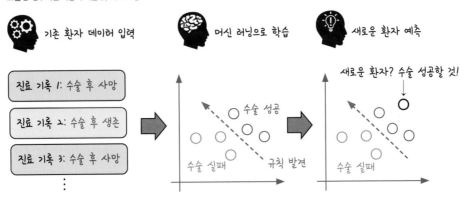

우리가 지금 배우려는 것이 바로 이러한 학습과 예측의 구체적인 과정입니다. 머신 러닝의 예측 성공률은 결국 얼마나 정확한 경계선을 긋느냐에 달려 있습니다. 따라서 더 정확한 선을 긋기 위한 여러 가지 노력이 계속되어 왔고, 그 결과 퍼셉트론(perceptron), 아달라인(adaline), 선형 회귀(linear regression) 등을 지나 오늘날 딥러닝이 탄생됩니다. 머신 러닝의 발전과 딥러닝 태동에 대해서는 7장에서 더 상세히 다루겠습니다.

2 딥러닝 코드 실행해 보기

백문이 불여일견! 먼저 딥러닝의 코드를 불러와 그 형태를 살펴보고, 예측 결과가 나오는 과정을 미리 살펴보겠습니다. 깃허브에 있는 소스 코드를 내 계정으로 불러와 저장하고 실행하는 연습을 해 보겠습니다.

1. ❶ 먼저 웹 브라우저에 다음 주소를 입력해 소스 코드가 저장되어 있는 깃허브에 접속합니다.

    https://github.com/taehojo/deeplearning

구글 코랩을 바로 실행하려면 깃허브 화면 하단에 있는 2장 딥러닝의 핵심 미리보기 ❷ [구글 코랩 실행하기]를 클릭합니다.

그림 2-3 | 깃허브에 접속해 소스 코드 확인하기

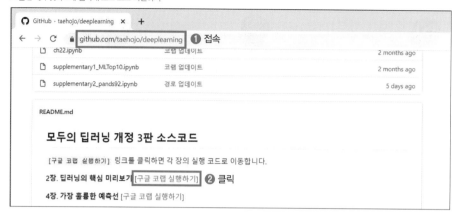

잠깐만요

주피터 노트북으로 코드와 실행 결과를 먼저 확인한 후 구글 코랩으로 이동하려면, 저자 깃허브에 접속하여 그림 2-4의 ❶ 화면 상단 목록에 있는 ch02.ipynb를 클릭한 후 열린 주피터 노트북 상단의 ❷ 코랩에서 실행하기 이미지를 클릭합니다.

그림 2-4 | 주피터 노트북에서 코랩 실행하기

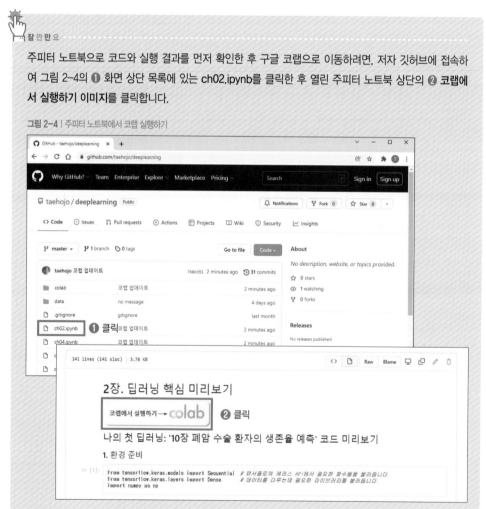

2. 해당 노트북 파일이 구글 코랩을 통해 열립니다.

그림 2-5 | 구글 코랩으로 열기

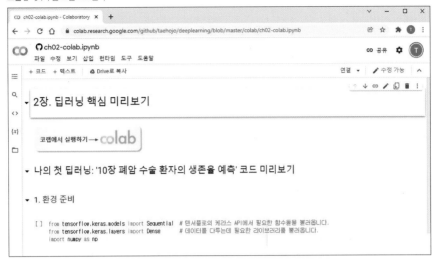

아직은 내 계정에서 오픈한 상태가 아니므로 실행하거나 저장할 수 없습니다.

3. ❶ 파일 › ❷ 드라이브에 사본 저장을 선택해 해당 코드의 사본을 내 드라이브에 저장합니다.

그림 2-6 | 나의 구글 계정으로 사본 복사하기

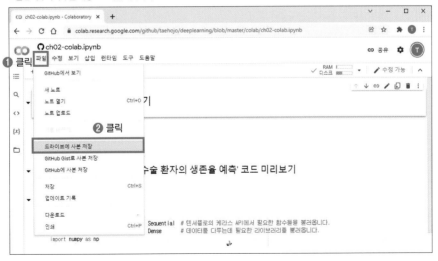

4. 새 탭이 열리며 해당 코드의 사본이 실행되는 것을 확인합니다. 이 사본은 나의 구글 계
    정에서 실행되는 것이므로 이제 코드를 내가 실행하거나 저장할 수 있습니다.

그림 2-7 | 내 계정으로 사본 복사

5. 구글 코랩 파일 전체를 한 번에 실행하려면 ❶ **런타임** > ❷ **모두 실행**을 선택합니다.

그림 2-8 | 구글 코랩 전체를 한 번에 실행하기

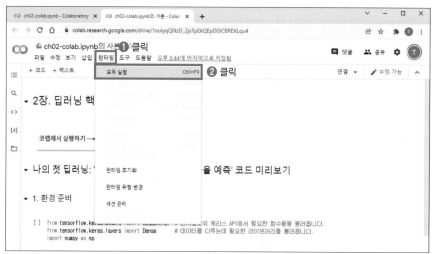

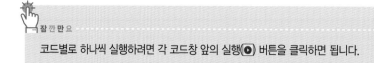
잠깐만요
코드별로 하나씩 실행하려면 각 코드창 앞의 실행(▶) 버튼을 클릭하면 됩니다.

코드창 맨 앞에 아이콘이 차례로 나타나면서 코드가 실행되면 성공입니다. 실행을 마치면 다음과 같이 ❶ 각 창별 실행 시간이 나타나고 ❷ 실행 결과가 표시됩니다.

그림 2-9 | 구글 코랩 실행 결과

▼ 나의 첫 딥러닝: '10장 폐암 수술 환자의 생존율 예측' 코드 미리보기

▼ 1. 환경 준비

```
[1]  from tensorflow.keras.models import Sequential  # 텐서플로의 케라스 API에서 필요한 함수들을 불러옵니다.
     from tensorflow.keras.layers import Dense        # 데이터를 다루는데 필요한 라이브러리를 불러옵니다.
     import numpy as np
```

▼ 2. 데이터 준비

```
[2]  !git clone https://github.com/taehojo/data.git  # 깃허브에 준비된 데이터를 가져옵니다.

     Data_set = np.loadtxt("./data/ThoraricSurgery3.csv", delimiter=",")  # 수술 환자 데이터를 불러옵니다.
     X = Data_set[:,0:16]                                                  # 환자의 진찰 기록을 X로 지정합니다.
     y = Data_set[:,16]                                                    # 수술 후 사망/생존 여부를 y로 지정합니다.

     fatal: destination path 'data' already exists and is not an empty directory.
```

❶ 실행 시간

▼ 3. 구조 결정

```
[3]  model = Sequential()                                   # 딥러닝 모델의 구조를 결정합니다.
     model.add(Dense(30, input_dim=16, activation='relu'))
     model.add(Dense(1, activation='sigmoid'))
```

▼ 4. 모델 실행

```
[4]  model.compile(loss='binary_crossentropy', optimizer='adam', metrics=['accuracy'])  # 딥러닝 모델을 실행합니다.
     history=model.fit(X, y, epochs=5, batch_size=16)

     Epoch 1/5
     30/30 [==============================] - 1s 2ms/step - loss: 1.5790 - accuracy: 0.4957
     Epoch 2/5
     30/30 [==============================] - 0s 2ms/step - loss: 0.4954 - accuracy: 0.8511
     Epoch 3/5
     30/30 [==============================] - 0s 2ms/step - loss: 0.4470 - accuracy: 0.8511
     Epoch 4/5
     30/30 [==============================] - 0s 2ms/step - loss: 0.4369 - accuracy: 0.8511
     Epoch 5/5
     30/30 [==============================] - 0s 2ms/step - loss: 0.4368 - accuracy: 0.8511
```

❷ 실행 결과

> 🖐 잠깐만요
>
> 실행 결과는 매번 실행할 때마다 미세하게 달라집니다. 이것은 첫 가중치를 랜덤하게 정하고 실행을 반복하며, 조금씩 가중치를 수정해 가는 딥러닝의 특성 때문입니다. 딥러닝의 동작 원리에 대해서 앞으로 차차 배워 나갈 것입니다.

3 딥러닝 개괄하기

지금 불러와 실행한 코드는 10장에서 상세히 다루게 될 폐암 수술 환자의 수술 1년 후 생존율을 예측한 모델입니다. 먼저 코드를 개괄적으로 살펴보며 딥러닝을 프로그래밍하는 과정에 대한 감을 잡아 보겠습니다. 단 몇 줄로 이루어진 간략한 코드는 다음과 같이 크게 네 부분으로 나뉘어 있습니다.

1. 환경 준비

```
from tensorflow.keras.models import Sequential
from tensorflow.keras.layers import Dense
import numpy as np
```

딥러닝을 구동하거나 데이터를 다루는 데 필요한 라이브러리들을 불러옵니다.

2. 데이터 준비

```
!git clone https://github.com/taehojo/data.git

Data_set = np.loadtxt("./data/ThoraricSurgery3.csv",
delimiter=",")
X = Data_set[:,0:16]
y = Data_set[:,16]
```

준비된 수술 환자 정보 데이터를 나의 구글 코랩 계정에 저장합니다. 해당 파일을 불러와 환자 상태의 기록에 해당하는 부분을 X로, 수술 1년 후 사망/생존 여부를 y로 지정합니다.

3. 구조 결정

```
model = Sequential()
model.add(Dense(30, input_dim=16, activation='relu'))
model.add(Dense(1, activation='sigmoid'))
```

딥러닝 모델의 구조를 결정합니다. 여기에 설정된 대로 딥러닝을 수행합니다.

4. 모델 실행

```
model.compile(loss='binary_crossentropy',
optimizer='adam', metrics=['accuracy'])
history = model.fit(X, y, epochs=5, batch_size=16)
```

딥러닝 모델을 실행합니다. 앞서 설정된 구조대로 실행하고 결과를 출력합니다.

이 책의 모든 코드는 파이썬으로 되어 있습니다. 파이썬은 초보자부터 전문가까지 모두에게 애용되는 프로그래밍 언어로, 특히 다양한 플랫폼에서 데이터를 분석하고 딥러닝, 머신 러닝을 구현하는 데 사용됩니다. 파이썬은 풍부한 라이브러리를 가지고 있다는 것이 장점인데, 라이브러리란 특정한 기능을 담은 작은 프로그램들(module, API)을 모아 놓은 것을 의미합니다. 목적에 따라 라이브러리를 불러오면 다양한 작업을 간단히 진행할 수 있습니다. 라이브러리를 불러올 때 사용하는 명령어가 import입니다. 그래서 코드의 처음이 다음과 같이 시작됩니다.

```
from tensorflow.keras.models import Sequential ····· ❶
from tensorflow.keras.layers import Dense ····· ❷
import numpy as np ····· ❸
```

라이브러리에 포함된 모듈이 너무 많을 때, 그중 지금 필요한 일부 모듈만 다음과 같이 불러올 수 있습니다.

```
from (라이브러리명) import (함수명)
```

예를 들어 ❶ **from** tensorflow.keras.models **import** Sequential은 텐서플로(tensorflow)의 케라스(keras)라는 API에 있는 모델(models) 클래스로부터 Sequential( ) 함수를 불러오라는 의미입니다.

마찬가지로 ❷ **from** tensorflow.keras.layers **import** Dense는 케라스 API의 레이어(layers) 클래스에서 Dense( )라는 함수를 불러오라는 의미입니다.

불러온 라이브러리명이 길거나 같은 이름이 이미 있을 경우 다음과 같이 짧게 줄일 수도 있습니다.

```
import (라이브러리명) as (새로운 이름)
```

예를 들어 ❸ **import** numpy **as** np 명령은 코랩에 이미 포함되어 있는 넘파이(numpy) 라이브러리를 np라는 짧은 이름으로 불러와 사용할 수 있게 해 줍니다.

2. 데이터 준비 데이터를 불러와 사용할 수 있도록 준비

이제 데이터를 불러와 구글 코랩에서 사용할 수 있도록 준비할 차례입니다. 데이터는 직접 업로드하는 방법과 깃허브에서 불러오는 방법이 있습니다. 우리는 이 책을 위해 깃허브에 준비된 데이터를 내 계정으로 불러오도록 하겠습니다. 데이터를 가져오기 위해 실행하는 코드는 다음과 같습니다.

```
!git clone https://github.com/taehojo/data.git
```

그러면 data라는 폴더가 새로 생기는 것을 확인할 수 있습니다. ❶ 폴더 모양의 아이콘을 클릭한 후 ❷ data 폴더를 클릭하면 ❸ 준비된 데이터를 확인할 수 있습니다.

그림 2-10 | 깃허브에서 데이터 가져오기

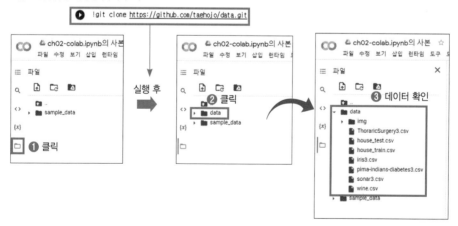

잠깐만요

자신이 가지고 있는 파일을 직접 업로드하려면 좌측 하단의 ❶ 🗀을 클릭해 파일 관련 메뉴를 열면 됩니다. 업로드 아이콘 ❷ 🔼을 클릭하면 데이터를 업로드할 수 있습니다.

그림 2-11 | 파일 업로드하기

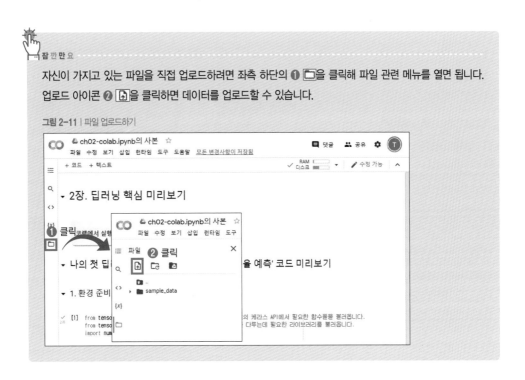

data 폴더 안에 있는 데이터들은 **./data/데이터명** 형식으로 불러올 수 있습니다. 넘파이 라이브러리를 이용해 data 폴더에 있는 csv 파일을 불러오는 부분은 다음과 같습니다.

```
data_set = np.loadtxt("./data/ThoraricSurgery3.csv", delimiter=",")
```

넘파이 라이브러리의 `loadtxt()` 함수를 사용해 'ThoraricSurgery3.csv'라는 외부 데이터셋을 불러왔습니다. 더 자세한 사항은 10장에서 다시 다룹니다.

머신 러닝에서 알고리즘이나 좋은 컴퓨터 환경만큼 중요한 것이 바로 좋은 데이터를 준비하는 일입니다. 따라서 데이터를 면밀히 관찰하고 효율적으로 다루는 연습을 하는 것이 중요합니다. 우선은 지금 불러온 ThoraricSurgery3.csv 파일에 관해 좀 더 살펴보겠습니다. ❶ 먼저 그림 2-12와 같이 data 폴더의 ThoraricSurgery3.csv 파일을 더블클릭합니다. 그러면 ❷ 웹 브라우저 우측에 새로운 공간이 생기며 해당 데이터를 미리 볼 수 있습니다.

그림 2-12 | ThoraricSurgery3.csv 파일 확인

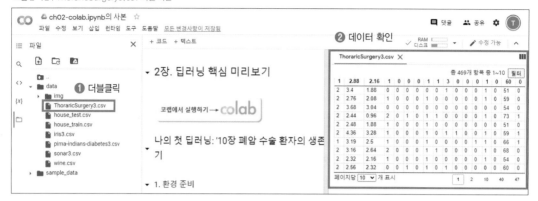

이를 좀 더 알아보기 쉽게 정리하면 그림 2-13과 같습니다.

그림 2-13 | 폐암 수술 환자의 의료 기록과 1년 후 사망 여부 데이터

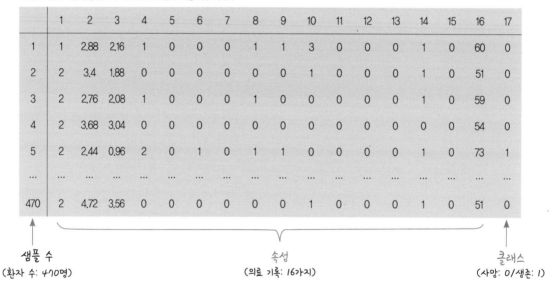

가로줄 한 행이 한 사람의 환자로부터 기록된 정보를 의미합니다. 총 470행이므로 환자 470 명에 대한 정보입니다.

한 행에는 17개의 숫자가 들어 있습니다. 이는 환자마다 17개의 정보를 순서에 맞추어 정 리했다는 의미입니다. 앞의 정보 16개는 종양의 유형, 폐활량, 호흡 곤란 여부, 고통 정도, 기침, 흡연, 천식 여부 등 16가지 환자 상태를 조사해서 기록해 놓은 것입니다. 그리고 마지 막 17번째 정보는 수술 1년 후의 생존 결과입니다. 1은 수술 후 생존했음을, 0은 수술 후 사

망했음을 의미합니다. 이번 프로젝트의 목적은 1번째 항목부터 16번째 항목까지 이용해서 17번째 항목, 즉 수술 1년 후의 생존 또는 사망을 맞히는 것입니다. 1번째 항목부터 16번째 항목까지 **속성**(attribute)이라 하고, 정답에 해당하는 17번째 항목을 **클래스**(class)라고 합니다. 클래스는 앞서 이야기한 '이름표'에 해당됩니다. 딥러닝을 위해서는 속성과 클래스를 서로 다른 데이터셋[1]으로 지정해 주어야 합니다.

먼저 속성으로 이루어진 데이터셋을 X라는 이름으로 만들어 줍니다.

```
X = Data_set[:,0:16]
```

> **TIP**
> 파이썬은 숫자를 1부터 세지 않고 0부터 셉니다. 범위를 정할 경우 콜론(:) 앞의 숫자는 범위의 맨 처음을 의미하고, 콜론(:) 뒤의 숫자는 이 숫자가 가리키는 위치 '바로 앞'이 범위의 마지막이라는 의미입니다. 쉼표(,)를 기준으로 앞은 행(샘플), 뒤는 열(속성)의 범위가 입력됩니다. 예를 들어 [:,0:16]은 모든 행의 1번째 열부터 16번째 열까지 가져오라는 의미가 됩니다.

다음으로 17번째 줄에 위치한 클래스를 따로 모아 데이터셋 y로 지정합니다.

```
y = Data_set[:,16]
```

> **TIP**
> 보통 집합은 대문자로, 원소는 소문자로 표시합니다. X에는 여러 개의 속성이 담기기 때문에 대문자 X로, y는 클래스 하나의 원소만 담기기 때문에 소문자 y로 썼습니다.

3. 구조 결정 어떤 딥러닝 구조를 만들 것인가

앞서 우리는 딥러닝을 실행시키기 위해 텐서플로를 불러왔습니다. **텐서플로**는 구글에서 만든 딥러닝 전용 라이브러리입니다. 텐서플로를 이용하면 여러 가지 알고리즘을 활용해 다양한 딥러닝 작업을 할 수 있지만, 사용법이 쉽지 않다는 단점이 있습니다.

---

1 데이터의 모음을 '데이터셋'이라고 합니다.

그림 2-14 | 텐서플로(https://www.tensorflow.org)

이를 해결해 주기 위해 개발된 것이 **케라스**(Keras)입니다.

그림 2-15 | 케라스(https://keras.io)

텐서플로가 목적지까지 이동시켜 주는 비행기라면 케라스는 조종사에 해당합니다. 케라스를 활용하면 딥러닝의 거의 모든 작업을 쉽게 처리할 수 있습니다.

그림 2-16 | 텐서플로와 케라스의 관계

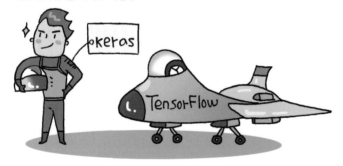

불러온 예제에서 케라스를 어떻게 활용했는지 알아봅시다.

```
model = Sequential() ····· ❶
model.add(Dense(30, input_dim=16, activation='relu')) ····· ❷
model.add(Dense(1, activation='sigmoid')) ····· ❸
```

❶ 먼저 앞서 불러온 Sequential() 함수를 model로 선언했습니다. 앞으로 상세히 다루겠지만, 딥러닝은 그림 2-17과 같이 여러 층이 쌓여 있는 구조입니다. 준비된 데이터가 입력되는 입력층에 이어 첫 번째 작업을 진행하는 1층, 두 번째 작업을 하는 2층… 이런 식으로 출력 결과가 나오는 출력층까지 여러 개의 층이 각자 자신이 맡은 일을 하면서 앞뒤로 정보를 주고받습니다. 케라스의 Sequential() 함수는 딥러닝의 한 층 한 층을 ❷ model.add() 라는 함수를 사용해 간단히 추가시켜 줍니다. 여기서는 ❷와 ❸, 두 개의 층을 쌓았습니다. model.add() 함수를 한 줄 추가하는 것으로 필요한 만큼 내부의 층을 만들 수 있습니다.

그림 2-17 | 딥러닝의 층 구조와 케라스

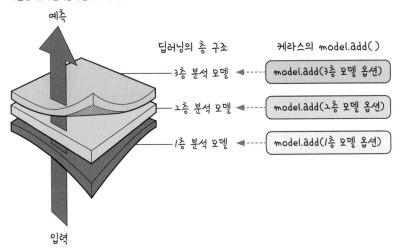

각 model.add() 함수 안에는 케라스 API의 layers 클래스에서 불러온 Dense() 함수가 포함되어 있습니다. Dense는 '밀집한, 빽빽한'이란 뜻으로, 여기서는 각 층의 입력과 출력을 촘촘하게 모두 연결하라는 것입니다.

이제 두 가지를 더 알면 됩니다.
첫째, 좋은 딥러닝 모델을 만들려면 몇 개의 층으로 쌓아 올려야 하는가?
둘째, Dense 함수 안에 있는 숫자와 설정의 의미는 무엇이며, 어떻게 정해야 하는가?

딥러닝을 설계한다는 것은 결국 몇 개의 층을 어떻게 쌓을지, Dense 외에 어떤 층을 사용할지, 내부의 변수들을 어떻게 정해야 하는지 등에 대해 고민하는 것입니다. 대개 어떤 데이터를 가지고 무엇을 할 것인지에 따라 딥러닝의 설계가 결정됩니다. 각 설정과 변수의 의미를 알고 이것을 자유롭게 구성할 수 있는지가 딥러닝을 잘 다루는지 여부를 결정하는 것입니다. 이 책에서 배울 내용도 결국 이것입니다. Dense() 함수의 내부에 쓰인 각 설정의 의미들은 책의 진도가 나감에 따라 앞으로 하나씩 배우게 될 것입니다.

4. 모델 실행 만든 딥러닝을 실행시키고 결과 확인

만들어 놓은 모델을 실행시키는 부분입니다.

```
model.compile(loss='binary_crossentropy', optimizer='adam',
metrics=['accuracy']) ⋯⋯ ❶
history = model.fit(X, y, epochs=5, batch_size=16) ⋯⋯ ❷
```

model.compile() 함수는 앞서 만든 model의 설정을 그대로 실행하라는 의미입니다. 그런데 함수 내부에 loss, optimizer, metrics 등 키워드들이 들어 있습니다. 이것은 앞 단계에서 만들어진 딥러닝 구조를 어떤 방식으로 구동시키고 어떻게 마무리할 것인지와 관련된 옵션들인데, 둘째 마당과 셋째 마당에서 자세히 배울 것입니다.

딥러닝은 여러 층이 쌓여 만들어진다는 설명을 이미 한 바 있습니다. 그런데 딥러닝의 기본 방식은 이 층들을 한 번만 통과하는 것이 아니라 위아래로 여러 차례 오가며 최적의 모델을 찾는 것입니다. 몇 번을 오갈 것인지, 그리고 한 번 오갈 때 몇 개의 데이터를 사용할 것인지 정하는 함수가 model.fit() 함수입니다. 앞으로 이 역시 자세히 설명할 것입니다.

 4 이제부터가 진짜 딥러닝?

지금까지 딥러닝을 위한 작업 환경을 만들고, 딥러닝 모델을 실행해 보면서 학습 목표를 파악했습니다. 그런데 딥러닝을 위한 학습에는 단순한 파이썬 프로그래밍뿐 아니라 선형 회귀, 로지스틱 회귀 등 기초 통계학 개념들도 필요합니다. 이러한 설명에는 필연적으로 수학 개념이 따라오게 되어 있습니다. 그래서 예전에 배웠지만 잠시 잊고 지냈던 분들을 위해 '3장. 딥러닝을 위한 기초 수학'을 다음 장에 준비했습니다.

물론, 수학에 자신이 있다면 둘째 마당으로 직행해도 됩니다. 하지만 만일 예전에 배웠던 것들을 한 번 더 확인하고 싶다면 다음 장에 이어지는 딥러닝을 위한 기초 수학 편을 통해 필요한 개념들을 정리하고 넘어가길 권합니다.

3장 딥러닝을 위한 기초 수학

DEEP LEARNING FOR EVERYONE

'딥러닝을 배운다'는 말에는 딥러닝의 실행법을 익히는 것뿐 아니라, 딥러닝의 수학 원리를 공부한다는 의미도 담겨 있습니다. 원리를 알아야 정확히 실행할 수 있기 때문에 딥러닝의 원리를 이해하는 것은 좋은 코드를 만드는 것 이상으로 중요합니다.

딥러닝의 수학 원리를 이해하기 위해서는 당연히 기본적인 수학 지식이 필요합니다. 어떤 원리로 입력 값의 패턴을 분석하고 학습하는지 이해하려면 그 배경이 되는 수학 연산을 살펴보아야 하고, 여기에 사용되는 함수들을 알아야 하기 때문입니다.

좋은 소식은 딥러닝 뒤에 있는 수학적 배경이 다른 머신 러닝과 비교했을 때 그다지 어렵지 않다는 것입니다. 딥러닝은 고등학교 수준의 수학만으로도 원리와 배경을 파악할 수 있습니다. 조금 더 깊이 공부하더라도 대학교 교양 강좌 수준을 넘지 않는 범위에서 딥러닝의 원리를 이해할 수 있습니다.

이 장에서는 딥러닝을 이해하는 데 꼭 필요한 기초 수학을 먼저 공부하겠습니다. 각 수학 공식이 딥러닝의 어느 부분에 활용되는지 참고하면서, 수학에 대한 두려움을 없애고 딥러닝 공부를 시작할 수 있길 바랍니다.

1 일차 함수, 기울기와 y 절편

함수란 두 집합 사이의 관계를 설명하는 수학 개념입니다. 변수 x와 y가 있을 때, x가 변하면 이에 따라 y는 어떤 규칙으로 변하는지 나타냅니다. 보통 함수를 나타낼 때는 function의 f와 변수 x를 사용해 $y = f(x)$라고 표시합니다.

일차 함수는 y가 x에 관한 일차식으로 표현된 경우를 의미합니다. 예를 들어 다음과 같은 함수식으로 나타낼 수 있습니다.

$$y = ax + b \ (a \neq 0)$$

x가 일차인 형태이며 x가 일차로 남으려면 a는 0이 아니어야 합니다.

일차 함수식 $y = ax + b$에서 a는 **기울기**, b는 **절편**이라고 합니다. 기울기는 기울어진 정도를 의미하는데, 그림 3-1에서 x 값이 증가할 때 y 값이 어느 정도 증가하는지에 따라 그래프의 기울기 a가 정해집니다. 절편은 그래프가 축과 만나는 지점을 의미합니다. 그림 3-1에서 y축과 만나는 y 절편이 바로 b입니다.

그림 3-1 | 일차 함수 그래프

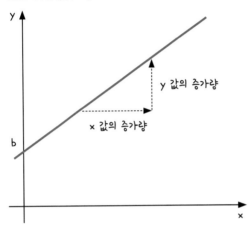

딥러닝의 수학 원리를 배울 때 초반부터 이 식이 등장합니다. x가 주어지고 원하는 y 값이 있을 때 적절한 a와 b를 찾는 것, 이것이 바로 딥러닝을 설명하는 가장 간단한 표현입니다. 이어지는 자세한 내용은 4장에서 다시 공부하겠습니다.

2   이차 함수와 최솟값

이차 함수란 y가 x에 관한 이차식으로 표현되는 경우를 의미합니다. 다음과 같은 함수식으로 표현할 수 있습니다.

$$y = ax^2 \, (a \neq 0)$$

이차 함수의 그래프는 그림 3-2와 같이 포물선 모양입니다. $a > 0$이면 아래로 볼록한 그래프가 되지요.

그림 3-2 | 이차 함수 그래프

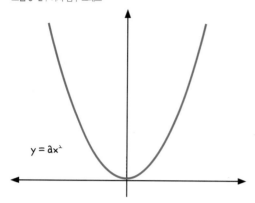

$y = ax^2$의 그래프를 x축 방향으로 p만큼, y축 방향으로 q만큼 평행 이동시키면 그림 3-3과 같이 움직입니다. 점 p와 q를 꼭짓점으로 하는 포물선이 되겠지요. 이때 포물선의 맨 아래에 위치한 지점이 **최솟값**이 되는데, 딥러닝을 실행할 때는 이 최솟값을 찾아내는 과정이 매우 중요합니다.

그림 3-3 | 이차 함수 그래프의 평행 이동과 최솟값

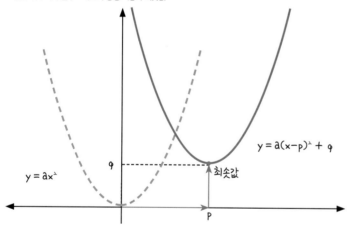

이 최솟값은 4장에 소개할 '최소 제곱법' 공식으로 쉽게 알아낼 수 있습니다. 그런데 딥러닝을 실제로 실행할 때 만나는 문제에서는 대부분 최소 제곱법을 활용할 수가 없습니다. 그 이유는 최소 제곱법을 계산하기 위해 꼭 필요한 조건들을 알 수 없기 때문입니다. 따라서 미분과 기울기를 이용해야 합니다.

3 미분, 순간 변화율과 기울기

딥러닝을 이해하는 데 가장 중요한 수학 원리는 **미분**이라고 할 수 있습니다. 조금 전 딥러닝은 결국 일차 함수의 a와 b 값을 구하는 것인데, a와 b 값은 이차 함수 포물선의 최솟값을 구하는 것이라고 했지요. (지금은 이해가 안 되어도 괜찮습니다. 5장에서 자세히 설명합니다.) 이 최솟값을 미분으로 구하기 때문에 미분이 딥러닝에서 중요한 것입니다. 미분과 기울기의 개념을 먼저 알아보겠습니다.

그림 3-4와 같이 $y = x^2$이라는 그래프가 있다고 해 봅시다. x축에 있는 한 점 a에 대응하는 y의 값은 a^2이겠지요. 이때 a가 오른쪽이나 왼쪽으로 조금씩 이동한다고 상상해 봅시다. 그러면 이에 따라 y도 조금씩 변화할 것입니다.

상상력을 조금 더 발휘해 이번에는 a가 미세하게 '0에 가까울 만큼' 움직였다고 합시다. 그러면 y 값 역시 매우 미세하게 변화를 할 텐데, 이번에는 너무 미세해서 실제로 움직이는 것이 아니라 방향만 드러내는 정도의 순간적인 변화만 있을 것입니다. 이 순간의 변화를 놓고 **순간 변화율**이라는 이름을 붙였습니다. 순간 변화율은 어느 쪽을 향하는 방향성을 지니고 있으므로, 이 방향을 따라 직선을 길게 그려 주면 그래프와 맞닿는 접선이 그려집니다. 이 선이 바로 이 점에서의 **기울기**가 됩니다.

그림 3-4 | a에서의 순간 변화율은 곧 기울기다!

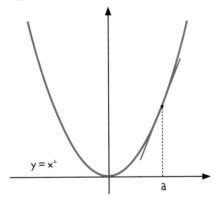

$$y = x^2$$

미분을 한다는 것은 쉽게 말해 이 '순간 변화율'을 구한다는 것입니다. 어느 순간에 어떤 변화가 일어나고 있는지 숫자로 나타낸 것을 **미분 계수**라고 하며, 이 미분 계수는 곧 그래프에서의 기울기를 의미합니다. 이 기울기가 중요한 것은 기울기가 0일 때, 즉 x축과 평행한 직선으로 그어질 때가 바로 그래프에서 최솟값인 지점이 되기 때문입니다.

이제 순간 변화율을 구하는 방법을 알아보겠습니다. 어떤 함수 $f(x)$가 그림 3–5와 같이 주어 졌다고 합시다. 이 함수에 x축 위의 두 실수 a와 b를 대입하면 두 점 A, B는 그림과 같이 각 각 A(a, $f(a)$), B(b, $f(b)$)에 해당하는 곳에 표시됩니다.

그림 3–5 | 함수 $f(x)$의 x축 위에 두 실수 a와 b를 대입

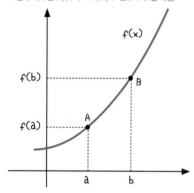

이때 두 점 A와 B를 이어 직선을 만들면 그림 3–6과 같이 두 점 A와 B를 지나는 직선의 기 울기가 그려집니다. 여기서 Δ(델타)는 변화량을 나타내는 기호입니다.

그림 3–6 | A와 B를 지나는 직선은 이 두 점 간의 기울기, 곧 평균 변화율을 의미

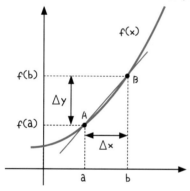

이 그래프에서 x 값의 증가량은 $b-a$이고, y 값의 증가량은 $f(b) - f(a)$입니다. 이를 Δ를 써 서 표현하면 x 값의 증가량은 Δx로, y 값의 증가량은 $f(a + \Delta x) - f(a)$로 나타낼 수 있습니 다. 직선의 기울기는 $\frac{y \text{ 값의 증가량}}{x \text{ 값의 증가량}}$이라고 했습니다. 따라서 A와 B를 지나는 직선의 기울기는 다음과 같이 표현할 수 있습니다.

$$\text{직선 AB의 기울기} = \frac{y \text{ 값의 증가량}}{x \text{ 값의 증가량}} = \frac{f(b) - f(a)}{b - a} = \frac{f(a + \Delta x) - f(a)}{\Delta x}$$

이때 직선 AB의 기울기를 A와 B 사이의 '평균 변화율'이라고도 합니다. 하지만 미분을 배우고 있는 우리에게 필요한 것은 **순간 변화율**입니다. 순간 변화율은 x의 증가량(Δx)이 0에 가까울 만큼 아주 작을 때의 순간적인 기울기를 의미하므로, 극한(limit) 기호를 사용해 다음과 같이 나타냅니다.

$$\lim_{\Delta x \to 0} \frac{f(a + \Delta x) - f(a)}{\Delta x}$$

여기서 $\lim_{\Delta x \to 0}$는 'x의 증가량이 0에 가까울 만큼 작을 때'라는 뜻입니다. 기울기는 $\frac{y \text{ 값의 증가량}}{x \text{ 값의 증가량}}$이므로 순간 기울기는 $\lim_{\Delta x \to 0} \frac{y \text{ 값의 증가량}}{x \text{ 값의 증가량}}$으로 표현되며, 이것은 $\lim_{\Delta x \to 0} \frac{\Delta y}{\Delta x} = \frac{dy}{dx}$라고도 쓸 수 있습니다.

"함수 $f(x)$를 미분하라"는 것을 $f'(x)$ 또는 $\frac{d}{dx}f(x)$로 표기하는데, 함수 $f(x)$를 미분하는 공식을 알기 쉽게 정리하면 다음과 같습니다.

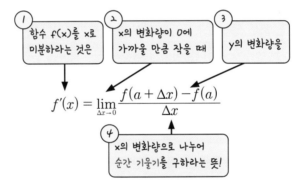

다음은 딥러닝을 공부하는 과정 중에 자주 만나게 되는 중요한 다섯 가지 미분의 기본 공식입니다.

미분의 기본 공식

1 | $f(x) = x$일 때 $f'(x) = 1$

2 | $f(x) = a$에서 a가 상수일 때 $f'(x) = 0$

3 | $f(x) = ax$에서 a가 상수일 때 $f'(x) = a$

4 | $f(x) = x^a$에서 a가 자연수일 때 $f'(x) = ax^{a-1}$

5 | $f(g(x))$에서 $f(x)$와 $g(x)$가 미분 가능할 때 $\{f(g(x))\}' = f'(g(x)) \times g'(x)$

4 편미분

미분과 더불어 딥러닝을 공부할 때 가장 자주 접하게 되는 또 다른 수학 개념은 바로 편미분입니다. 미분과 편미분 모두 '미분하라'는 의미에서는 다를 바가 없습니다. 그러나 여러 가지 변수가 식 안에 있을 때, 모든 변수를 미분하는 것이 아니라 우리가 원하는 한 가지 변수만 미분하고 그 외에는 모두 상수로 취급하는 것이 바로 편미분입니다. 예를 들어 $f(x) = x$와 같은 식을 미분할 때는 변수가 x 하나뿐이어서 미분하라는 의미에 혼란이 없습니다. 그러나 다음 식을 보겠습니다.

$$f(x, y) = x^2 + yx + a \ (a는 상수)$$

여기에는 변수가 x와 y, 이렇게 두 개 있습니다. 그러면 이 중 어떤 변수로 미분해야 하는지 정해야 하므로 편미분을 사용하는 것입니다. 만일 이 식처럼 여러 변수 중에서 x에 관해서만 미분하고 싶다면, 함수 f를 'x에 관해 편미분하라'고 하며 다음과 같이 식을 씁니다.

$$\frac{\partial f}{\partial x}$$

그러면 앞에 나온 함수 $f(x, y) = x^2 + yx + a$를 x에 관해 편미분하는 과정은 어떻게 될까요? 먼저 바로 앞에서 배운 미분의 성질 4에 따라 x^2항은 $2x$가 됩니다. 그리고 미분법의 기본 공식 3에 따라 yx는 y가 됩니다. 마지막 항 a는 미분의 성질 1에 따라 0이 됩니다. 이를 정리하면 다음과 같이 나타낼 수 있습니다.

$$f(x, y) = x^2 + yx + a$$일 때
$$\frac{\partial f}{\partial x} = 2x + y$$

5 지수와 지수 함수

지수란 다음과 같은 형태를 의미합니다.

$$a^{\square}$$

여기서 a를 '밑'이라 하고 $\square$를 '지수'라고 합니다. a를 $\square$만큼 반복해서 곱한다는 뜻이지요. **지수 함수**란 변수 x가 지수 자리에 있는 경우를 의미합니다. 식으로 나타내면 다음과 같은 형태입니다.

$$y = a^x \ (a \neq 1, \ a > 0)$$

지수 함수에서는 밑(a) 값이 무엇인지가 중요합니다. 이 값이 1이면 함수가 아닙니다. 또 0보다 작으면 허수를 포함하게 되므로 안 됩니다. 따라서 밑의 값은 $a > 1$이거나 $0 < a < 1$, 둘 중 하나가 되어야 합니다. 이 두 가지 경우의 그래프는 각각 그림 3-7과 같습니다.

그림 3-7 | a 〉 1일 때와 0 〈 a 〈 1일 때의 지수 함수

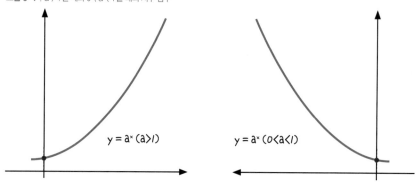

$y = a^x (a\rangle 1)$

$y = a^x (0\langle a\langle 1)$

6 시그모이드 함수

딥러닝의 내부를 보면 입력받은 신호를 얼마나 출력할지를 계산하는 과정이 무수히 반복됩니다. 이때 출력 값으로 얼마나 내보낼지를 계산하는 함수를 활성화 함수라고 합니다. 활성화 함수는 딥러닝이 발전함에 따라 여러 가지 형태로 개발되어 왔는데, 그중 가장 먼저 배우는 중요한 함수가 바로 시그모이드 함수입니다. 시그모이드 함수는 지수 함수에서 밑 값이 자연 상수 e인 함수를 의미합니다. 자연 상수 e는 '자연 로그의 밑', '오일러의 수' 등 여러 이름으로 불리는데, 파이(π)처럼 수학에서 중요하게 사용되는 무리수이며 그 값은 대략 2.718281828…입니다.

자연 상수 e가 지수 함수에 포함되어 분모에 들어가면 **시그모이드 함수**가 되는데, 이를 식으로 나타내면 다음과 같습니다.

$$f(x) = \frac{1}{1+e^{-x}}$$

시그모이드 함수를 그래프로 그려 보면 그림 3-8과 같이 S자 형태로 나타납니다.

그림 3-8 | 시그모이드 함수의 그래프

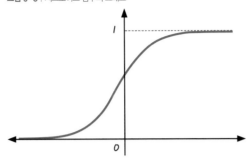

x가 큰 값을 가지면 $f(x)$는 1에 가까워지고, x가 작은 값을 가지면 $f(x)$는 0에 가까워집니다. S자 형태로 그려지는 이 함수의 속성은 0 또는 1, 두 개의 값 중 하나를 고를 때 유용하게 쓰입니다. 6장의 '참 거짓 판단 장치' 편에서 중요하게 다룰 함수입니다.

7 로그와 로그 함수

로그를 이해하려면 먼저 지수부터 이해해야 합니다. a를 x만큼 거듭제곱한 값이 b라고 할 때, 이를 식으로 나타내면 다음과 같습니다.

$$a^x = b$$

이때 a와 b를 알고 있는데 x를 모른다고 해 봅시다. x는 과연 어떻게 구할 수 있을까요? 이 x를 구하기 위해 사용하는 방법이 로그입니다. 영어로 Logarithm이라고 하는데 앞 세 글자 log를 사용해서 표시하며, 지수식에서 a와 b의 위치를 다음과 같이 바꾸어 쓰면 됩니다.

$$a^x = b$$
$$\log_a b = x$$

로그가 지수와 이렇게 밀접한 관계가 있듯이 로그 함수 역시 지수 함수와 밀접한 관계에 있습니다. 바로 역함수의 관계입니다. 역함수는 x와 y를 서로 바꾸어 가지는 함수입니다.

지수 함수 $y = a^x (a \neq 1, a > 0)$는 로그 정의를 따라 $x = \log_a y$로 바꿀 수 있습니다. 역함수를 만들기 위해 x와 y를 서로 바꾸어 주면 되겠지요. 다음 식이 바로 **로그 함수**의 형태입니다.

$$y = \log_a x$$

역함수의 그래프는 $y = x$에 대해 대칭인 선으로 나타납니다. 그림 3-9는 지수 함수 $y = a^x$의 그래프를 $y = x$에 대칭으로 이동시킨 로그 함수 $y = \log_a x$의 그래프를 보여 줍니다.

그림 3-9 | 지수 함수 $y = a^x$와 로그 함수 $y = \log_a x$

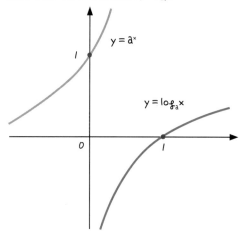

6장에서 로지스틱 회귀를 배울 때, 우리는 x가 1에 가까워지거나 0에 가까워질수록 오차가 커지는 그래프가 필요합니다(104쪽에 자세히 설명되어 있습니다). 이러한 그래프를 만들기 위해 $y = \log_a x$를 x축 또는 y축으로 대칭 이동하거나 알맞게 평행 이동하면 다음과 같습니다.

1 | x축에 대해 대칭 이동

그림 3-10 | $y = -\log_a(x)$ 그래프

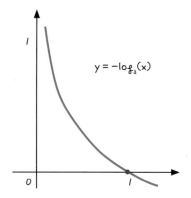

2 | x축과 y축에 대해 대칭 이동

그림 3-11 | $y = -\log_a(-x)$ 그래프

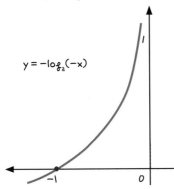

$$y = -\log_a(-x)$$

3 | 2의 그래프를 x축 오른쪽 방향으로 1만큼 평행 이동

그림 3-12 | $y = -\log_a(1-x)$ 그래프

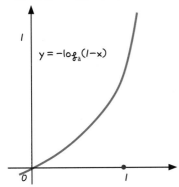

$$y = -\log_a(1-x)$$

4 | 1과 3을 함께 나타낸 그래프

그림 3-13 | $y = -\log_a(x)$와 $y = -\log_a(1-x)$ 그래프

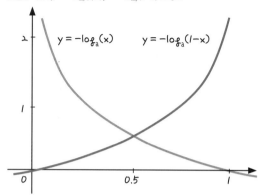

이 그래프는 '6장. 로지스틱 회귀 모델: 참 거짓 판단하기'에서 다시 나옵니다(104쪽).

지금까지 설명한 일차 함수, 이차 함수, 미분, 편미분, 지수 함수, 시그모이드 함수 그리고 로그 함수 이렇게 일곱 가지를 알고 있으면 4~22장 내용을 모두 이해할 수 있습니다.

여기에 합을 표현하기 위해 만들어진 $\sum$(시그마) 기호가 종종 나옵니다. $\sum_{i=1}^{n} F(i)$ 라고 하면 i를 1부터 n까지 $F(i)$에 대입해 더하라는 뜻입니다. 즉, $F(1) + F(2) + F(3) + \cdots + F(n)$이 됩니다.

나머지 어려운 증명이나 체인 룰이 등장하는 수식의 계산은 딥러닝 활용 편을 모두 마치고 나서 이어지는 심화 학습 편에서 다룹니다(348쪽). 심화 학습 편을 공부하지 않아도 이 책에 나오는 모든 딥러닝 예제를 이해하고 실행하는 데는 문제없습니다.

둘째
마당

예측 모델의
기본 원리

딥러닝이 무엇인지 감을 잡았나요? 이제 딥러닝이 어떤 원리
로 구현되는지 공부할 시간입니다. 딥러닝의 근간을 이루는
것은 인공 신경망이라는 작은 연산 장치들입니다. 이 인공 신
경망의 뼈대를 이루는 것이 '선형 회귀'와 '로지스틱 회귀'입니
다. 둘째 마당에서는 제일 밑바닥에 해당하는 두 축인 선형
회귀와 로지스틱 회귀에서 시작해서 차근차근 훑어
올라가 보겠습니다. 지금부터가 본격적인 딥러닝
공부의 시작입니다!

4장 가장 훌륭한 예측선

DEEP LEARNING FOR EVERYONE

◎ **예제 소스** https://github.com/taehojo/deeplearning → 4장. 가장 훌륭한 예측선 [구글 코랩 실행하기]
◎ **바로 가기** https://bit.ly/dl3-ch04

딥러닝은 자그마한 통계의 결과들이 무수히 얽히고설켜 이루어지는 복잡한 연산의 결정체입니다. 우리 몸을 이해하려면 몸을 구성하는 기본 단위인 세포의 역할을 알아야 하듯, 딥러닝을 이해하려면 딥러닝의 가장 말단에서 이루어지는 기본적인 두 가지 계산 원리를 알아야 합니다. 바로 **선형 회귀**와 **로지스틱 회귀**입니다.

이 두 가지 개념을 중·고등학교 수준에서 공부하기란 쉽지 않습니다. 대학에서 통계를 전공하지 않았다면 익숙하지 않을 주제이지요. 그러다 보니 여기서부터 시작하는 머신 러닝이 쉽지 않아 보이는 것이 무리는 아닙니다. 하지만 이 두 개념을 이해하기 위해 반드시 어려운 공식이나 수학, 통계학 개념에 통달해야 하는 것은 아닙니다. 어렵지 않은 수학 용어와 중·고등학교 수준으로도 딥러닝의 밑그림이 되는 개념을 충분히 이해할 수 있습니다. 이를 알고 나면 딥러닝을 구동시키는 원리에 한 걸음 다가설 수 있습니다.

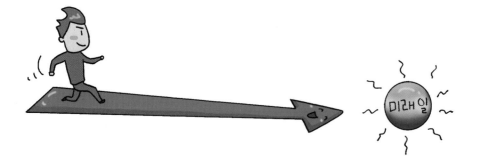

이 장의 제목인 '가장 훌륭한 예측선'이라는 표현은 '**선형 회귀**(linear regression) 분석을 이용한 모델'의 의미를 쉽게 풀어서 표현한 것입니다. 머신 러닝은 제대로 된 선을 긋는 작업부터 시작됩니다. 선의 방향을 잘 정하면 그 선을 따라가는 것만으로도 지금은 보이지 않는 미래의 것을 예측할 수 있기 때문이지요.

첫 단추가 많은 것을 결정합니다. 진입 장벽을 허물고 딥러닝의 세계로 들어오기 바랍니다.

 1 선형 회귀의 정의

"학생들의 중간고사 성적이 다 다르다."

네, 다르겠죠.

그런데 위 문장이 나타낼 수 있는 정보는 너무 제한적입니다. 학급의 학생마다 제각각 성적이 다르다는 당연한 사실 외에는 알 수 있는 것이 없습니다. 이번에는 다음 문장을 보겠습니다.

"학생들의 중간고사 성적이 [   ]에 따라 다 다르다."

이 문장은 정보가 담길 여지를 열어 놓고 있습니다. [   ] 부분에 시험 성적을 좌우할 만한 여러 가지 것이 들어간다면 좀 더 많은 사실을 전달할 수 있습니다. 예를 들어 공부한 시간, 시험 당일의 컨디션, 사교육비 지출액 등이 들어갈 수 있겠지요. 무엇이 들어가든지 해당 성적의 이유를 나름대로 타당하게 설명할 수 있습니다. 따라서 앞의 문장보다는 이 문장이 중간고사 성적의 차이와 이유를 나타낼 때 더욱 효과적입니다.

여기서 [   ]에 들어갈 내용을 '정보'라고 합니다. 머신 러닝과 딥러닝은 이 정보가 필요합니다. 정보를 정확히 준비해 놓기만 하면 성적을 예측하는 방정식을 만들 수도 있습니다.

이 단순한 정의를 이번에는 좀 더 수학적인 언어로 표현해 보겠습니다. 성적을 변하게 하는 '정보' 요소를 x라고 하고, 이 x 값에 따라 변하는 '성적'을 y라고 합시다. 이를 정의하면 'x 값이 변함에 따라 y 값도 변한다'가 됩니다. 이 정의 안에서 독립적으로 변할 수 있는 값 x를 **독립 변수**라고 합니다. 또한, 이 독립 변수에 따라 종속적으로 변하는 y를 **종속 변수**라고 합니다. 선형 회귀란 독립 변수 x를 사용해 종속 변수 y의 움직임을 예측하고 설명하는 작업을 의미합니다.

독립 변수가 x 하나뿐이어서 이것만으로 정확히 설명할 수 없을 때는 x_1, x_2, x_3 등 x 값을 여러 개 준비해 놓을 수도 있습니다. 하나의 x 값만으로도 y 값을 설명할 수 있다면 **단순 선형 회귀**(simple linear regression)라고 합니다. 또한, x 값이 여러 개 필요하다면 **다중 선형 회귀**(multiple linear regression)라고 합니다.

2 가장 훌륭한 예측선이란?

우선 독립 변수가 하나뿐인 단순 선형 회귀의 예를 공부해 봅시다. 성적을 결정하는 여러 요소 중에 '공부한 시간' 한 가지만 놓고 생각해 보겠습니다.

중간고사를 본 4명의 학생에게 각각 공부한 시간을 물어보고 이들의 중간고사 성적을 표 4-1과 같이 정리했다고 합시다.

표 4-1 | 공부한 시간과 중간고사 성적 데이터

공부한 시간	2시간	4시간	6시간	8시간
성적	81점	93점	91점	97점

여기서 공부한 시간을 x라고 하고 성적을 y라고 할 때, 집합 X와 집합 Y를 다음과 같이 표현할 수 있습니다.

$$X = \{2,\ 4,\ 6,\ 8\}$$
$$Y = \{81,\ 93,\ 91,\ 97\}$$

이를 좌표 평면에 나타내면 그림 4-1과 같습니다.

그림 4-1 | 공부한 시간과 성적을 좌표로 표현

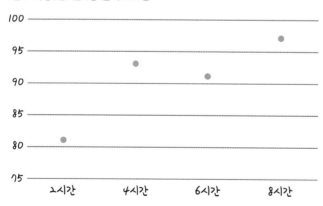

좌표 평면에 나타내 놓고 보니, 왼쪽이 아래로 향하고 오른쪽이 위를 향하는 일종의 '선형(선으로 표시될 만한 형태)'을 보입니다. 선형 회귀를 공부하는 과정은 이 점들의 특징을 가장 잘 나타내는 선을 그리는 과정과 일치합니다.

이 데이터에서 주어진 점들의 특징을 담은 선은 직선이므로 곧 일차 함수 그래프입니다. 일차 함수 그래프는 다음과 같은 식으로 표현할 수 있습니다.

$$y = ax + b$$

여기서 x 값은 독립 변수이고 y 값은 종속 변수입니다. 즉, x 값에 따라 y 값은 반드시 달라집니다. 다만, 정확하게 계산하려면 상수 a와 b의 값을 알아야 합니다. 따라서 이 직선을 훌륭하게 그리려면 직선의 기울기 a 값과 y 절편 b 값을 정확히 예측해 내야 합니다.

앞서 선형 회귀는 곧 정확한 선을 그려 내는 과정이라고 했습니다. 지금 주어진 데이터에서의 선형 회귀는 결국 최적의 a 값과 b 값을 찾아내는 작업이라고 할 수 있습니다.

선을 잘 긋는 것이 어째서 중요할까요? 잘 그어진 선을 통해 우리는 표 4-1의 공부한 시간과 중간고사 성적 데이터에 들어 있지 않은 여러 가지 내용을 유추할 수 있기 때문입니다. 예를 들어 표 4-1에 나와 있지 않은 또 다른 학생의 성적을 예측하고 싶다고 합시다. 이때 정확한 직선을 그어 놓았다면 이 학생이 몇 시간을 공부했는지만 물어보면 됩니다. 정확한 a 값과 b 값을 따라 움직이는 직선에 학생이 공부한 시간인 x 값을 대입하면 예측 성적인 y 값을 구할 수 있는 것입니다.

딥러닝을 포함한 머신 러닝의 예측은 결국 이러한 기본 접근 방식과 크게 다르지 않습니다. 기존 데이터(정보)를 가지고 어떤 선이 그려질지 예측한 후, 아직 답이 나오지 않은 그 무언가를 그 선에 대입해 보는 것이지요. 따라서 선형 회귀의 개념을 이해하는 것은 딥러닝을 이해하는 데 중요한 첫걸음입니다.

③ 최소 제곱법

이제 우리 목표는 가장 정확한 선을 긋는 것입니다. 더 구체적으로는 정확한 기울기 a와 정확한 y 절편 b를 알아내면 된다고 했습니다. 그런데 만일 우리가 **최소 제곱법**(method of least squares)이라는 공식을 알고 적용한다면, 이를 통해 일차 함수의 기울기 a와 y 절편 b를 바로 구할 수 있습니다.

지금 가진 정보가 x 값(입력 값, 여기서는 '공부한 시간')과 y 값(출력 값, 여기서는 '성적')일 때 이를 이용해 기울기 a를 구하는 방법은 다음과 같습니다.

$$a = \frac{(x - x\,\text{평균})(y - y\,\text{평균})\text{의 합}}{(x - x\,\text{평균})^2\text{의 합}}$$ (식 4.1)

이것이 바로 최소 제곱법 공식입니다. 쉽게 풀어서 다시 쓰면 x의 편차(각 값과 평균과의 차이)를 제곱해서 합한 값을 분모로 놓고, x와 y의 편차를 곱해서 합한 값을 분자로 놓으면 기울기가 나온다는 의미입니다. 실제로 우리가 가진 y(성적) 값과 x(공부한 시간) 값을 이 식에 대입해 보겠습니다.

먼저 x 값의 평균과 y 값의 평균을 구해 보면 다음과 같습니다.

- 공부한 시간(x) 평균: $(2 + 4 + 6 + 8) \div 4 = 5$
- 성적(y) 평균: $(81 + 93 + 91 + 97) \div 4 = 90.5$

이를 식 4.1에 대입하면 다음과 같습니다.

$$
\begin{aligned}
a &= \frac{(2-5)(81-90.5)+(4-5)(93-90.5)+(6-5)(91-90.5)+(8-5)(97-90.5)}{(2-5)^2+(4-5)^2+(6-5)^2+(8-5)^2} \\
&= \frac{46}{20} \\
&= 2.3
\end{aligned}
$$

기울기 a는 2.3이 나왔네요! 다음은 y 절편인 b를 구하는 공식입니다.

$$b = y\text{의 평균} - (x\text{의 평균} \times \text{기울기 } a)$$ (식 4.2)

즉, y의 평균에서 x의 평균과 기울기의 곱을 빼면 b 값이 나온다는 의미입니다.

우리는 이미 y평균, x평균, 그리고 조금 전 구한 기울기 a까지 이 식을 풀기 위해 필요한 모든 변수를 알고 있습니다. 이를 식에 대입해 보겠습니다.

$$
\begin{aligned}
b &= 90.5 - (2.3 \times 5) \\
&= 79
\end{aligned}
$$

y 절편 b는 79가 나왔습니다. 이제 다음과 같이 예측 값을 구하기 위한 직선의 방정식이 완성되었습니다.

$$y = 2.3x + 79$$

이 식에 우리가 가진 데이터를 대입해 보겠습니다. 그리고 x를 대입했을 때 나오는 y 값을 '예측 값'이라고 하겠습니다.

표 4-2 | 최소 제곱법 공식으로 구한 성적 예측 값

공부한 시간	2	4	6	8
성적	81	93	91	97
예측 값	83.6	88.2	92.8	97.4

좌표 평면에 이 예측 값을 찍어 보겠습니다.

그림 4-2 | 공부한 시간, 성적, 예측 값을 좌표로 표현

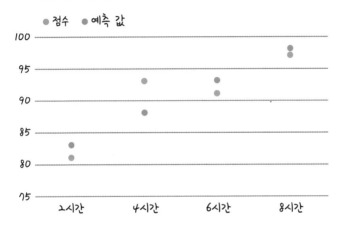

예측한 점들을 연결해 직선을 그으면 그림 4-3과 같습니다.

그림 4-3 | 오차가 최저가 되는 직선의 완성

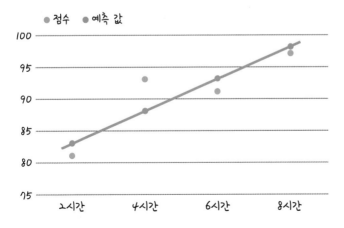

이것이 바로 오차가 가장 적은 주어진 좌표의 특성을 가장 잘 나타내는 직선입니다. 우리가 원하는 예측 직선이지요. 이 직선에 우리는 다른 x 값(공부한 시간)을 집어넣어서 '공부량에 따른 성적을 예측'할 수 있습니다.

4 파이썬 코딩으로 확인하는 최소 제곱

우리가 이론을 배우는 목적은 딥러닝을 구현하기 위해서입니다. 따라서 이 책에서 설명하는 모든 이론을 자유롭게 코드로 변환할 수 있어야 진정한 의미가 있습니다. 지금까지 공부한 내용을 코딩으로 구현해 보겠습니다.

먼저 넘파이 라이브러리를 불러옵니다. 넘파이는 파이썬에서 수학 연산과 분석을 하게 도와주는 라이브러리입니다. 공부한 시간을 리스트로 만들어 x라는 이름의 넘파이 배열로 저장합니다. 또 그때의 점수를 y라는 이름의 넘파이 배열로 저장합니다.

```
# 공부한 시간과 점수를 각각 x, y라는 이름의 넘파이 배열로 만듭니다.
x = np.array([2, 4, 6, 8])
y = np.array([81, 93, 91, 97])
```

 잠깐만요

파이썬에서 리스트는 대괄호([ ])로 감싼 요소들을 쉼표(,)로 구분해 대입하여 만듭니다. np.array( ) 함수를 사용하면 파이썬 리스트를 넘파이 배열로 바꾸어 여러 가지 계산을 수행할 수 있습니다.

그림 4-4 | 파이썬 리스트의 기본 형태

np.array([2, 4, 6, 8])
파이썬 리스트

2 4 6 8
넘파이 배열

이제 최소 제곱근 공식으로 기울기 a의 값과 y 절편 b의 값을 구해 보겠습니다.

x의 모든 원소 평균을 구하는 넘파이 함수는 mean( )입니다. mx 변수에는 x 원소들의 평균값을, my 변수에는 y 원소들의 평균값을 넣습니다.

```
mx = np.mean(x)
my = np.mean(y)
```

이제 앞서 살펴본 최소 제곱법 공식 중 분모 값, 즉 'x의 각 원소와 x의 평균값의 차를 제곱하라'는 파이썬 명령을 만들 차례입니다. 다음과 같이 divisor라는 변수를 만들어 구현할 수 있습니다.

```
divisor = sum([(i - mx)**2 for i in x])
```

sum( )은 Σ에 해당하는 함수입니다.

x의 각 원소를 한 번씩 i 자리에 대입하라는 의미입니다.

제곱을 구하라는 의미입니다.

이제 분자에 해당하는 부분을 구하겠습니다. x와 y의 편차를 곱해서 합한 값을 구하면 됩니다. 다음과 같이 새로운 함수를 정의해서 dividend 변수에 분자 값을 저장합니다.

```
def top(x, mx, y, my):
    d = 0
    for i in range(len(x)):
        d += (x[i] - mx) * (y[i] - my)
    return d
dividend = top(x, mx, y, my)
```

임의의 변수 d의 초깃값을 0으로 설정한 후 x의 개수만큼 실행합니다. d에 x의 각 원소와 평균의 차, y의 각 원소와 평균의 차를 곱해서 차례로 더하는 최소 제곱법을 그대로 구현합니다.

- def는 함수를 만들 때 사용하는 예약어입니다. 여기서는 top( ) 함수를 새롭게 만들었고, 그 안에 최소 제곱법의 분자식을 그대로 가져와 구현했습니다.
- len(리스트)은 리스트 안에 들어 있는 원소 개수를 알려 줍니다. x 리스트의 원소가 네 개이므로 len(x)는 4가 됩니다.
- range( )는 0부터 괄호 안의 숫자 바로 전까지 연속적인 숫자 객체를 만들어 줍니다. 즉, range(4)는 0, 1, 2, 3의 숫자를 생성하게 됩니다.

이제 앞에서 구한 분모와 분자를 계산해 기울기 a를 구하겠습니다.

```
a = dividend / divisor
```

a를 구하고 나면 y 절편을 구하는 공식을 이용해 b를 구할 수 있습니다.

```
b = my - (mx*a)
```

이를 하나의 파일로 정리해 보면 다음과 같습니다.

실습 I 파이썬 코딩으로 구하는 최소 제곱

```
import numpy as np

# 공부한 시간과 점수를 각각 x, y라는 이름의 넘파이 배열로 만듭니다.
x = np.array([2, 4, 6, 8])
y = np.array([81, 93, 91, 97])

# x의 평균값을 구합니다.
mx = np.mean(x)
```

```python
# y의 평균값을 구합니다.
my = np.mean(y)

# 출력으로 확인합니다.
print("x의 평균값: ", mx)
print("y의 평균값: ", my)

# 기울기 공식의 분모 부분입니다.
divisor = sum([(i - mx)**2 for i in x])

# 기울기 공식의 분자 부분입니다.
def top(x, mx, y, my):
    d = 0
    for i in range(len(x)):
        d += (x[i] - mx) * (y[i] - my)
    return d
dividend = top(x, mx, y, my)

# 출력으로 확인합니다.
print("분모: ", divisor)
print("분자: ", dividend)

# 기울기 a를 구하는 공식입니다.
a = dividend / divisor

# y 절편 b를 구하는 공식입니다.
b = my - (mx*a)

# 출력으로 확인합니다.
print("기울기 a = ", a)
print("y 절편 b = ", b)
```

```
x의 평균값: 5.0
y의 평균값: 90.5

분모: 20.0
분자: 46.0

기울기 a = 2.3
y 절편 b = 79.0
```

파이썬으로 최소 제곱법을 구현해 기울기 a의 값과 y 절편 b의 값이 각각 2.3과 79임을 구할 수 있었습니다.

5 평균 제곱 오차

최소 제곱법을 이용해 기울기 a와 y 절편을 편리하게 구했지만, 이 공식만으로 앞으로 만나게 될 모든 상황을 해결하기는 어렵습니다. 여러 개의 입력을 처리하기에는 무리가 있기 때문입니다. 예를 들어 앞서 살펴본 예에서는 변수가 '공부한 시간' 하나뿐이지만, 2장에서 살펴본 폐암 수술 환자의 생존율 데이터를 보면 입력 데이터의 종류가 16개나 됩니다. 딥러닝은 대부분 입력 값이 여러 개인 상황에서 이를 해결하기 위해 실행되기 때문에 기울기 a와 y 절편 b를 찾아내는 다른 방법이 필요합니다.

가장 많이 사용하는 방법은 '일단 그리고 조금씩 수정해 나가기' 방식입니다. 가설을 하나 세운 후 이 값이 주어진 요건을 충족하는지 판단해서 조금씩 변화를 주고, 이 변화가 긍정적이면 오차가 최소가 될 때까지 이 과정을 계속 반복하는 방법입니다. 이는 딥러닝을 가능하게 하는 가장 중요한 원리 중 하나입니다.

그런데 선을 긋고 나서 수정하는 과정에서 빠지면 안 되는 것이 있습니다. 나중에 그린 선이 먼저 그린 선보다 더 좋은지 나쁜지를 판단하는 방법입니다. 즉, 각 선의 오차를 계산할 수 있어야 하고, 오차가 작은 쪽으로 바꾸는 알고리즘이 필요한 것이지요.

이를 위해 주어진 선의 오차를 평가하는 방법이 필요합니다. 오차를 구할 때 가장 많이 사용되는 방법이 **평균 제곱 오차**(Mean Square Error, MSE)입니다. 지금부터 평균 제곱 오차를 구하는 방법을 알아보겠습니다. 앞서 나온 공부한 시간과 성적의 관계도를 다시 한 번 볼까요?

그림 4-5 | 공부한 시간과 성적의 관계도

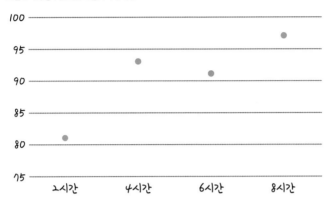

우리는 조금 전 최소 제곱법을 이용해 점들의 특성을 가장 잘 나타내는 최적의 직선이 $y = 2.3x + 79$임을 구했지만, 이번에는 최소 제곱법을 사용하지 않고 아무 값이나 a와 b에 대입해 보겠습니다. 임의의 값을 대입한 후 오차를 구하고 이 오차를 최소화하는 방식을 사용해서 최종 a 값과 b 값을 구해 보겠습니다.

먼저 대강 선을 그어 보기 위해 기울기 a와 y 절편 b를 임의의 수 3과 76이라고 가정해 보겠습니다. $y = 3x + 76$인 선을 그려 보면 그림 4-6과 같습니다.

그림 4-6 | 임의의 직선 그려 보기

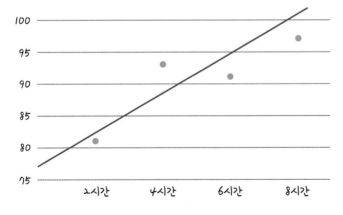

그림 4-6과 같은 임의의 직선이 어느 정도의 오차가 있는지 확인하려면 각 점과 그래프 사이의 거리를 재면 됩니다.

그림 4-7 | 임의의 직선과 실제 값 사이의 거리

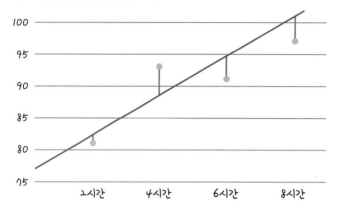

그림 4-7에서 볼 수 있는 빨간색 선은 직선이 잘 그어졌는지 나타냅니다. 이 직선들의 합이 작을수록 잘 그어진 직선이고, 이 직선들의 합이 클수록 잘못 그어진 직선이 됩니다. 예를 들어 기울기 값을 각각 다르게 설정한 그림 4-8과 그림 4-9의 그래프를 볼까요?

그림 4-8 | 기울기를 너무 크게 잡았을 때 오차

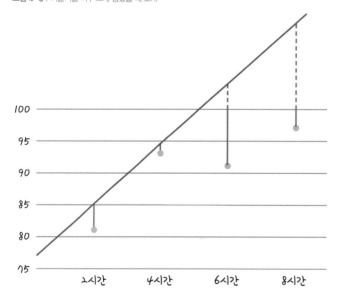

그림 4-9 | 기울기를 너무 작게 잡았을 때 오차

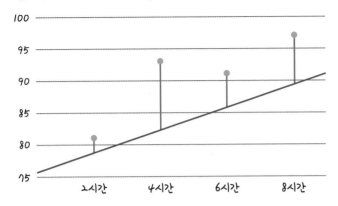

그래프의 기울기가 잘못되었을수록 빨간색 선의 거리의 합, 즉 오차의 합도 커집니다. 만일 기울기가 무한대로 커지면 오차도 무한대로 커지는 상관관계가 있는 것을 알 수 있습니다.

빨간색 선의 거리의 합을 실제로 계산해 보겠습니다. 거리는 입력 데이터에 나와 있는 y의 '실제 값'과 x를 $y = 3x + 76$ 식에 대입해서 나오는 '예측 값'의 차이를 이용해 구할 수 있습니다. 예를 들어 2시간을 공부했을 때 실제 나온 점수(81점)와 그래프 $y = 3x + 76$ 식에 $x = 2$를 대입했을 때(82점)의 차이가 곧 오차입니다. 따라서 오차를 구하는 방정식은 다음과 같습니다.

$$오차 = 실제 값 - 예측 값$$

이 식에 주어진 데이터를 대입해 얻을 수 있는 모든 오차 값을 정리하면 표 4-3과 같습니다.

표 4-3 | 주어진 데이터에서 오차 구하기

공부한 시간(x)	2	4	6	8
성적(실제 값, y)	81	93	91	97
예측 값	82	88	94	100
오차	-1	5	-3	-3

이렇게 해서 구한 오차를 모두 더하면 −1 + 5 + (−3) + (−3) = −2가 됩니다. 그런데 이 값은 오차가 실제로 얼마나 큰지를 가늠하기에는 적합하지 않습니다. 오차에 양수와 음수가 섞여 있어 오차를 단순히 더해 버리면 합이 0이 될 수도 있기 때문입니다. 부호를 없애야 정확한 오차를 구할 수 있습니다. 따라서 오차의 합을 구할 때는 각 오차 값을 제곱해 줍니다. 이를 식으로 표현하면 다음과 같습니다.

$$\text{오차의 합} = \sum_{i}^{n} (y_i - \hat{y}_i)^2$$

여기서 i는 x가 나오는 순서를, n은 x 원소의 총 개수를 의미합니다. y_i는 x_i에 대응하는 '실제 값'이고 $\hat{y}_i$는 x_i가 대입되었을 때 직선의 방정식(여기서는 $y = 3x + 76$)이 만드는 '예측 값'입니다. 이 식으로 오차의 합을 다시 계산하면 1 + 25 + 9 + 9 = 44입니다.

우리가 구하고자 하는 **평균 제곱 오차**는 위에서 구한 오차의 합을 n으로 나눈 것입니다.

$$\text{평균 제곱 오차(MSE)} = \frac{1}{n} \sum (y_i - \hat{y}_i)^2$$

이 식은 앞으로 머신 러닝과 딥러닝을 공부할 때 자주 등장할 중요한 식입니다. 앞서 구한 오차의 합(=44)과 x 원소의 총 개수(=4)를 이 식에 대입하면 ¼ × 44 = 11이란 값이 나옵니다. 이로써 우리가 그은 임의의 직선이 11이라는 평균 제곱 오차를 갖는 직선이었다는 것을 알 수 있습니다.

이제 우리의 작업은 11보다 작은 평균 제곱 오차를 가지게 만드는 a 값과 b 값을 찾는 것이 되었습니다. 이렇듯 **선형 회귀**란 임의의 직선을 그어 이에 대한 평균 제곱 오차를 구하고, 이 값을 가장 작게 만들어 주는 a 값과 b 값을 찾아가는 작업입니다.

 ## 6 파이썬 코딩으로 확인하는 평균 제곱 오차

이제 앞서 알아본 평균 제곱 오차를 파이썬으로 구현해 보겠습니다.

임의로 정한 기울기 a와 y 절편 b의 값이 각각 3과 76이라고 할 때, 가상의 기울기가 fake_a, 가상의 y 절편이 fake_b인 함수식 predict()를 다음과 같이 정의할 수 있습니다.

```
fake_a = 3
fake_b = 76

def predict(x):
    return fake_a * x + fake_b
```

위 코드의 결괏값이 들어갈 빈 리스트를 만듭니다.

```
predict_result = []
```

이제 모든 x 값을 predict() 함수에 한 번씩 대입해 예측 값 리스트를 채우는 코드를 다음
과 같이 작성합니다.

```
for i in range(len(x)):
    predict_result.append(predict(x[i]))
    print("공부시간=%.f, 실제점수=%.f, 예측점수=%.f" % (x[i], y[i], predict
(x[i])))
```

다음으로 평균 제곱 오차를 구하는 함수를 만들 차례입니다. 평균 제곱 오차 공식을 그대로
파이썬 함수로 옮기면 다음과 같습니다.

$$\frac{1}{n}\sum \left(y_i - \hat{y}_i\right)^2$$

```
n = len(x)
def mse(y, y_pred):
    return (1/n) * sum((y - y_pred)**2)
```

여기서 **2는 제곱을 구하라는 것이고, sum()은 합을 구하라는 것입니다. 실제 값과 예측 값을 각각 mse() 함수의 y와 y_pred 자리에 넣어서 평균 제곱을 구합니다.

이제 하나로 정리해 볼까요?

실습 | 파이썬 코딩으로 구하는 평균 제곱 오차

```python
import numpy as np

# 가상의 기울기 a와 y 절편 b를 정합니다.
fake_a = 3
fake_b = 76

# 공부 시간 x와 성적 y의 넘파이 배열을 만듭니다.
x = np.array([2, 4, 6, 8])
y = np.array([81, 93, 91, 97])

# y = ax + b에 가상의 a 값과 b 값을 대입한 결과를 출력하는 함수입니다.
def predict(x):
    return fake_a * x + fake_b

# 예측 값이 들어갈 빈 리스트를 만듭니다.
predict_result = []

# 모든 x 값을 한 번씩 대입해 predict_result 리스트를 완성합니다.
for i in range(len(x)):
    predict_result.append(predict(x[i]))
    print("공부시간=%.f, 실제점수=%.f, 예측점수=%.f" % (x[i], y[i], predict
(x[i])))

# 평균 제곱 오차 함수를 각 y 값에 대입해 최종 값을 구하는 함수입니다.
```

```
n = len(x)
def mse(y, y_pred):
    return (1/n) * sum((y - y_pred)**2)


# 평균 제곱 오차 값을 출력합니다.
print("평균 제곱 오차: " + str(mse(y, predict_result)))
```

공부시간=2, 실제점수=81, 예측점수=82

공부시간=4, 실제점수=93, 예측점수=88

공부시간=6, 실제점수=91, 예측점수=94

공부시간=8, 실제점수=97, 예측점수=100

평균 제곱 오차: 11.0

이를 통해 우리가 처음 가정한 $a = 3$, $b = 76$은 오차가 약 11.0이라는 것을 알게 되었습니다. 이제 남은 것은 이 오차를 줄이면서 새로운 선을 긋는 것입니다. 이를 위해서는 a 값과 b 값을 적절히 조절하면서 오차의 변화를 살펴보고, 그 오차가 최소화되는 a 값과 b 값을 구해야 합니다. 다음 장에서는 오차를 줄이는 방법에 대해 알아보겠습니다.

선형 회귀 모델: 먼저 긋고 수정하기

DEEP LEARNING FOR EVERYONE

◉ **예제 소스** https://github.com/taehojo/deeplearning → 5장. 선형 회귀 모델: 먼저 긋고 수정하기 [구글 코랩 실행하기]
◉ **바로 가기** https://bit.ly/dl3-ch05

우리는 앞서 기울기 a를 너무 크게 잡으면 오차가 커지는 것을 확인했습니다. 기울기를 너무 작게 잡아도 오차가 커집니다. 기울기 a와 오차 사이에는 이렇게 상관관계가 있습니다.

이때 기울기가 무한대로 커지거나 무한대로 작아지면 그래프는 y축과 나란한 직선이 됩니다. 그러면 오차도 함께 무한대로 커지겠지요. 이를 다시 표현하면 기울기 a와 오차 사이에는 그림 5-1의 빨간색 그래프와 같은 **이차 함수의 관계**가 있다는 의미가 됩니다.

그림 5-1 | 기울기 a와 오차의 관계: 적절한 기울기를 찾았을 때 오차가 최소화된다

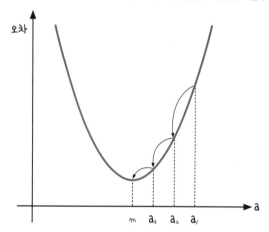

그러면 이 그래프상에서 오차가 가장 작을 때는 언제일까요? 그래프의 가장 아래쪽 볼록한 부분에 이르렀을 때입니다. 즉, 기울기 a가 m의 위치에 있을 때입니다. 우리는 앞 장에서 임의의 기울기를 집어넣어 평균 제곱 오차를 구해 보았습니다. 그때의 기울기를 a_1이라고 한다면, 기울기를 적절히 바꾸어 a_2, a_3으로 이동시키다 결국 m에 이르게 하면 최적의 기울기를 찾게 되는 것입니다. 이 작업을 위해 a_1 값보다 a_2 값이 m에 더 가깝고, a_3 값이 a_2 값보다

m에 더 가깝다는 것을 컴퓨터가 판단해야겠지요. 이러한 판단을 하게 하는 방법이 바로 미분 기울기를 이용하는 **경사 하강법**(gradient decent)입니다.

1 경사 하강법의 개요

'3장. 딥러닝을 위한 기초 수학'에서 미분은 한 점에서의 순간 기울기라고 배웠습니다. $y = x^2$ 그래프에서 x에 다음과 같이 a_1, a_2 그리고 m을 대입해 그 자리에서 미분하면 그림 5-2와 같이 각 점에서의 순간 기울기가 그려집니다.

그림 5-2 | 순간 기울기가 0인 점이 곧 우리가 찾는 최솟값 m이다

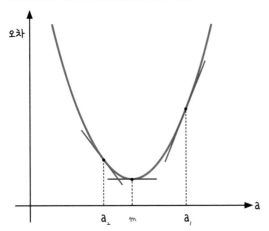

여기서 눈여겨보아야 할 것은 우리가 찾는 최솟값 m에서의 순간 기울기입니다. 그래프가 이차 함수 포물선이므로 꼭짓점의 기울기는 x축과 평행한 선이 됩니다. 즉, **기울기가 0입니다**. 따라서 우리가 할 일은 '미분 값이 0인 지점'을 찾는 것이 됩니다.

이를 위해 다음 과정을 거칩니다.

1 | a_1에서 미분을 구한다.
2 | 구한 기울기의 반대 방향(기울기가 +면 음의 방향, −면 양의 방향)으로 얼마간 이동시킨 a_2에서 미분을 구한다(그림 5-3 참조).
3 | 앞에서 구한 미분 값이 0이 아니면 **1**과 **2** 과정을 반복한다.

그러면 그림 5-3과 같이 기울기가 0인 한 점(*m*)으로 수렴합니다.

그림 5-3 | 최솟점 *m*을 찾아가는 과정

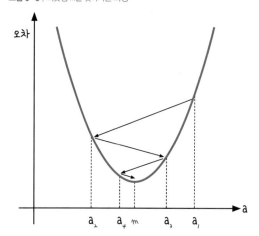

경사 하강법은 이렇게 반복적으로 기울기 *a*를 변화시켜서 *m* 값을 찾아내는 방법입니다. 여기서 우리는 **학습률**(learning rate)이라는 개념을 알 수 있습니다. 기울기의 부호를 바꾸어 이동시킬 때 적절한 거리를 찾지 못해 너무 멀리 이동시키면 *a* 값이 한 점으로 모이지 않고 그림 5-4와 같이 위로 치솟아 버립니다.

그림 5-4 | 학습률을 너무 크게 잡으면 한 점으로 수렴하지 않고 발산

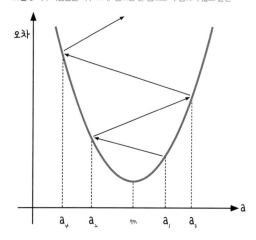

따라서 어느 만큼 이동시킬지 신중히 결정해야 하는데, 이때 이동 거리를 정해 주는 것이 바로 학습률입니다. 딥러닝에서 학습률의 값을 적절히 바꾸면서 최적의 학습률을 찾는 것은 중요한 최적화 과정 중 하나입니다.

다시 말해 **경사 하강법**은 오차의 변화에 따라 **이차 함수 그래프**를 만들고 적절한 **학습률**을 설정해 **미분 값이 0인 지점**을 구하는 것입니다.

y 절편 b의 값도 이와 같은 성질을 가지고 있습니다. b 값이 너무 크면 오차도 함께 커지고, 너무 작아도 오차가 커집니다. 그래서 최적의 b 값을 구할 때 역시 경사 하강법을 사용합니다.

2 파이썬 코딩으로 확인하는 선형 회귀

지금까지 내용을 파이썬 코드로 옮겨 볼 차례입니다. 먼저 평균 제곱 오차의 식을 다시 가져와 보겠습니다.

$$\frac{1}{n}\sum (y_i - \hat{y}_i)^2$$

여기서 $\hat{y}_i$는 $y = ax + b$의 식에 x_i를 집어넣었을 때 값이므로 $\hat{y}_i = ax_i + b$를 대입하면 다음과 같이 바뀝니다.

$$\frac{1}{n}\sum (y_i - (ax_i + b))^2$$

이 값을 미분할 때 우리가 궁금한 것은 a와 b라는 것을 기억해야 합니다. 식 전체를 미분하는 것이 아니라 필요한 값을 중심으로 미분해야 하기 때문입니다. 이렇게 특정한 값, 예를 들어 a와 b를 중심으로 미분할 때 이를 a와 b로 '편미분한다'고 하는 것을 '3장. 딥러닝을 위한 기초 수학'에서 배웠습니다. a와 b로 각각 편미분한 결과를 옮겨 보면 다음과 같습니다.

$$a로\ 편미분한\ 결과 = \frac{2}{n}\sum -x_i(y_i - (ax_i + b))$$

$$b로\ 편미분한\ 결과 = \frac{2}{n}\sum -(y_i - (ax_i + b))$$

TIP '3장. 딥러닝을 위한 기초 수학'에서 설명한 '미분의 기본 공식 2~5'를 사용해 편미분했습니다.

이를 각각 파이썬 코드로 바꾸면 다음과 같습니다.

```
y_pred = a * x + b           # 예측 값을 구하는 식입니다.
error = y - y_pred           # 실제 값과 비교한 오차를 error로 놓습니다.

a_diff = (2/n) * sum(-x * (error))   # 오차 함수를 a로 편미분한 값입니다.
b_diff = (2/n) * sum(-(error))        # 오차 함수를 b로 편미분한 값입니다.
```

여기에 학습률을 곱해 기존의 a 값과 b 값을 업데이트합니다.

```
lr = 0.03              # 학습률을 정합니다.
a = a - lr * a_diff    # 학습률을 곱해 기존의 a 값을 업데이트합니다.
b = b - lr * b_diff    # 학습률을 곱해 기존의 b 값을 업데이트합니다.
```

 TIP 학습률 0.03은 어떻게 정했나요?

여러 학습률을 적용해 보며 최적의 결과를 만드는 학습률을 찾아낸 것입니다. 최적의 학습률은 데이터와 딥러닝 모델에 따라 다르므로 그때그때 찾아내야 합니다. 앞으로 배우게 될 딥러닝 프로젝트에서는 자동으로 최적의 학습률을 찾아 주는 최적화 알고리즘들을 사용합니다.

나머지는 앞서 공부한 바와 같습니다. 중간 과정을 그래프로 표현하는 코드를 넣어 모두 정리하면 다음과 같이 코드가 완성됩니다.

잠깐만요

이 실습에는 그래프 관련 부분을 실행하기 위해 matplotlib 라이브러리가 필요합니다. 코랩의 경우에는 기본으로 제공하지만 주피터 노트북을 이용해 실습 중이라면 다음 명령으로 라이브러리를 설치합니다.

```
!pip install matplotlib
```

```python
import numpy as np
import matplotlib.pyplot as plt

# 공부 시간 X와 성적 y의 넘파이 배열을 만듭니다.
x = np.array([2, 4, 6, 8])
y = np.array([81, 93, 91, 97])

# 데이터의 분포를 그래프로 나타냅니다.
plt.scatter(x, y)
plt.show()

# 기울기 a의 값과 절편 b의 값을 초기화합니다.
a = 0
b = 0

# 학습률을 정합니다.
lr = 0.03

# 몇 번 반복될지 설정합니다.
epochs = 2001

# x 값이 총 몇 개인지 셉니다.
n = len(x)

# 경사 하강법을 시작합니다.
for i in range(epochs):              # 에포크 수만큼 반복합니다.
    y_pred = a * x + b               # 예측 값을 구하는 식입니다.
    error = y - y_pred               # 실제 값과 비교한 오차를 error로 놓습니다.

    a_diff = (2/n) * sum(-x * (error))   # 오차 함수를 a로 편미분한 값입니다.
    b_diff = (2/n) * sum(-(error))       # 오차 함수를 b로 편미분한 값입니다.
```

```
        a = a - lr * a_diff    # 학습률을 곱해 기존의 a 값을 업데이트합니다.
        b = b - lr * b_diff    # 학습률을 곱해 기존의 b 값을 업데이트합니다.

        if i % 100 == 0:        # 100번 반복될 때마다 현재의 a 값, b 값을 출력합니다.
            print("epoch=%.f, 기울기=%.04f, 절편=%.04f" % (i, a, b))

# 앞서 구한 최종 a 값을 기울기, b 값을 y 절편에 대입해 그래프를 그립니다.
y_pred = a * x + b

# 그래프를 출력합니다.
plt.scatter(x, y)
plt.plot(x, y_pred,'r')
plt.show()
```

실행 결과

```
epoch=0, 기울기=27.8400, 절편=5.4300
epoch=100, 기울기=7.0739, 절편=50.5117
epoch=200, 기울기=4.0960, 절편=68.2822
... (중략) ...
epoch=1900, 기울기=2.3000, 절편=79.0000
epoch=2000, 기울기=2.3000, 절편=79.0000
```

그림 5-5 | 그래프로 표현한 모습

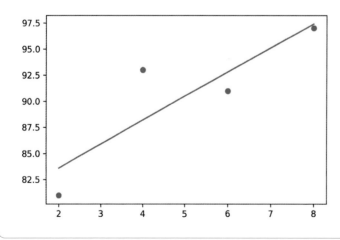

기울기 a의 값이 2.3에 수렴하는 것과 y 절편 b의 값이 79에 수렴하는 과정을 볼 수 있습니다. 기울기 2.3과 y 절편 79는 앞서 우리가 최소 제곱법을 이용해 미리 확인한 값과 같습니다. 이렇게 해서 최소 제곱법을 쓰지 않고 평균 제곱 오차와 경사 하강법을 이용해 원하는 값을 구할 수 있었습니다. 이와 똑같은 방식을 x가 여러 개인 다중 선형 회귀에서도 사용합니다.

3 다중 선형 회귀의 개요

앞서 학생들이 공부한 시간에 따른 예측 직선을 그리고자 기울기 a와 y 절편 b를 구했습니다. 그런데 이 예측 직선을 이용해도 실제 성적 사이에는 약간의 오차가 있었습니다. 4시간 공부한 친구는 88점을 예측했는데 이보다 좋은 93점을 받았고, 6시간 공부한 친구는 93점을 받을 것으로 예측했지만 91점을 받았습니다. 이러한 차이가 생기는 이유는 공부한 시간 이외의 다른 요소가 성적에 영향을 끼쳤기 때문입니다.

더 정확한 예측을 하려면 추가 정보를 입력해야 하며, 정보를 추가해 새로운 예측 값을 구하려면 변수 개수를 늘려 **다중 선형 회귀**를 만들어 주어야 합니다.

예를 들어 일주일 동안 받는 과외 수업 횟수를 조사해서 이를 기록해 보았습니다.

표 5-1 | 공부한 시간, 과외 수업 횟수에 따른 성적 데이터

공부한 시간(x_1)	2	4	6	8
과외 수업 횟수(x_2)	0	4	2	3
성적(y)	81	93	91	97

그럼 지금부터 독립 변수 x_1과 x_2가 두 개 생긴 것입니다. 이를 사용해 종속 변수 y를 만들 경우 기울기를 두 개 구해야 하므로 다음과 같은 식이 나옵니다.

$$y = a_1x_1 + a_2x_2 + b$$

그러면 두 기울기 a_1과 a_2는 각각 어떻게 구할 수 있을까요? 앞서 배운 경사 하강법을 그대로 적용하면 됩니다. 바로 파이썬 코드로 확인해 보겠습니다.

4 파이썬 코딩으로 확인하는 다중 선형 회귀

지금까지 배운 내용을 토대로 다중 선형 회귀를 만들어 보겠습니다. 이번에는 x 값이 두 개이므로 다음과 같이 공부 시간 x_1, 과외 시간 x_2, 성적 y의 넘파이 배열을 만듭니다.

```python
x1 = np.array([2, 4, 6, 8])
x2 = np.array([0, 4, 2, 3])
y = np.array([81, 93, 91, 97])
```

데이터의 분포를 그래프로 표현해 보면 다음과 같습니다.

```python
fig = plt.figure()
ax = fig.add_subplot(111, projection='3d')
ax.scatter3D(x1, x2, y)
plt.show()
```

그림 5-6 | 축이 하나 더 늘어 3D로 배치된 모습

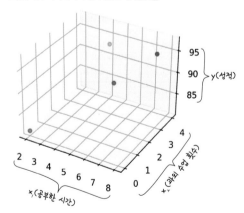

앞서 x와 y 두 개의 축이던 것과는 달리 x_1, x_2, y 이렇게 세 개의 축이 필요합니다. 새로운 변수가 추가되면 차원이 하나씩 추가되면서 계산은 더욱 복잡해지는 것을 알 수 있습니다.

잠깐만요

앞서 선형 회귀는 선을 긋는 작업이라고 했습니다. 그러면 다중 선형 회귀는 어떨까요? 최적의 결과를 찾은 후 이를 그래프로 표현하면 그림 5-7과 같이 평면으로 표시됩니다.

그림 5-7 | 다중 선형 회귀

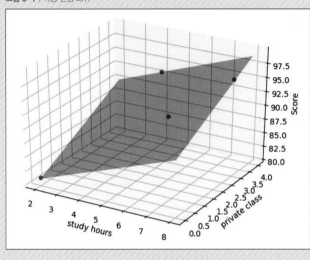

직선상에서 예측하던 것이 평면으로 범위가 넓어지므로 계산이 복잡해지고 더 많은 데이터를 필요로 하게 됩니다.

단순 선형 회귀

다중 선형 회귀

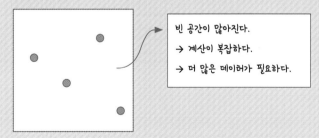

빈 공간이 많아진다.

→ 계산이 복잡하다.

→ 더 많은 데이터가 필요하다.

코드의 형태는 크게 다르지 않습니다. 다만 x가 두 개가 되었으므로 x_1, x_2 두 변수를 만들고, 기울기도 a_1과 a_2 이렇게 두 개를 만듭니다. 앞서 했던 방법대로 경사 하강법을 적용해 보겠습니다. 먼저 예측 값을 구하는 식을 다음과 같이 세웁니다.

```
y_pred = a1 * x1 + a2 * x2 + b  # 기울기와 절편 자리에 a1, a2, b를 각각 대입합니다.
error = y - y_pred              # 실제 값과 비교한 오차를 error로 놓습니다.
```

오차 함수를 a_1, a_2, b로 각각 편미분한 값을 a1_diff, a2_diff, b_diff라고 할 때 이를 구하는 식은 다음과 같습니다.

```
n = len(x1)                       # 변수의 총 개수입니다.
a1_diff = (2/n) * sum(-x1 * (error))  # 오차 함수를 a1로 편미분한 값입니다.
a2_diff = (2/n) * sum(-x2 * (error))  # 오차 함수를 a2로 편미분한 값입니다.
b_diff = (2/n) * sum(-(error))    # 오차 함수를 b로 편미분한 값입니다.
```

학습률을 곱해 기존의 기울기와 절편을 업데이트한 값을 구합니다.

```
a1 = a1 - lr * a1_diff   # 학습률을 곱해 기존의 a1 값을 업데이트합니다.
a2 = a2 - lr * a2_diff   # 학습률을 곱해 기존의 a2 값을 업데이트합니다.
b = b - lr * b_diff      # 학습률을 곱해 기존의 b 값을 업데이트합니다.
```

이제 실제 점수와 예측된 점수를 출력해서 예측이 잘되는지 확인합니다.

```
print("실제 점수: ", y)
print("예측 점수: ", y_pred)
```

지금까지 코드를 정리하면 다음과 같습니다.

```python
import numpy as np
import matplotlib.pyplot as plt

# 공부 시간 x1과 과외 시간 x2, 성적 y의 넘파이 배열을 만듭니다.
x1 = np.array([2, 4, 6, 8])
x2 = np.array([0, 4, 2, 3])
y = np.array([81, 93, 91, 97])

# 데이터의 분포를 그래프로 나타냅니다.
fig = plt.figure()
ax = fig.add_subplot(111, projection='3d')
ax.scatter3D(x1, x2, y);
plt.show()

# 기울기 a의 값과 절편 b의 값을 초기화합니다.
a1 = 0
a2 = 0
b = 0

# 학습률을 정합니다.
lr = 0.01

# 몇 번 반복될지 설정합니다.
epochs = 2001

# x 값이 총 몇 개인지 셉니다. x1과 x2의 수가 같으므로 x1만 세겠습니다.
n = len(x1)

# 경사 하강법을 시작합니다.
for i in range(epochs):            # 에포크 수만큼 반복합니다.
```

```
            y_pred = a1 * x1 + a2 * x2 + b  # 예측 값을 구하는 식을 세웁니다.
            error = y - y_pred              # 실제 값과 비교한 오차를 error로 놓습니다.

            a1_diff = (2/n) * sum(-x1 * (error))  # 오차 함수를 a1로 편미분한 값입니다.
            a2_diff = (2/n) * sum(-x2 * (error))  # 오차 함수를 a2로 편미분한 값입니다.
            b_diff = (2/n) * sum(-(error))        # 오차 함수를 b로 편미분한 값입니다.

            a1 = a1 - lr * a1_diff        # 학습률을 곱해 기존의 a1 값을 업데이트합니다.
            a2 = a2 - lr * a2_diff        # 학습률을 곱해 기존의 a2 값을 업데이트합니다.
            b = b - lr * b_diff           # 학습률을 곱해 기존의 b 값을 업데이트합니다.

            if i % 100 == 0:   # 100번 반복될 때마다 현재의 a1, a2, b의 값을 출력합니다.
                print("epoch=%.f, 기울기1=%.04f, 기울기2=%.04f, 절편=%.04f" % (i, a1,
a2, b))

# 실제 점수와 예측된 점수를 출력합니다.
print("실제 점수: ", y)
print("예측 점수: ", y_pred)
```

실행 결과

```
... (전략) ...
epoch=1700, 기울기1=1.5496, 기울기2=2.3028, 절편=77.5168
epoch=1800, 기울기1=1.5361, 기울기2=2.2982, 절편=77.6095
epoch=1900, 기울기1=1.5263, 기울기2=2.2948, 절편=77.6769
epoch=2000, 기울기1=1.5191, 기울기2=2.2923, 절편=77.7260
실제 점수: [81 93 91 97]
예측 점수: [80.76387645 92.97153922 91.42520875 96.7558749]
```

2,000번 반복했을 때 최적의 기울기 a_1과 a_2 및 절편을 찾아가며 실제 점수에 가까운 예측 값을 만들어 내고 있음을 알 수 있습니다.

5 텐서플로에서 실행하는 선형 회귀, 다중 선형 회귀 모델

우리는 머신 러닝의 기본인 선형 회귀에 대해 배우고 있습니다. 그런데 우리 목표는 딥러닝이지요. 2장에서 잠시 살펴보았지만, 앞으로 우리는 딥러닝을 실행하기 위해 텐서플로라는 라이브러리의 케라스 API를 불러와 사용할 것입니다. 따라서 지금까지 배운 선형 회귀의 개념과 딥러닝 라이브러리들이 어떻게 연결되는지 살펴볼 필요가 있습니다. 이를 통해 텐서플로 및 케라스의 사용법을 익히는 것은 물론이고 딥러닝 자체에 대한 학습도 한걸음 더 나가게 될 것입니다.

선형 회귀는 현상을 분석하는 방법의 하나입니다. 머신 러닝은 이러한 분석 방법을 이용해 예측 모델을 만드는 것이지요. 따라서 두 분야에서 사용하는 용어가 약간 다릅니다. 예를 들어 함수 $y = ax + b$는 공부한 시간과 성적의 관계를 유추하기 위해 필요했던 식이었습니다. 이렇게 문제를 해결하기 위해 가정하는 식을 머신 러닝에서는 가설 함수(hypothesis)라고 하며 H(x)라고 표기합니다. 또 기울기 a는 변수 x에 어느 정도의 가중치를 곱하는지 결정하므로, **가중치**(weight)라고 하며, w로 표시합니다. 절편 b는 데이터의 특성에 따라 따로 부여되는 값이므로 **편향**(bias)이라고 하며, b로 표시합니다. 따라서 우리가 앞서 배운 $y = ax + b$는 머신 러닝에서 다음과 같이 표기됩니다.

$$y = ax + b \quad \Rightarrow \quad H(x) = wx + b$$

또한, 평균 제곱 오차처럼 실제 값과 예측 값 사이의 오차에 대한 식을 손실 함수(loss function)라고 합니다.

$$\text{평균 제곱 오차} \quad \Rightarrow \quad \text{손실 함수(loss function)}$$

최적의 기울기와 절편을 찾기 위해 앞서 경사 하강법을 배웠지요. 딥러닝에서는 이를 **옵티마이저**(optimizer)라고 합니다. 우리가 사용했던 경사 하강법은 딥러닝에서 사용하는 여러 옵티마이저 중 하나였습니다. 경사 하강법 이외의 옵티마이저에 대해서는 9장에서 상세히 배웁니다.

```
경사 하강법  ➡  옵티마이저(optimizer)
```

이제부터는 손실 함수, 옵티마이저라는 용어를 사용해 설명하겠습니다. 먼저 텐서플로에 포함된 케라스 API 중 필요한 함수들을 다음과 같이 불러옵니다.

```
from tensorflow.keras.models import Sequential
from tensorflow.keras.layers import Dense
```

Sequential() 함수와 Dense() 함수는 2장에서 이미 소개한 바 있습니다. 이 함수를 불러와 선형 회귀를 실행하는 코드는 다음과 같습니다.

```
model.add(Dense(1, input_dim=1, activation='linear')) ····· ❶
model.compile(optimizer='sgd', loss='mse') ····· ❷
model.fit(x, y, epochs=2000) ····· ❸
```

단 세 줄의 코드에 앞서 공부한 모든 것이 담겨 있습니다. 어떻게 설정하는지 살펴보겠습니다. ❶ 먼저 가설 함수는 $H(x) = wx + b$입니다. 이때 출력되는 값(=성적)이 하나씩이므로 Dense() 함수의 첫 번째 인자에 1이라고 설정합니다. 입력될 변수(=학습 시간)도 하나뿐이므로 input_dim 역시 1이라고 설정합니다. 입력된 값을 다음 층으로 넘길 때 각 값을 어떻게 처리할지를 결정하는 함수를 **활성화 함수**라고 합니다. activation은 활성화 함수를 정하는 옵션입니다. 여기에서는 선형 회귀를 다루고 있으므로 'linear'라고 적어 주면 됩니다. 딥러닝 목적에 따라 다른 활성화 함수를 넣을 수 있는데, 예를 들어 다음 절에서 배울 시그모이드 함수가 필요하다면 'sigmoid'라고 넣어 주는 식입니다. 딥러닝에서 사용하는 여러 가지 활성화 함수에 대해서는 9장에서 상세히 배웁니다. ❷ 앞서 배운 경사 하강법을 실행하려면 옵티마이저에 sgd라고 설정합니다. 손실 함수는 평균 제곱 오차를 사용할 것이므로 mse라고 설정합니다. ❸ 끝으로 앞서 따로 적어 주었던 epochs 숫자를 model.fit() 함수에 적습니다.

학습 시간(x)이 입력되었을 때의 예측 점수는 model.predict(x)로 알 수 있습니다. 예측 점수로 그래프를 그려 보면 다음과 같습니다.

```
plt.scatter(x, y)
plt.plot(x, model.predict(x), 'r')      # 예측 결과를 그래프로 나타냅니다.
plt.show()
```

이제 모든 코드를 모아 보면 다음과 같습니다.

실습 | 텐서플로에서 실행하는 선형 회귀

```python
import numpy as np
import matplotlib.pyplot as plt

# 텐서플로의 케라스 API에서 필요한 함수들을 불러옵니다.
from tensorflow.keras.models import Sequential
from tensorflow.keras.layers import Dense

x = np.array([2, 4, 6, 8])
y = np.array([81, 93, 91, 97])

model = Sequential()

# 출력 값, 입력 변수, 분석 방법에 맞게끔 모델을 설정합니다.
model.add(Dense(1, input_dim=1, activation='linear'))

# 오차 수정을 위해 경사 하강법(sgd)을, 오차의 정도를 판단하기 위해
# 평균 제곱 오차(mse)를 사용합니다.
model.compile(optimizer='sgd', loss='mse')
```

```
# 오차를 최소화하는 과정을 2000번 반복합니다.
model.fit(x, y, epochs=2000)

plt.scatter(x, y)
plt.plot(x, model.predict(x), 'r')    # 예측 결과를 그래프로 나타냅니다.
plt.show()

# 임의의 시간을 집어넣어 점수를 예측하는 모델을 테스트해 보겠습니다.
hour = 7
input_data = tf.constant([[hour, private_class]])
prediction = model.predict(input_data)[0][0]
print("%.f시간을 공부할 경우의 예상 점수는 %.02f점입니다." % (hour, prediction))
```

```
Epoch 1/2000
1/1 [==============================] - 1s 114ms/step - loss: 9241.3984
... (중략) ...
Epoch 2000/2000
1/1 [==============================] - 0s 2ms/step - loss: 8.3022
```

그림 5-8 | 텐서플로로 실행한 선형 회귀 분석 결과

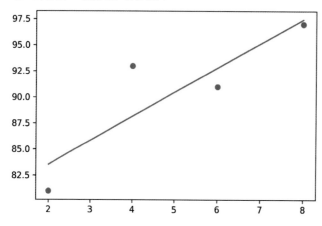

7시간을 공부할 경우의 예상 점수는 95.12점입니다.

앞서 구한 선형 회귀 결과와 같은 그래프를 구했습니다. 그리고 임의의 시간을 넣었을 때 예상되는 점수를 보여 줍니다.

마찬가지로 다중 선형 회귀 역시 텐서플로를 이용해서 실행해 보겠습니다. 앞서 실행했던 내용과 거의 유사합니다. 다만, 입력해야 하는 변수가 한 개에서 두 개로 늘었습니다. 이 부분을 적용하려면 input_dim 부분을 2로 변경해 줍니다.

```
model.add(Dense(1, input_dim=2, activation='linear'))
```

그리고 변수가 두 개이므로, 모델의 테스트를 위해서도 변수를 두 개 입력해야 합니다. 임의의 학습 시간과 과외 시간을 입력했을 때의 점수는 다음과 같이 설정해서 구합니다.

```
hour = 7
private_class = 4
input_data = tf.constant([[hour, private_class]])
prediction = model.predict(input_data)[0][0]

print("%.f시간을 공부하고 %.f시간의 과외를 받을 경우, 예상 점수는 %.02f점입니다."
% (hour, private_class, prediction))
```

모든 코드를 정리하면 다음과 같습니다.

실습 | 텐서플로에서 실행하는 다중 선형 회귀

```
import numpy as np
import matplotlib.pyplot as plt

# 텐서플로의 케라스 API에서 필요한 함수들을 불러옵니다.
from tensorflow.keras.models import Sequential
from tensorflow.keras.layers import Dense
```

```
x = np.array([[2, 0], [4, 4], [6, 2], [8, 3]])
y = np.array([81, 93, 91, 97])

model = Sequential()

# 입력 변수가 두 개(학습 시간, 과외 시간)이므로 input_dim에 2를 입력합니다.
model.add(Dense(1, input_dim=2, activation='linear'))
model.compile(optimizer='sgd', loss='mse')

model.fit(x, y, epochs=2000)

# 임의의 학습 시간과 과외 시간을 집어넣어 점수를 예측하는 모델을 테스트해 보겠습니다.
hour = 7
private_class = 4
input_data = tf.constant([[hour, private_class]])
prediction = model.predict(input_data)[0][0]

print("%.f시간을 공부하고 %.f시간의 과외를 받을 경우, 예상 점수는 %.02f점입니다."
% (hour, private_class, prediction))
```

실행 결과

```
Epoch 1/2000
1/1 [==============================] - 0s 119ms/step - loss: 8184.9204
... (중략) ...
Epoch 2000/2000
1/1 [==============================] - 0s 2ms/step - loss: 0.0743

7시간을 공부하고 4시간의 과외를 받을 경우, 예상 점수는 97.53점입니다.
```

다중 선형 회귀 모델을 통해 임의의 학습 시간과 과외 시간을 입력했을 때의 예상 점수를 확인할 수 있었습니다.

로지스틱 회귀 모델: 참 거짓 판단하기

DEEP LEARNING FOR EVERYONE

◉ **예제 소스** https://github.com/taehojo/deeplearning → 6장. 로지스틱 회귀 모델: 참 거짓 판단하기 [구글 코랩 실행하기]
◉ **바로 가기** https://bit.ly/dl3-ch06

법정 드라마나 영화를 보면 검사가 피고인을 다그치는 장면이 종종 나옵니다. 검사의 예리한 질문에 피고인이 당황한 표정으로 변명을 늘어놓을 때 검사가 이렇게 소리칩니다. "예, 아니요로만 대답하세요!"

때로 할 말이 많아도 '예' 혹은 '아니요'로만 대답해야 할 때가 있습니다. 그런데 실은 이와 같은 상황이 딥러닝에서도 끊임없이 일어납니다. 전달받은 정보를 놓고 참과 거짓 중 하나를 판단해 다음 단계로 넘기는 장치들이 딥러닝 내부에서 쉬지 않고 작동하는 것이지요. 딥러닝을 수행한다는 것은 겉으로 드러나지 않는 '미니 판단 장치'들을 이용해서 복잡한 연산을 해낸 끝에 최적의 예측 값을 내놓는 작업이라고 할 수 있습니다.

이렇게 참과 거짓 중 하나를 내놓는 과정은 **로지스틱 회귀**(logistic regression)의 원리를 거쳐 이루어집니다.

이제 회귀 분석의 또 다른 토대를 이루는 로지스틱 회귀에 대해 알아보겠습니다.

1 로지스틱 회귀의 정의

5장에서 공부한 시간과 성적 사이의 관계를 좌표에 나타냈을 때, 좌표의 형태가 직선으로 해결되는 선형 회귀를 사용하기에 적절했음을 보았습니다. 그런데 직선으로 해결하기에 적절하지 않은 경우도 있습니다.

점수가 아니라 오직 합격과 불합격만 발표되는 시험이 있다고 합시다. 공부한 시간에 따른 합격 여부를 조사해 보니 표 6-1과 같았습니다.

표 6-1 | 공부한 시간에 따른 합격 여부

공부한 시간	2	4	6	8	10	12	14
합격 여부	불합격	불합격	불합격	합격	합격	합격	합격

합격을 1, 불합격을 0이라고 하고, 이를 좌표 평면에 표현하면 그림 6-1과 같습니다.

그림 6-1 | 합격과 불합격만 있을 때의 좌표 표현

앞 장에서 배운 대로 선을 그어 이 점의 특성을 잘 나타내는 일차 방정식을 만들 수 있을까요? 이 점들은 1과 0 사이의 값이 없으므로 직선으로 그리기가 어렵습니다. 점들의 특성을 정확하게 담아내려면 직선이 아니라 다음과 같이 S자 형태여야 합니다.

그림 6-2 | 각 점의 특성을 담은 선을 그었을 때

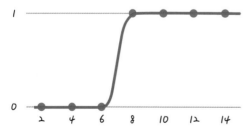

로지스틱 회귀는 선형 회귀와 마찬가지로 적절한 선을 그려 가는 과정입니다. 다만, 직선이 아니라 참(1)과 거짓(0) 사이를 구분하는 S자 형태의 선을 그어 주는 작업입니다.

2 시그모이드 함수

그런데 이러한 S자 형태로 그래프가 그려지는 함수가 있습니다. 바로 우리가 '3장. 딥러닝을 위한 기초 수학'에서 배운 시그모이드 함수(sigmoid function)입니다. 시그모이드 함수를 이용해 로지스틱 회귀를 풀어 나가는 공식은 다음과 같습니다.

$$y = \frac{1}{1 + e^{-(ax+b)}}$$

이 식을 통해 알 수 있는 것은 우리가 구해야 하는 값이 여기서도 결국 $ax + b$라는 것입니다. 선형 회귀 때와 마찬가지이지요. 그러면 여기서 a와 b는 무슨 의미를 가지고 있을까요?

먼저 a는 그래프의 경사도를 결정합니다. 그림 6-3과 같이 a 값이 커지면 경사가 커지고 a 값이 작아지면 경사가 작아집니다.

그림 6-3 | a 값이 클 때와 작을 때의 그래프 변화

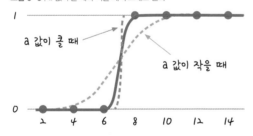

b는 그래프의 좌우 이동을 의미합니다. 그림 6-4와 같이 b 값이 크고 작아짐에 따라 그래프가 이동합니다.

그림 6-4 | b 값이 클 때와 작을 때의 그래프 변화

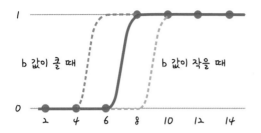

따라서 a 값과 b 값에 따라 오차가 변합니다. a 값에 따라 변화하는 오차를 그래프로 나타내면 그림 6-5와 같습니다.

그림 6-5 | a와 오차의 관계: a가 작아질수록 오차는 무한대로 커지지만, a가 커진다고 해서 오차가 없어지지는 않는다

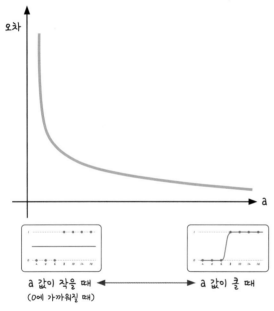

a 값이 작아지면 오차는 무한대로 커집니다. 그런데 a 값이 커진다고 해서 오차가 무한대로 커지지는 않습니다.

한편, b 값에 따른 오차의 그래프는 그림 6-6과 같습니다.

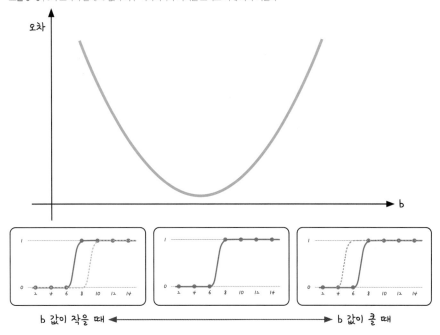

그림 6-6 | b와 오차의 관계: b 값이 너무 작아지거나 커지면 오차도 이에 따라 커진다

b 값이 너무 크거나 작을 경우 오차는 그림 6-6과 같이 이차 함수 그래프와 유사한 형태로 나타납니다.

③ 오차 공식

이제 우리에게 주어진 과제는 또다시 a 값과 b 값을 구하는 것임을 알았습니다. 시그모이드 함수에서 a 값과 b 값을 어떻게 구해야 할까요? 답은 역시 경사 하강법입니다.

경사 하강법은 먼저 오차를 구한 후 오차가 작은 쪽으로 이동시키는 방법이라고 했습니다. 그렇다면 이번에도 예측 값과 실제 값의 차이, 즉 오차를 구하는 공식이 필요합니다. 그러면 이번에도 앞서 배웠던 평균 제곱 오차를 사용하면 될까요? 안타깝게도 이번에는 평균 제곱 오차를 사용할 수 없습니다. 오차 공식을 도출하기 위해 시그모이드 함수 그래프의 특징을 다시 한 번 살펴보겠습니다.

그림 6-7 | 시그모이드 함수 그래프

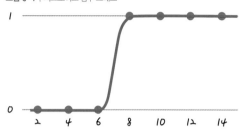

시그모이드 함수의 특징은 y 값이 0과 1 사이라는 것입니다. 따라서 실제 값이 1일 때 예측 값이 0에 가까워지면 오차가 커집니다. 반대로 실제 값이 0일 때 예측 값이 1에 가까워지는 경우에도 오차는 커집니다. 이를 공식으로 만들 수 있게 하는 함수가 바로 로그 함수입니다.

4 로그 함수

'3장. 딥러닝을 위한 기초 수학'의 로그 함수에서 배운 그래프를 다시 가져오겠습니다.

그림 6-8 | 실제 값이 1일 때(파란색)와 0일 때(빨간색) 로그 함수 그래프

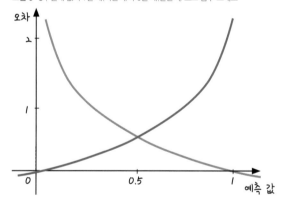

파란색 선은 실제 값이 1일 때 사용할 수 있는 그래프입니다. 예측 값이 1일 때 오차가 0이고, 반대로 예측 값이 0에 가까울수록 오차는 커집니다.

빨간색 선은 반대로 실제 값이 0일 때 사용할 수 있는 함수입니다. 예측 값이 0일 때 오차가 없고, 1에 가까워질수록 오차가 매우 커집니다.

앞의 파란색과 빨간색 그래프의 식은 각각 $-\log h$와 $-\log(1-h)$입니다. 실제 값이 1일 때는 $-\log h$ 그래프를 쓰고, 0일 때는 $-\log(1-h)$ 그래프를 써야 합니다. 이는 다음과 같은 방법으로 해결할 수 있습니다.

$$-\{\underbrace{y \log h}_{A} + \underbrace{(1-y)\log(1-h)}_{B}\}$$

실제 값을 y라고 할 때, 이 값이 1이면 B 부분이 없어집니다. 반대로 0이면 A 부분이 없어집니다. 따라서 실제 값에 따라 빨간색 그래프와 파란색 그래프를 각각 사용할 수 있습니다.

이렇게 해서 평균 제곱 오차를 대체할 만한 손실 함수를 구했습니다. 이 함수를 머신 러닝에서는 **교차 엔트로피 오차**(cross entropy error) 함수라고 합니다. 즉, 선형 회귀에서는 평균 제곱 오차 함수를, 로지스틱 회귀에서는 교차 엔트로피 오차 함수를 사용하게 되는 것이지요. 이 두 가지 함수에서 출발해 지금은 더 다양한 손실 함수들이 존재합니다. 이와 관련해서는 '10장. 딥러닝 모델 설계하기'에서 다시 다룰 것입니다.

이제 로지스틱 회귀를 사용해서 어떻게 모델을 만들 수 있는지 텐서플로에서 실행해 보겠습니다.

⑤ 텐서플로에서 실행하는 로지스틱 회귀 모델

텐서플로에서 실행하는 방법은 앞서 선형 회귀 모델을 만들 때와 유사합니다. 다른 점은 오차를 계산하기 위한 손실 함수가 평균 제곱 오차 함수에서 크로스 엔트로피 오차로 바뀐다는 것입니다. 먼저 표 6-1에서 본 합격 여부 데이터를 다음과 같이 만들어 주겠습니다.

```
x = np.array([2, 4, 6, 8, 10, 12, 14])
y = np.array([0, 0, 0, 1, 1, 1, 1])
```

이제 모델을 준비합니다. 먼저 시그모이드 함수를 사용하게 되므로 activation 부분을 sigmoid로 바꾸어 줍니다.

```
model.add(Dense(1, input_dim=1, activation='sigmoid'))
```

손실 함수로 교차 엔트로피 오차 함수를 이용하기 위해 loss를 binary_crossentropy로 설정합니다.

```
model.compile(optimizer='sgd', loss='binary_crossentropy')
```

model.predict(x) 함수를 이용해 학습 시간 x가 입력되었을 때의 결과를 그래프로 그려 보면 다음과 같습니다.

```
plt.scatter(x, y)
plt.plot(x, model.predict(x), 'r')
plt.show()
```

임의의 학습 시간에 따른 합격 확률을 보여 주는 부분을 다음과 같이 설정합니다.

```
hour = 7
input_data = tf.constant([[hour]])
prediction = model.predict(input_data)[0][0]
print("%.f시간을 공부할 경우, 합격 예상 확률은 %.01f%%입니다." % (hour,
prediction * 100))
```

모두 정리하면 다음과 같습니다.

```python
import numpy as np
import matplotlib.pyplot as plt
from tensorflow.keras.models import Sequential
from tensorflow.keras.layers import Dense

x = np.array([2, 4, 6, 8, 10, 12, 14])
y = np.array([0, 0, 0, 1, 1, 1, 1])

model = Sequential()
model.add(Dense(1, input_dim=1, activation='sigmoid'))

# 교차 엔트로피 오차 함수를 이용하기 위해 'binary_crossentropy'로 설정합니다.
model.compile(optimizer='sgd', loss='binary_crossentropy')
model.fit(x, y, epochs=5000)

# 그래프로 확인해 봅니다.
plt.scatter(x, y)
plt.plot(x, model.predict(x), 'r')
plt.show()

# 임의의 학습 시간을 집어넣어 합격 예상 확률을 예측해 보겠습니다.
hour = 7
input_data = tf.constant([[hour]])
prediction = model.predict(input_data)[0][0]

print("%.f시간을 공부할 경우, 합격 예상 확률은 %.01f%%입니다." % (hour,
prediction * 100))
```

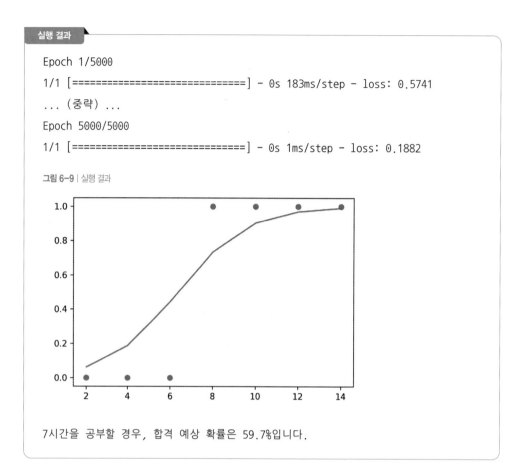

```
Epoch 1/5000
1/1 [==============================] - 0s 183ms/step - loss: 0.5741
... (중략) ...
Epoch 5000/5000
1/1 [==============================] - 0s 1ms/step - loss: 0.1882
```

그림 6-9 | 실행 결과

7시간을 공부할 경우, 합격 예상 확률은 59.7%입니다.

출력되는 그래프는 학습이 진행됨에 따라 점점 시그모이드 함수 그래프의 형태를 취해 가는 것을 보여 줍니다. 학습된 모델의 테스트를 위해 여러 가지 임의의 시간을 집어넣고 테스트 해 보면, 학습 시간이 7보다 클 경우에는 합격 확률이 50%가 넘는다는 것을 알 수 있습니다. 데이터양이나 학습 시간 등 환경에 따라 예측 정확도는 더욱 향상될 수 있습니다.

지금까지 선형 회귀와 로지스틱 회귀를 사용한 모델링에 관해 알아보았습니다. 이 두 가지 가 딥러닝의 기본 요소가 된다는 것은 이미 설명한 바 있습니다. 그러면 이러한 통계 모델링 은 어떻게 해서 딥러닝과 연관을 갖게 될까요? 로지스틱 회귀 모델의 전신인 퍼셉트론과 퍼 셉트론의 한계를 극복하며 탄생한 신경망에 대해 상세히 알아보며 딥러닝 학습 속도를 더해 보겠습니다.

딥러닝의 시작,
신경망

고지가 보입니다. 딥러닝의 근간은 사람의 신경을 흉내 내어
만들어진 인공 신경망이고, 이 신경망을 이해하기 위해 지금
까지 회귀 모델을 공부했습니다. 이제 신경망의 시작부터
현대까지의 과정을 살펴보며, 딥러닝을 탄생시킨 핵심을 이
해할 차례입니다.

7장　퍼셉트론과 인공지능의 시작

DEEP LEARNING FOR EVERYONE

1　인공지능의 시작을 알린 퍼셉트론

인간의 뇌는 치밀하게 연결된 뉴런 약 1,000억 개로 이루어져 있습니다. 뉴런과 뉴런 사이에는 시냅스라는 연결 부위가 있는데, 신경 말단에서 자극을 받으면 시냅스에서 화학 물질이 나와 전위 변화를 일으킵니다. 전위가 임계 값을 넘으면 다음 뉴런으로 신호를 전달하고, 임계 값에 미치지 못하면 아무것도 하지 않습니다. 이 메커니즘은 우리가 앞서 배운 로지스틱 회귀와 많이 닮았습니다. 이 간단한 회로는 입력 값을 놓고 활성화 함수에 의해 일정한 수준을 넘으면 참을, 그렇지 않으면 거짓을 내보내는 일을 하는데 뉴런과 유사합니다.

그림 7-1 | 뉴런의 신호 전달

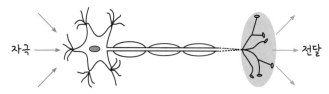

우리 몸 안에 있는 수많은 뉴런은 서로 긴밀히 연결되어 신경 말단부터 뇌까지 곳곳에서 자신의 역할을 수행합니다. 이처럼 복잡하고 어려운 조합의 결과가 바로 우리의 '생각'입니다. 그러면 뉴런과 비슷한 메커니즘을 사용하면 인공적으로 '생각'하는 그 무언가를 만들 수 있지 않을까요?

이러한 상상과 함께 출발한 연구가 바로 인공 신경망(artificial neural network, 이하 줄여서 '신경망'이라고 함) 연구입니다. 맨 처음 시작은 '켜고 끄는 기능이 있는 신경'을 그물망 형태로 연결하면 사람의 뇌처럼 동작할 수 있다는 가능성을 처음으로 주장한 맥컬럭-월터 피츠(McCulloch-Walter Pitts)의 1943년 논문입니다.[1] 그 후 1957년, 미국의 신경 생물학자 프랑크 로젠블랫(Frank Rosenblatt)이 이 개념을 실제 장치로 만들어 선보입니다. 이것의 이름이 **퍼셉트론**(perceptron)입니다. 퍼셉트론은 입력 값을 여러 개 받아 출력을 만드는데, 이때 입력 값에 가중치를 조절할 수 있게 만들어 최초로 '학습'을 하게 했습니다(그림 7-2 ❶ 참조). 3년 후, 여기에 앞 장에서 다룬 경사 하강법을 도입해 최적의 경계선을 그릴 수 있게 한 **아달라인**(Adaline)이 개발됩니다(그림 7-2 ❷ 참조). 특히 아달라인은 이후 서포트 벡터 머신(Support Vector Machine) 등 머신 러닝의 중요한 알고리즘들로 발전해 가는데, 이 중 시그모이드를 활성화 함수로 사용한 것이 바로 앞서 배웠던 로지스틱 회귀입니다.

그림 7-2 | 퍼셉트론, 아달라인 그리고 로지스틱 회귀 모델

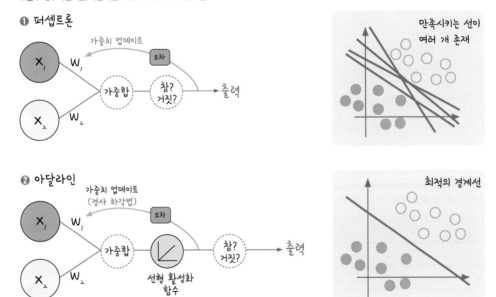

❶ 퍼셉트론

❷ 아달라인

---

1   논문 출처: McCulloch, Warren S., and Walter Pitts. "A logical calculus of the ideas immanent in nervous activity." The bulletin of mathematical biophysics 5.4 (1943): 115–133.

그림 7-2 | 퍼셉트론, 아달라인 그리고 로지스틱 회귀 모델(계속)

(비교) 로지스틱 회귀 모델

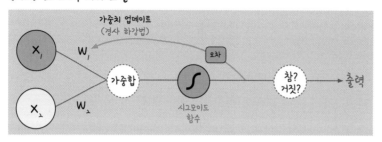

> TIP
> 가중합(weighted sum)이란 입력 값과 가중치를 모두 곱한 후 바이어스를 더한 값을 의미합니다.

2 퍼셉트론의 과제

퍼셉트론이 완성되고 아달라인에 의해 보완되며 드디어 현실 세계의 다양한 문제를 해결하는 인공지능이 개발될 것으로 기대했습니다. 하지만 곧 퍼셉트론의 한계가 보고됩니다. 퍼셉트론의 한계가 무엇이었는지 알고 이를 극복하는 과정을 이해하는 것은 우리에게도 매우 중요합니다. 이것을 해결한 것이 바로 딥러닝이기 때문입니다. 지금부터는 퍼셉트론의 한계와 이를 해결하는 과정을 보며 신경망의 기본 개념을 확립해 보겠습니다. 먼저 그림 7-3을 볼까요?

그림 7-3 | 사각형 종이에 놓인 검은색 점 두 개와 흰색 점 두 개

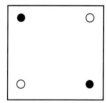

사각형 종이에 검은색 점 두 개와 흰색 점 두 개가 놓여 있습니다. 이 네 점 사이에 직선을 하나 긋는다고 합시다. 이때 직선의 한쪽 편에는 검은색 점만 있고, 다른 한쪽에는 흰색 점만 있게끔 선을 그을 수 있을까요?

그림 7-4 | 선으로는 같은 색끼리 나눌 수 없다: 퍼셉트론의 한계

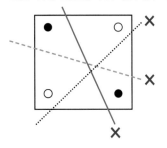

선을 여러 개 아무리 그어 보아도 하나의 직선으로는 흰색 점과 검은색 점을 구분할 수 없습니다.

퍼셉트론이나 아달라인은 모두 2차원 평면상에 직선을 긋는 것만 가능합니다. 이 예시는 경우에 따라 선을 아무리 그어도 해결되지 않는 상황이 있다는 것을 말해 줍니다.

3 XOR 문제

이것이 퍼셉트론의 한계를 설명할 때 등장하는 XOR(exclusive OR) 문제입니다.

XOR 문제는 논리 회로에 등장하는 개념입니다. 컴퓨터는 두 가지의 디지털 값, 즉 0과 1을 입력해 하나의 값을 출력하는 회로가 모여 만들어지는데, 이 회로를 '게이트(gate)'라고 합니다.

그림 7-5는 AND 게이트, OR 게이트, XOR 게이트에 대한 값을 정리한 것입니다. AND 게이트는 x_1과 x_2 둘 다 1일 때 결괏값이 1로 출력됩니다. OR 게이트는 둘 중 하나라도 1이면 결괏값이 1로 출력됩니다. XOR 게이트는 둘 중 하나만 1일 때 1이 출력됩니다.

그림 7-5 | AND, OR, XOR 게이트에 대한 진리표

AND (논리곱) 두 개 모두 1일 때 1			OR (논리합) 두 개 중 한 개라도 1이면 1			XOR (배타적 논리합) 하나만 1이어야 1		
x_1	x_2	결괏값	x_1	x_2	결괏값	x_1	x_2	결괏값
0	0	0	0	0	0	0	0	0
0	1	0	0	1	1	0	1	1
1	0	0	1	0	1	1	0	1
1	1	1	1	1	1	1	1	0

그림 7-5를 각각 그래프로 좌표 평면에 나타내 보겠습니다. 결괏값이 0이면 흰색 점으로, 1이면 검은색 점으로 나타낸 후 조금 전처럼 직선을 그어 위 조건을 만족할 수 있는지 보겠습니다.

그림 7-6 | AND, OR, XOR 진리표대로 좌표 평면에 표현한 후 선을 그어 색이 같은 점끼리 나누기(XOR는 불가능)

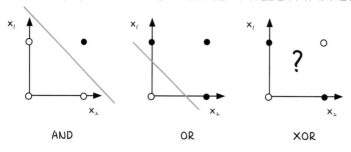

AND와 OR 게이트는 직선을 그어 결괏값이 1인 값(검은색 점)을 구별할 수 있습니다. 그러나 XOR의 경우 선을 그어 구분할 수 없습니다.

이는 인공지능 분야의 선구자였던 MIT의 마빈 민스키(Marvin Minsky) 교수가 1969년에 발표한 "퍼셉트론즈(Perceptrons)"라는 논문에 나오는 내용입니다. '뉴런 → 신경망 → 지능'이라는 도식에 따라 '퍼셉트론 → 인공 신경망 → 인공지능'이 가능하리라 꿈꾸었던 당시 사람들은 이것이 생각처럼 쉽지 않다는 사실을 깨닫게 됩니다. 알고 보니 간단한 XOR 문제조차 해결할 수 없었던 것입니다. 이 논문 이후 인공지능 연구가 한동안 침체기를 겪게 됩니다. 이 문제는 두 가지 방법이 순차적으로 개발되면서 해결됩니다. 하나는 다층 퍼셉트론(multilayer perceptron), 그리고 또 하나는 오차 역전파(back propagation)입니다. 이 중 먼저 다층 퍼셉트론부터 알아보겠습니다.

8장 다층 퍼셉트론

DEEP LEARNING FOR EVERYONE

● **예제 소스** https://github.com/taehojo/deeplearning → 8장. 다층 퍼셉트론 [구글 코랩 실행하기]
● **바로 가기** https://bit.ly/dl3-ch08

1 다층 퍼셉트론의 등장

앞서 종이 위에 각각 엇갈려 놓인 검은색 점 두 개와 흰색 점 두 개를 하나의 선으로는 구별할 수 없다는 것을 살펴보았습니다. 언뜻 보기에 해답이 없어 보이는 이 문제를 해결하려면 새로운 접근이 필요합니다.

어릴 적 친구들에게 장난처럼 들곤 했던 문제가 의외로 기발한 해답이었던 기억이 있습니다. '성냥개비 여섯 개로 정삼각형 네 개를 만들 수 있는가'라는 문제를 기억하나요?

그림 8-1 | 성냥개비 여섯 개로 정삼각형 네 개를?

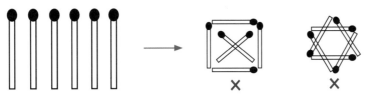

골똘히 연구해도 답을 찾지 못했던 이 문제는 2차원 평면에서만 해결하려는 고정 관념을 깨고 피라미드 모양으로 성냥개비를 쌓아 올리니 해결되었습니다.

그림 8-2 | 차원을 달리하니 쉽게 완성!

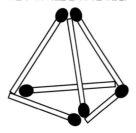

인공지능 학자들은 인공 신경망을 개발하기 위해 반드시 XOR 문제를 극복해야만 했습니다. 그래서 이 문제를 해결하는 데도 고정 관념을 깨는 기발한 아이디어가 필요했습니다. 이러한 노력은 결국 그림 8-3과 같은 아이디어를 낳았습니다.

그림 8-3 | XOR 문제의 해결은 평면을 휘어 주는 것!

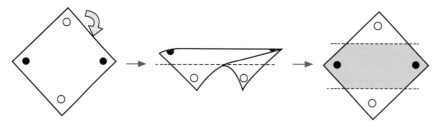

즉, 종이를 휘어 주어 선 두 개를 동시에 긋는 방법입니다. 이것을 XOR 문제에 적용하면 '퍼셉트론 두 개를 한 번에 계산'하면 된다는 결론에 이릅니다. 이를 위해 퍼셉트론 두 개를 각각 처리하는 은닉층(hidden layer)을 만듭니다. 은닉층을 만드는 것이 어떻게 XOR 문제를 해결하는지는 그림 8-4에 소개되어 있습니다.

그림 8-4 | 은닉층이 XOR 문제를 해결하는 원리

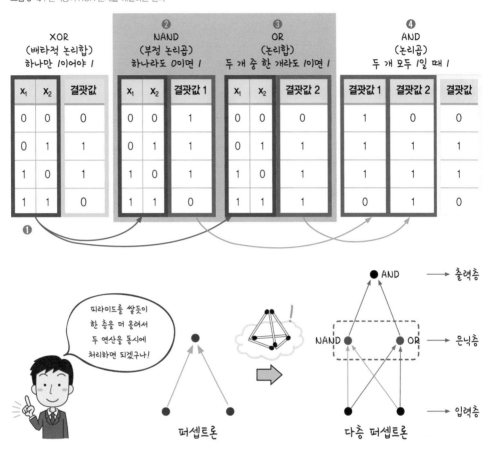

XOR (배타적 논리합) 하나만 1이어야 1			NAND (부정 논리곱) 하나라도 0이면 1			OR (논리합) 두 개 중 한 개라도 1이면 1			AND (논리곱) 두 개 모두 1일 때 1		
x_1	x_2	결괏값	x_1	x_2	결괏값 1	x_1	x_2	결괏값 2	결괏값 1	결괏값 2	결괏값
0	0	0	0	0	1	0	0	0	1	0	0
0	1	1	0	1	1	0	1	1	1	1	1
1	0	1	1	0	1	1	0	1	1	1	1
1	1	0	1	1	0	1	1	1	0	1	0

피라미드를 쌓듯이 한 층을 더 올려서 두 연산을 동시에 처리하면 되겠구나!

퍼셉트론

AND → 출력층

NAND OR → 은닉층

→ 입력층

다층 퍼셉트론

먼저 ❶ x_1과 x_2를 두 연산으로 각각 보냅니다. ❷ 첫 번째 연산에서는 NAND 처리를 합니다. ❸ 이와 동시에 두 번째 연산에서 OR 처리를 합니다. ❷와 ❸을 통해 구한 결괏값 1과 결괏값 2를 가지고 ❹ AND 처리를 하면 우리가 구하고자 하는 출력 값을 만들 수 있습니다.

2 다층 퍼셉트론의 설계

다층 퍼셉트론이 입력층과 출력층 사이에 숨어 있는 은닉층을 만드는 것을 그림으로 나타내면 그림 8-5와 같습니다.

그림 8-5 | 다층 퍼셉트론의 내부

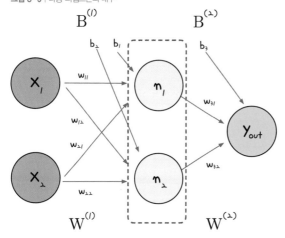

가운데 점선으로 표시된 부분이 은닉층입니다. x_1과 x_2는 입력 값인데, 각 값에 가중치(w)를 곱하고 바이어스(b)를 더해 은닉층으로 전송합니다. 이 값들이 모이는 은닉층의 중간 정거장을 노드(node)라고 하며, 여기서는 n_1과 n_2로 표시되었습니다. 은닉층에 취합된 값들은 활성화 함수를 통해 다음으로 보내는데, 만약 앞서 배운 시그모이드 함수($\sigma(x)$)를 활성화 함수로 사용한다면 n_1과 n_2에서 계산되는 값은 각각 다음과 같습니다.

$$n_1 = \sigma\left(x_1 w_{11} + x_2 w_{21} + b_1\right)$$
$$n_2 = \sigma\left(x_1 w_{12} + x_2 w_{22} + b_2\right)$$

두 식의 결괏값이 출력층의 방향으로 보내어지고, 출력층으로 전달된 값은 마찬가지로 활성화 함수를 사용해 y 예측 값을 정하게 됩니다. 이 값을 y_{out}이라고 할 때 이를 식으로 표현하면 다음과 같습니다.

$$y_{out} = \sigma\left(n_1 w_{31} + n_2 w_{32} + b_3\right)$$

이제 각각의 가중치(w)와 바이어스(b) 값을 정할 차례입니다. 2차원 배열로 늘어놓으면 다음과 같이 표시할 수 있습니다. 은닉층을 포함해 가중치 여섯 개와 바이어스 세 개가 필요합니다.

$$W^{(1)} = \begin{bmatrix} w_{11} & w_{12} \\ w_{21} & w_{22} \end{bmatrix} \qquad B^{(1)} = \begin{bmatrix} b_1 \\ b_2 \end{bmatrix}$$
$$W^{(2)} = \begin{bmatrix} w_{31} \\ w_{32} \end{bmatrix} \qquad B^{(2)} = \begin{bmatrix} b_3 \end{bmatrix}$$

XOR 문제의 해결

앞서 우리에게 어떤 가중치와 바이어스가 필요한지 알아보았습니다. 이를 만족하는 가중치와 바이어스의 조합은 무수히 많습니다. 이를 구하는 방법은 9장에서 소개할 예정입니다. 지금은 먼저 다음과 같이 각 변수 값을 정하고 이를 이용해 XOR 문제를 해결하는 과정을 알아보겠습니다.

$$W^{(1)} = \begin{bmatrix} -2 & 2 \\ -2 & 2 \end{bmatrix} \qquad B^{(1)} = \begin{bmatrix} 3 \\ -1 \end{bmatrix}$$

$$W^{(2)} = \begin{bmatrix} 1 \\ 1 \end{bmatrix} \qquad B^{(2)} = [-1]$$

이것을 그림에 대입하면 그림 8-6과 같습니다.

그림 8-6 | 다층 퍼셉트론의 내부에 변수 채우기

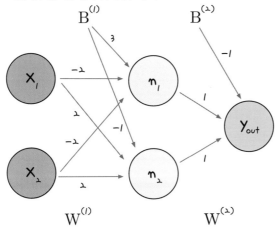

이제 x_1 값과 x_2 값을 각각 입력해 우리가 원하는 y 값이 나오는지 점검해 보겠습니다.

표 8-1 | XOR 다층 문제 해결

x_1	x_2	n_1	n_2	y_{out}	우리가 원하는 값
0	0	σ(0 * (−2) + 0 * (−2) + 3) ≈ 1	σ(0 * 2 + 0 * 2 − 1) ≈ 0	σ(1 * 1 + 0 * 1 − 1) ≈ 0	0
0	1	σ(0 * (−2) + 1 * (−2) + 3) ≈ 1	σ(0 * 2 + 1 * 2 − 1) ≈ 1	σ(1 * 1 + 1 * 1 − 1) ≈ 1	1
1	0	σ(1 * (−2) + 0 * (−2) + 3) ≈ 1	σ(1 * 2 + 0 * 2 − 1) ≈ 1	σ(1 * 1 + 1 * 1 − 1) ≈ 1	1
1	1	σ(1 * (−2) + 1 * (−2) + 3) ≈ 0	σ(1 * 2 + 1 * 2 − 1) ≈ 1	σ(0 * 1 + 1 * 1 − 1) ≈ 0	0

표 8-1에서 볼 수 있듯이 n_1, n_2, y를 구하는 공식에 차례로 대입하니 우리가 원하는 결과를 구할 수 있었습니다. 숨어 있는 노드 두 개를 둔 다층 퍼셉트론을 통해 XOR 문제가 해결된 것입니다.

 ## 4 코딩으로 XOR 문제 해결하기

이제 주어진 가중치와 바이어스를 이용해 XOR 문제를 해결하는 파이썬 코드를 작성해 볼까요?

정해진 가중치와 바이어스를 넘파이 라이브러리를 사용해 다음과 같이 선언하겠습니다.

```
import numpy as np

w11 = np.array([-2, -2])
w12 = np.array([2, 2])
w2 = np.array([1, 1])
b1 = 3
b2 = -1
b3 = -1
```

이제 퍼셉트론 함수를 만들어 줍니다. 0과 1 중에서 값을 출력하게 설정합니다.

```
def MLP(x, w, b):
    y = np.sum(w * x) + b
    if y <= 0:
        return 0
    else:
        return 1
```

각 게이트의 정의에 따라 NAND 게이트, OR 게이트, AND 게이트, XOR 게이트 함수를 만들어 줍니다.

```python
# NAND 게이트
def NAND(x1, x2):
    return MLP(np.array([x1, x2]), w11, b1)

# OR 게이트
def OR(x1, x2):
    return MLP(np.array([x1, x2]), w12, b2)

# AND 게이트
def AND(x1, x2):
    return MLP(np.array([x1, x2]), w2, b3)

# XOR 게이트
def XOR(x1, x2):
    return AND(NAND(x1, x2), OR(x1, x2))
```

이제 x_1 값과 x_2 값을 번갈아 대입해 가며 최종 값을 출력해 봅시다.

```python
for x in [(0, 0), (1, 0), (0, 1), (1, 1)]:
    y = XOR(x[0], x[1])
    print("입력 값: " + str(x) + " 출력 값: " + str(y))
```

모두 정리하면 다음과 같습니다.

```python
import numpy as np

# 가중치와 바이어스
w11 = np.array([-2, -2])
w12 = np.array([2, 2])
w2 = np.array([1, 1])
b1 = 3
b2 = -1
b3 = -1


# 퍼셉트론
def MLP(x, w, b):
    y = np.sum(w * x) + b
    if y <= 0:
        return 0
    else:
        return 1


# NAND 게이트
def NAND(x1, x2):
    return MLP(np.array([x1, x2]), w11, b1)


# OR 게이트
def OR(x1, x2):
    return MLP(np.array([x1, x2]), w12, b2)


# AND 게이트
def AND(x1, x2):
    return MLP(np.array([x1, x2]), w2, b3)
```

```
# XOR 게이트
def XOR(x1, x2):
    return AND(NAND(x1, x2), OR(x1, x2))

# x1 값, x2 값을 번갈아 대입하며 최종 값 출력
for x in [(0, 0), (1, 0), (0, 1), (1, 1)]:
    y = XOR(x[0], x[1])
    print("입력 값: " + str(x) + " 출력 값: " + str(y))
```

실행 결과

```
입력 값: (0, 0) 출력 값: 0
입력 값: (1, 0) 출력 값: 1
입력 값: (0, 1) 출력 값: 1
입력 값: (1, 1) 출력 값: 0
```

우리가 원하는 XOR 문제의 정답이 도출되었습니다.

이렇게 퍼셉트론 하나로 해결되지 않던 문제를 은닉층을 만들어 해결했습니다. 하지만 퍼셉트론의 문제가 완전히 해결된 것은 아니었습니다. 다층 퍼셉트론을 사용할 경우 XOR 문제는 해결되었지만, 은닉층에 들어 있는 가중치를 데이터를 통해 학습하는 방법이 아직 없었기 때문입니다. 다층 퍼셉트론의 적절한 학습 방법을 찾기까지 그 후로 약 20여 년의 시간이 더 필요했습니다. 이 기간을 흔히 인공지능의 겨울이라고 합니다. 이 겨울을 지나며 데이터 과학자들은 두 부류로 나뉩니다. 하나는 최적화된 예측선을 잘 그려 주던 아달라인을 발전시켜 SVM이나 로지스틱 회귀 모델을 만든 그룹입니다. 또 하나의 그룹은 여러 어려움 속에서도 끝까지 다층 퍼셉트론의 학습 방법을 찾던 그룹입니다. 이 두 번째 그룹에 속해 있던 제프리 힌튼(Geoffrey Hinton) 교수가 바로 딥러닝의 아버지로 칭송 받는 사람입니다. 힌튼 교수는 여러 가지 혁신적인 아이디어로 인공지능의 겨울을 극복해 냈습니다. 첫 번째 아이디어는 1986년에 발표한 **오차 역전파**입니다.

그림 8-7 | 한눈에 보는 인공지능의 역사: 퍼셉트론에서 딥러닝까지

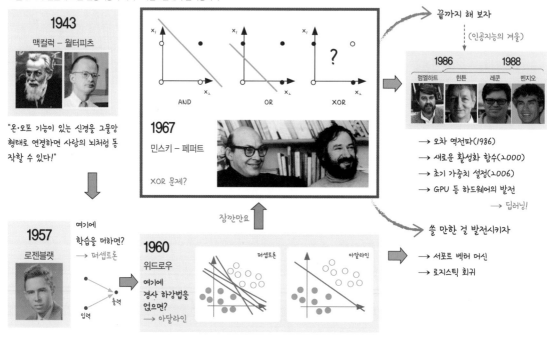

1943

맥컬럭 - 월터피츠

"온·오프 기능이 있는 신경을 그물망 형태로 연결하면 사람의 뇌처럼 동작할 수 있다!"

AND   OR   XOR

1967

민스키 - 페퍼트

XOR 문제?

끝까지 해 보자

(인공지능의 겨울)

1986   **1988**

럼멜하트   힌튼   레쿤   벤지오

→ 오차 역전파(1986)
→ 새로운 활성화 함수(2000)
→ 초기 가중치 설정(2006)
→ GPU 등 하드웨어의 발전
　　　　　　→ 딥러닝!

1957

로젠블랫

여기에 학습을 더하면?
→ 퍼셉트론

입력　출력

잠깐만요

1960

위드로우

여기에 경사 하강법을 얹으면?
→ 아달라인

퍼셉트론   아달라인

쏠 만한 걸 발전시키자

→ 서포트 벡터 머신
→ 로지스틱 회귀

9장 오차 역전파에서 딥러닝으로

DEEP LEARNING FOR EVERYONE

해결되지 않던 XOR 문제를 다층 퍼셉트론으로 해결했습니다. 하지만 한 가지 문제를 만났습니다. 은닉층에 포함된 가중치를 업데이트할 방법이 없었던 것입니다. 이는 기나긴 인공지능의 겨울을 지나 오차 역전파라는 방법을 만나고 나서야 해결됩니다. 오차 역전파는 후에 지금 우리가 아는 딥러닝의 탄생으로 이어집니다. 오차 역전파는 어떻게 해서 은닉층의 오차를 업데이트할 수 있었을까요?

여기서 두 가지 길을 여러분께 제시합니다. 하나는 오차 역전파의 개념을 이해하고 넘어가는 것, 나머지 하나는 개념과 함께 계산 방법까지 익히고 다음으로 넘어가는 것입니다. 이 책은 두 가지가 모두 준비되어 있습니다만, 오차 역전파의 개념만 알아도 앞으로 우리가 배울 과정을 마치는 데는 아무런 문제가 없습니다. 개념을 숙지하는 것을 목표로 학습할 분들은 이 장의 내용만 익히면 됩니다. 반면, 딥러닝 알고리즘을 더 깊이 이해하고 싶다거나, 텐서플로 같은 자동화 라이브러리에 맡기지 않고 직접 코딩을 해야 한다면 이 장의 학습에 이어 심화 학습 1에 준비되어 있는 **오차 역전파의 계산법** 편을 숙지하기 바랍니다.

1 딥러닝의 태동, 오차 역전파

앞서 XOR 문제를 해결했지만, 입력 값과 출력 값을 알고 있는 상태에서 가중치(w)와 바이어스(b)를 미리 알아본 후 이를 집어넣었습니다. 하지만 이것은 '모델링'이라고 할 수 없습니다. 둘째 마당의 회귀 모델에서 살펴본 바와 같이 우리가 원하는 것은 데이터를 통해 스스로 가중치를 조절하는 '학습'의 실현입니다. 오차 역전파 방법은 어떻게 해서 숨겨진 은닉층의 가중치를 업데이트할 수 있었을까요? 이를 설명하기 위해 다시 경사 하강법 이야기로 돌아가 봅시다.

경사 하강법은 임의의 가중치를 선언하고 결괏값을 이용해 오차를 구한 후 이 오차가 최소인 지점으로 계속해서 조금씩 이동시키는 것이었습니다. 이 오차가 최소인 지점은 미분했을 때 기울기가 0이 되는 지점이라고 했습니다. 그런데 지금 이야기하고 있는 경사 하강법은 '단일 퍼셉트론', 즉 입력층과 출력층만 존재할 때 가능합니다. 은닉층이 생기면서 우리는 두 번의 경사 하강법을 실행해야 합니다. 즉, 그림 9-1과 같이 가중치를 한 번 수정하면 되던 작업이 그림 9-2와 같이 가중치를 두 번 수정해야 하는 것입니다.

그림 9-1 | 단일 퍼셉트론에서 오차 수정

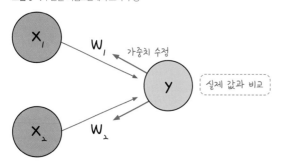

그림 9-2 | 다층 퍼셉트론에서 오차 수정

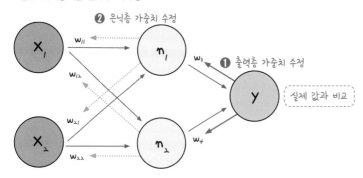

이 과정을 조금 더 상세하게 그리면 그림 9-3과 같습니다.

그림 9-3 | 오차 역전파의 개념

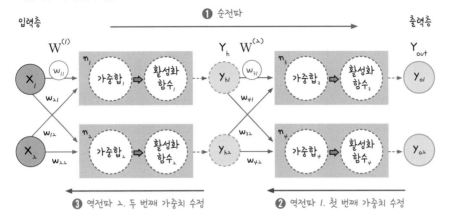

먼저 ❶처럼 한 번의 순전파가 일어납니다. 이 과정을 통해 각 가중치의 초깃값이 정해집니다. 이 초깃값의 가중치로 만들어진 값과 실제 값을 비교해 출력층의 오차를 계산합니다. 목표는 이때 계산된 출력층의 오차를 최소화시키는 것입니다. 이를 위해 ❷ 첫 번째 가중치를 수정하는 과정과 ❸ 두 번째 가중치를 수정하는 과정이 이어집니다.

예를 들어 첫 번째 가중치 중 하나인 w_{31}을 업데이트한다고 합시다. 경사 하강법에서 배운 대로 w_{31}을 업데이트하기 위해서는 오차 공식을 구하고 w_{31}에 대해 편미분해야 합니다. 합성 함수의 미분이므로 체인 룰을 적용해 편미분을 구하고 이를 이용해 w_{31}을 업데이트합니다. 이제 두 번째 가중치를 업데이트할 차례입니다. 예를 들어 w_{11}을 업데이트한다고 하면 마찬가지로 오차 공식을 구하고 w_{11}에 대해 편미분하면 됩니다. 그런데 여기서 문제가 생깁니다. 앞서 우리는 출력층의 결과와 실제 값을 비교해 오차를 얻었습니다. 하지만 은닉층은 겉으로 드러나지 않으므로 그 값을 알 수 없습니다. 따라서 오차를 구할 만한 적절한 출력 값도 없다는 것입니다.

이 문제는 다시 출력층의 오차를 이용하는 것으로 해결합니다. w_{31}의 경우 y_{o1}의 오차만 필요했었지만, w_{11}은 y_{o1}과 y_{o2}가 모두 관여되어 있습니다. 따라서 오차 두 개를 모두 계산해 이를 편미분하게 됩니다. 물론 계산식은 조금 더 복잡해집니다. 하지만 이 과정을 마치면 첫 번째 가중치 업데이트 공식과 두 번째 가중치 업데이트 공식이 다음과 같이 정리됩니다.

$$\text{첫 번째 가중치 업데이트 공식} = (y_{o1} - y_{\text{실제 값}}) \cdot \underline{y_{o1}(1-y_{o1})} \cdot y_{h1}$$
$$\text{두 번째 가중치 업데이트 공식} = (\delta y_{o1} \cdot w_{31} + \delta y_{o2} \cdot w_{41})\underline{y_{h1}(1-y_{h1})} \cdot x_1$$

이 공식 중 밑줄 친 부분을 잘 보면 두 식 모두 'out(1-out)' 형태를 취하고 있다는 것을 알 수 있습니다. 이를 델타식이라고 합니다. 은닉층의 숫자가 늘어도 이러한 형태가 계속해서 나타나게 되므로, 이를 이용해 깊은 층의 계산도 할 수 있게 됩니다. 이렇게 깊은 층을 통해 학습할 수 있는 계기가 마련되면서 드디어 **딥러닝**이 태동하게 된 것입니다.

오차 역전파 과정을 순수 파이썬 코딩으로 만든 예제가 '심화 학습 2. 파이썬 코딩으로 짜 보는 신경망'에 준비되어 있습니다. 우리는 텐서플로를 이용해 이 과정을 진행하므로 여기에 삽입하지는 않겠습니다. 하지만 모든 과정이 파이썬 코딩으로 어떻게 표현되는지 공부할 분들은 참고하기 바랍니다.

2 기울기 소실 문제와 활성화 함수

앞서 델타식을 이용해 깊은 신경망의 계산이 가능해졌음을 이야기했습니다. 이제 수많은 층을 연결해 학습하면 여러 난제를 해결하는 인공지능이 완성될 것 같아 보입니다. 하지만 아직 한 가지 문제가 더 남아 있습니다.

그림 9-4 | 기울기 소실 문제 발생

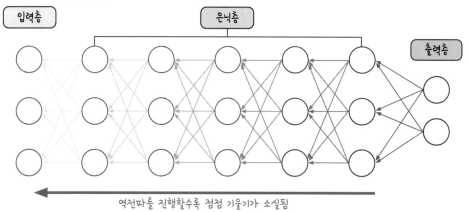

역전파를 진행할수록 점점 기울기가 소실됨

그림 9-4와 같이 깊은 층을 만들어 보니 출력층에서 시작된 가중치 업데이트가 처음 층까지 전달되지 않는 현상이 생기는 문제가 발견되었습니다. 이는 활성화 함수로 사용된 시그모이드 함수의 특성 때문입니다. 그림 9-5와 같이 시그모이드 함수를 미분하면 최대치는 0.25입니다. 1보다 작으므로 계속 곱하다 보면 0에 가까워집니다. 따라서 여러 층을 거칠수록 기울기가 사라져 가중치를 수정하기 어려워지는 것입니다.

그림 9-5 | 시그모이드의 미분

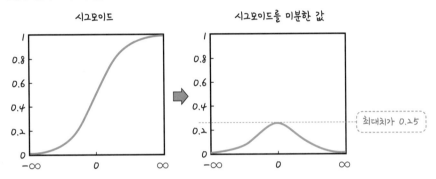

이를 해결하고자 제프리 힌튼 교수는 렐루(ReLU)라는 새로운 활성화 함수를 제안했습니다.

그림 9-6 | 여러 활성화 함수의 도입

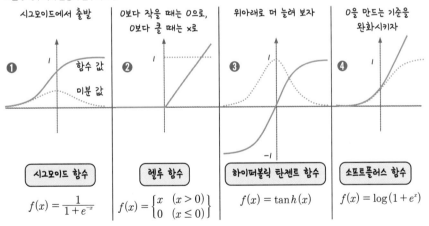

시그모이드에서 출발

함수 값

미분 값

시그모이드 함수

$$f(x) = \frac{1}{1+e^{-x}}$$

0보다 작을 때는 0으로, 0보다 클 때는 x로

렐루 함수

$$f(x) = \begin{cases} x & (x > 0) \\ 0 & (x \le 0) \end{cases}$$

위아래로 더 늘려 보자

하이퍼볼릭 탄젠트 함수

$$f(x) = \tanh(x)$$

0을 만드는 기준을 완화시키자

소프트플러스 함수

$$f(x) = \log(1 + e^x)$$

그림 9-6 ❷에 있는 렐루는 x가 0보다 작을 때 모든 값을 0으로 처리하고, 0보다 큰 값은 x를 그대로 사용하는 방법입니다. 파란색 점선이 미분을 한 결과인데, 그림에서 보이듯 x가 0보다 크기만 하면 미분 값은 1이 됩니다. 따라서 활성화 함수로 렐루를 쓰면 여러 번 오차 역전파가 진행되어도 맨 처음 층까지 값이 남아 있게 됩니다. 학습은 결국 오차를 최소화하는 가중치를 찾는 과정이라고 했습니다. 출력층에서 알아낸 오차가 역전파를 통해 입력층까지 거슬러 올라가면서 잘못된 가중치들을 수정할 수 있게 되자, 더 깊은 층을 쌓아 올리는 것이 가능해졌습니다.

활성화 함수는 그 이후로도 여러 데이터 과학자에 의해 연구되어 ❸ 하이퍼볼릭 탄젠트 (hyperbolic tangent) 함수나 ❹ 소프트플러스(softplus) 함수 등 좀 더 나은 활성화 함수를 만들기 위한 노력이 이어지고 있습니다.

3 속도와 정확도 문제를 해결하는 고급 경사 하강법

우리는 가중치를 업데이트하는 방법으로 경사 하강법을 배웠습니다. 그런데 경사 하강법은 정확하게 가중치를 찾아가지만, 계산량이 매우 많다는 단점이 있습니다. 이러한 점을 보완한 고급 경사 하강법이 등장하면서 딥러닝의 발전 속도는 더 빨라졌습니다.

■ 확률적 경사 하강법

경사 하강법은 한 번 업데이트할 때마다 전체 데이터를 미분하므로 속도가 느릴 뿐 아니라, 최적 해를 찾기 전에 최적화 과정이 멈출 수도 있습니다. 확률적 경사 하강법(Stochastic Gradient Descent, SGD)은 경사 하강법의 이러한 단점을 보완한 방법입니다.

전체 데이터를 사용하는 것이 아니라, 랜덤하게 추출한 일부 데이터만 사용하기 때문에 빠르고 더 자주 업데이트할 수 있다는 장점이 있습니다.

그림 9-7은 경사 하강법과 확률적 경사 하강법의 차이를 보여 줍니다. 랜덤한 일부 데이터를 사용하는 만큼 확률적 경사 하강법은 중간 결과의 진폭이 크고 불안정해 보일 수도 있습니다. 하지만 속도가 확연히 빠르면서도 최적 해에 근사한 값을 찾아낸다는 장점 덕분에 경사 하강법의 대안으로 사용되고 있습니다.

그림 9-7 | 경사 하강법과 확률적 경사 하강법의 비교

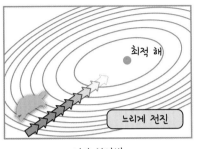

경사 하강법

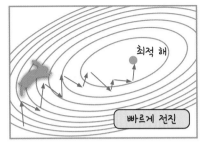

확률적 경사 하강법

■ 모멘텀

모멘텀(momentum)이란 단어는 '관성, 탄력, 가속도'라는 뜻입니다. 모멘텀 확률적 경사 하강법(모멘텀 SGD)이란 말 그대로 경사 하강법에 탄력을 더해 주는 것입니다. 다시 말해 경사 하강법과 마찬가지로 매번 기울기를 구하지만, 이를 통해 오차를 수정하기 전 바로 앞 수정 값과 방향(+, −)을 참고해 같은 방향으로 일정한 비율만 수정되게 하는 방법입니다. 따라서 수정 방향이 양수(+) 방향으로 한 번, 음수(−) 방향으로 한 번 지그재그로 일어나는 현상이 줄어들고, 이전 이동 값을 고려해 일정 비율만큼 다음 값을 결정하므로 관성 효과를 낼 수 있습니다.

그림 9-8 | 모멘텀을 적용했을 때

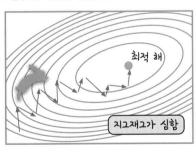

확률적 경사 하강법

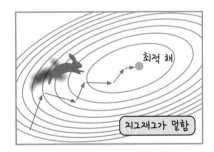

모멘텀을 적용한 확률적 경사 하강법

이 밖에도 딥러닝의 학습을 더 빠르고 정확하게 만들기 위한 노력이 계속되었습니다. 지금은 정확도와 속도를 모두 향상시킨 아담(adam)이라는 고급 경사 하강법이 가장 많이 쓰이고 있습니다. 그림 9-9는 경사 하강법이 어떻게 해서 아담에 이르게 되었는지 보여 줍니다.

그림 9-9 | 딥러닝에 사용되는 고급 경사 하강법의 변천

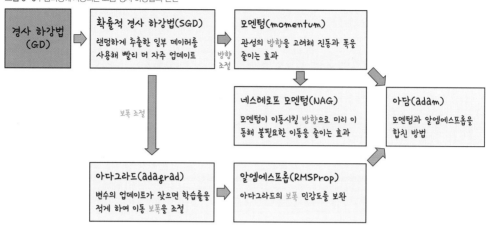

이렇게 오차를 최소화하는 경사 하강법들을 딥러닝에서는 '옵티마이저'라고 한다고 했습니다(5장). 앞에 소개한 고급 경사 하강법들은 텐서플로에 포함되어 있는 optimizers라는 객체에 이름을 적어 주는 것만으로 손쉽게 실행할 수 있습니다. 또 앞 절에서 소개된 시그모이드, 렐루 등 활성화 함수도 activation이라는 객체에 이름을 적어 주는 것으로 손쉽게 실행할 수 있습니다. 이어지는 장에서 이러한 부분을 실습해 보겠습니다.

이렇게 해서 4장부터 9장까지, 텐서플로에서 사용되는 대부분의 개념과 용어를 상세히 배웠습니다. 드디어 텐서플로를 이용한 모델링을 할 준비가 되었습니다.

딥러닝
기본기 다지기

지금까지 우리는 딥러닝의 근간을 살펴보고 이론적 배경을 손에 넣었습니다. 이제 이를 어떻게 활용할지 배우는 것만 남았습니다. 넷째 마당에 준비된 여섯 가지 딥러닝 실전 프로젝트를 통해 딥러닝을 여러분의 것으로 만드는 방법을 배울 것입니다. 프로젝트마다 녹아 있는 꼭 필요한 머신 러닝 기법들을 익히다 보면, 어느새 딥러닝을 손쉽게 다루고 있는 자신을 발견하게 될 것입니다.

10장 딥러닝 모델 설계하기

DEEP LEARNING FOR EVERYONE

◉ **예제 소스** https://github.com/taehojo/deeplearning → 10장. 딥러닝 모델 설계하기 [구글 코랩 실행하기]
◉ **바로 가기** https://bit.ly/dl3-ch10

둘째 마당과 셋째 마당을 마스터한 독자 여러분, 축하합니다. 가끔 어려운 수식이 나오기도 했지만, 모든 개념이 머릿속에 정리되었다면 여러분을 딥러닝의 세계로 성큼성큼 안내해 줄 텐서플로, 케라스와 함께 지금부터 초고속으로 전진할 것입니다.

지금부터는 딥러닝의 기본 개념들이 실전에서는 어떤 방식으로 구현되는지, 왜 우리가 그 어려운 개념들을 익혀야 했는지 공부하겠습니다.

2장에서 소개한 '폐암 수술 환자의 생존율 예측하기' 예제를 기억하나요? 당시에는 딥러닝 모델 부분을 자세히 설명할 수 없었지만, 이제 설명할 수 있습니다. 여러분은 앞서 배운 내용이 이 짧은 코드 안에 모두 들어 있다는 사실에 감탄할지도 모릅니다. 머릿속에 차곡차곡 들어찬 딥러닝의 개념들이 어떻게 활용되는지 지금부터 함께 알아보겠습니다.

1 모델의 정의

'폐암 수술 환자의 생존율 예측하기'의 딥러닝 코드를 다시 한 번 옮겨 보면 다음과 같습니다.[1]

---

1 예제 파일의 data 폴더에서 실습에 사용하는 데이터를 찾을 수 있습니다(data/ThoraricSurgery3.csv).

```python
# 텐서플로 라이브러리 안에 있는 케라스 API에서 필요한 함수들을 불러옵니다.
from tensorflow.keras.models import Sequential
from tensorflow.keras.layers import Dense

# 데이터를 다루는 데 필요한 라이브러리를 불러옵니다.
import numpy as np

# 깃허브에 준비된 데이터를 가져옵니다.
!git clone https://github.com/taehojo/data.git

# 준비된 수술 환자 데이터를 불러옵니다.
Data_set = np.loadtxt("./data/ThoraricSurgery3.csv", delimiter=",")

X = Data_set[:,0:16]    # 환자의 진찰 기록을 X로 지정합니다.
y = Data_set[:,16]      # 수술 1년 후 사망/생존 여부를 y로 지정합니다.

# 딥러닝 모델의 구조를 결정합니다.
model = Sequential()
model.add(Dense(30, input_dim=16, activation='relu'))
model.add(Dense(1, activation='sigmoid'))

# 딥러닝 모델을 실행합니다.
model.compile(loss='binary_crossentropy', optimizer='adam',
metrics=['accuracy'])
history = model.fit(X, y, epochs=5, batch_size=16)
```

이 코드에서 데이터를 불러오고 다루는 부분은 2장에서 이미 살펴보았으므로 여기서는 실제로 딥러닝이 수행되는 부분을 더 자세히 알아보겠습니다.

딥러닝의 모델을 설정하고 구동하는 부분은 모두 **model**이라는 함수를 선언하며 시작됩니다.

먼저 model = Sequential( )로 시작되는 부분은 딥러닝의 구조를 짜고 층을 설정하는 부분입니다. 이어서 나오는 model.compile( ) 부분은 앞에서 정한 모델을 컴퓨터가 알아들을 수 있게끔 컴파일하는 부분입니다. 그리고 model.fit( )으로 시작하는 부분은 모델을 실제로 수행하는 부분입니다. 지금부터 이 세 가지 부분에 대해 하나씩 살펴보겠습니다.

2 입력층, 은닉층, 출력층

먼저 딥러닝의 구조를 짜고 층을 설정하는 부분을 살펴보면 다음과 같습니다.

```
model = Sequential()
model.add(Dense(30, input_dim=16, activation='relu'))
model.add(Dense(1, activation='sigmoid'))
```

셋째 마당에서 딥러닝이란 입력층과 출력층 사이에 은닉층들을 차곡차곡 추가하면서 학습시키는 것임을 배웠습니다. 이 층들이 케라스에서는 Sequential( ) 함수를 통해 쉽게 구현됩니다. Sequential( ) 함수를 model로 선언해 놓고 model.add( )라는 라인을 추가하면 새로운 층이 만들어집니다.

코드에는 model.add( )로 시작되는 라인이 두 개 있으므로 층을 두 개 가진 모델을 만든 것입니다. 맨 마지막 층은 결과를 출력하는 '출력층'이 됩니다. 나머지는 모두 '은닉층'의 역할을 합니다. 따라서 지금 만들어진 이 층 두 개는 각각 은닉층과 출력층입니다.

각각의 층은 Dense라는 함수를 통해 구체적으로 그 구조가 결정됩니다.

이제 model.add(Dense(30, input_dim=16)) 부분을 더 살펴보겠습니다. model.add( ) 함수를 통해 새로운 층을 만들고 나면 Dense( ) 함수의 첫 번째 인자에 몇 개의 노드를 이 층에 만들 것인지 숫자를 적어 줍니다. 노드란 앞서 소개된 '가중합'에 해당하는 것으로 이전 층에서 전달된 변수와 가중치, 바이어스가 하나로 모이게 되는 곳입니다. 하나의 층에 여러 개의 노드를 적절히 만들어 주어야 하는데, 30이라고 되어 있는 것은 이 층에 노드를 30개 만들겠다는 것입니다. 이어서 input_dim이라는 변수가 나옵니다. 이는 입력 데이터에서 몇 개의 값을 가져올지 정하는 것입니다. keras는 입력층을 따로 만드는 것이 아니라, 첫 번째 은닉층에 input_dim을 적어 줌으로써 첫 번째 Dense가 은닉층 + 입력층의 역할을 겸합니다. 우리가 다루고 있는 폐암 수술 환자의 생존 여부 데이터에는 입력 값이 16개 있습니다. 따라서 데이터에서 값을 16개 받아 은닉층의 노드 30개로 보낸다는 의미입니다.

그림 10-1 | 첫 번째 Dense는 입력층과 첫 번째 은닉층을, 두 번째 Dense는 출력층을 의미

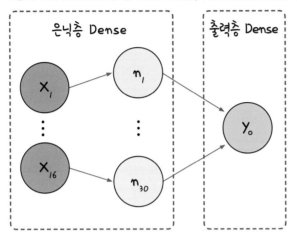

이제 두 번째 나오는 model.add(Dense(1, activation='sigmoid'))를 보겠습니다. 마지막 층이므로 이 층이 곧 출력층이 됩니다. 출력 값을 하나로 정해서 보여 주어야 하므로 출력층의 노드 수는 한 개입니다. 그리고 이 노드에서 입력받은 값은 활성화 함수를 거쳐 최종 출력 값으로 나와야 합니다. 여기서는 활성화 함수로 시그모이드(sigmoid) 함수를 사용했습니다.

3 모델 컴파일

다음으로 model.compile 부분입니다.

```
model.compile(loss='binary_crossentropy', optimizer='adam', metrics=
['accuracy'])
```

model.compile 부분은 앞서 지정한 모델이 효과적으로 구현될 수 있게 여러 가지 환경을 설정해 주면서 컴파일하는 부분입니다. 먼저 어떤 오차 함수를 사용할지 정해야 합니다. 우리는 5장에서 손실 함수에는 두 가지 종류가 있음을 배웠습니다. 바로 선형 회귀에서 사용한 평균 제곱 오차와 로지스틱 회귀에서 사용한 교차 엔트로피 오차입니다. 폐암 수술 환자의 생존율 예측은 생존과 사망, 둘 중 하나를 예측하므로 교차 엔트로피 오차 함수를 적용하기 위해 binary_crossentropy를 선택했습니다.

손실 함수는 최적의 가중치를 학습하기 위해 필수적인 부분입니다. 올바른 손실 함수를 통해 계산된 오차는 옵티마이저를 적절히 활용하도록 만들어 줍니다. 케라스는 쉽게 사용 가능한 여러 가지 손실 함수를 준비해 놓고 있습니다. 크게 평균 제곱 오차 계열과 교차 엔트로피 계열 오차로 나뉘는데, 이를 표 10-1에 정리해 놓았습니다. 선형 회귀 모델은 평균 제곱 계열 중 하나를, 이항 분류를 위해서는 binary_crossentropy를, 그리고 다항 분류에서는 categorical_crossentropy를 사용한다는 것을 기억합시다.

표 10-1 | 대표적인 오차 함수

* 실제 값을 y_t, 예측 값을 y_o라고 가정할 때

	mean_squared_error	평균 제곱 오차 계산: $mean(square(y_t - y_o))$
평균 제곱 계열 **(선형 회귀 모델)**	mean_absolute_error	평균 절대 오차(실제 값과 예측 값 차이의 절댓값 평균) 계산: $mean(abs(y_t - y_o))$
	mean_absolute_percentage_error	평균 절대 백분율 오차(절댓값 오차를 절댓값으로 나눈 후 평균) 계산: $mean(abs(y_t - y_o)/abs(y_t))$ (단, 분모 ≠ 0)
	mean_squared_logarithmic_error	평균 제곱 로그 오차(실제 값과 예측 값에 로그를 적용한 값의 차이를 제곱한 값의 평균) 계산: $mean(square((log(y_o) + 1) - (log(y_t) + 1)))$
교차 엔트로피 **계열** **(다항 분류,** **이항 분류)**	categorical_crossentropy	범주형 교차 엔트로피(다항 분류, 여럿 중 하나를 예측할 때)
	binary_crossentropy	이항 교차 엔트로피(이항 분류, 둘 중 하나를 예측할 때)

이어서 옵티마이저를 선택할 차례입니다. 앞 장에서 현재 가장 많이 쓰는 옵티마이저는 adam이라고 했습니다. optimizer란에 adam을 적어 주는 것으로 실행할 준비가 되었습니다(예 optimizer='adam'). metrics() 함수는 모델이 컴파일될 때 모델 수행의 결과를 나타내게끔 설정하는 부분입니다. accuracy라고 설정한 것은 학습셋에 대한 정확도에 기반해 결과를 출력하라는 의미입니다(예 metrics=['accuracy']). accuracy 외에 학습셋에 대

한 손실 값을 나타내는 loss, 검증셋을 적용할 경우 검증셋에 대한 정확도를 나타내는 val_acc, 검증셋에 대한 손실 값을 나타내는 val_loss 등을 사용할 수 있습니다. 이들을 활용하는 방법은 14장에서 다룹니다.

4 모델 실행하기

모델을 정의하고 컴파일하고 나면 이제 실행시킬 차례입니다. 앞서 컴파일 단계에서 정해진 환경을 주어진 데이터를 불러 실행시킬 때 사용되는 함수는 다음과 같이 model.fit( ) 부분입니다.

```
history = model.fit(X, y, epochs=5, batch_size=16)
```

이 부분을 설명하기에 앞서 용어를 다시 한 번 정리해 보겠습니다.

주어진 폐암 수술 환자의 수술 후 생존 여부 데이터는 총 470명의 환자에게서 16개의 정보를 정리한 것입니다. 이때 각 정보를 '속성'이라고 합니다. 그리고 생존 여부를 클래스, 가로 한 줄에 해당하는 각 환자의 정보를 각각 '샘플'이라고 합니다. 주어진 데이터에는 총 470개의 샘플이 각각 16개씩의 속성을 가지고 있는 것이라고 앞서 설명한 바 있습니다.

그림 10-2 | 폐암 환자 생존율 예측 데이터의 샘플, 속성, 클래스 구분

	정보 1	정보 2	⋯	정보 16	생존 여부
1번째 환자	2	2.88	⋯	60	0
2번째 환자	2	3.4	⋯	51	0
3번째 환자	2	2.76	⋯	59	0
⋯	⋯	⋯	⋯	⋯	⋯
470번째 환자	2	4.72	⋯	51	0

속성

클래스

샘플

학습 프로세스가 모든 샘플에 대해 한 번 실행되는 것을 1 epoch('에포크'라고 읽음)라고 합니다. 코드에서 epochs=5로 지정한 것은 각 샘플이 처음부터 끝까지 다섯 번 재사용될 때까지 실행을 반복하라는 의미입니다.

batch_size는 샘플을 한 번에 몇 개씩 처리할지 정하는 부분으로 batch_size=16은 전체 470개의 샘플을 16개씩 끊어서 집어넣으라는 의미입니다. batch_size가 너무 크면 학습 속도가 느려지고, 너무 작으면 각 실행 값의 편차가 생겨서 전체 결괏값이 불안정해질 수 있습니다. 따라서 자신의 컴퓨터 메모리가 감당할 만큼의 batch_size를 찾아 설정해 주는 것이 좋습니다.

11장 데이터 다루기

DEEP LEARNING FOR EVERYONE

● **예제 소스** https://github.com/taehojo/deeplearning → 11장. 데이터 다루기 [구글 코랩 실행하기]
● **바로 가기** https://bit.ly/dl3-ch11

1 딥러닝과 데이터

세월이 흐르면서 쌓인 방대한 데이터를 빅데이터라고 합니다. 이 '빅데이터'는 분명히 머신 러닝과 딥러닝으로 하여금 사람에 버금가는 판단과 지능을 가질 수 있게끔 했습니다. 하지만 데이터양이 많다고 해서 무조건 좋은 결과를 얻을 수 있는 것은 아닙니다. 데이터양도 중요하지만, 그 안에 '필요한' 데이터가 얼마나 있는가도 중요하기 때문입니다. 그리고 준비된 데이터가 우리가 사용하려는 머신 러닝과 딥러닝에 얼마나 효율적으로 사용되게끔 가공되었는지 역시 중요합니다.

머신 러닝 프로젝트의 성공과 실패는 얼마나 좋은 데이터를 가지고 시작하느냐에 영향을 많이 받습니다. 여기서 좋은 데이터란 한쪽으로 치우치지 않고, 불필요한 정보가 대량으로 포함되어 있지 않으며, 왜곡되지 않은 데이터를 의미합니다. 이러한 데이터를 만들기 위해 머신 러닝, 딥러닝 개발자들은 데이터를 직접 들여다보고 분석할 수 있어야 합니다. 내가 이루고 싶은 목적에 맞추어 가능한 한 많은 정보를 모았다면 이를 머신 러닝과 딥러닝에서 사용할 수 있게 잘 정제된 데이터 형식으로 바꾸어야 합니다. 이 작업은 모든 머신 러닝, 딥러닝 프로젝트의 첫 단추이자 가장 중요한 작업입니다.

지금부터 데이터 분석에 가장 많이 사용하는 파이썬 라이브러리인 판다스(pandas)와 맷플롯립(matplotlib) 등을 사용해 우리가 다룰 데이터가 어떤 내용을 담고 있는지 확인하면서 딥러닝의 핵심 기술들을 하나씩 구현해 보겠습니다.

그림 11-1 | 피마 인디언 옛 모습

비만은 유전일까요? 아니면 식습관 조절에 실패한 자신의 탓일까요? 비만이 유전 및 환경, 모두의 탓이라는 것을 증명하는 좋은 사례가 바로 미국 남서부에 살고 있는 피마 인디언의 사례입니다. 피마 인디언은 1950년대까지만 해도 비만인 사람이 단 1명도 없는 민족이었습니다. 그런데 지금은 전체 부족의 60%가 당뇨, 80%가 비만으로 고통받고 있습니다. 이는 생존하기 위해 영양분을 체내에 저장하는 뛰어난 능력을 물려받은 인디언들이 미국의 기름진 패스트푸드 문화를 만나면서 벌어진 일입니다. 피마 인디언을 대상으로 당뇨병 여부를 측정한 데이터는 data 폴더에서 찾을 수 있습니다(data/pima-indians-diabetes3.csv).

이제 준비된 데이터의 내용을 들여다보겠습니다. 코랩을 통해 열어 보면 모두 768명의 인디언으로부터 여덟 개의 정보와 한 개의 클래스를 추출한 데이터임을 알 수 있습니다.

그림 11-2 | 피마 인디언 데이터의 샘플, 속성, 클래스 구분

	정보 1	정보 2	정보 3	...	정보 8	당뇨병 여부
1번째 인디언	6	148	72	...	50	1
2번째 인디언	1	85	66	...	31	0
3번째 인디언	8	183	64	...	32	1
...	...	...	...	...	...	...
768번째 인디언	1	93	70	...	23	0

- 샘플 수: 768
- 속성: 8
  - 정보 1(pregnant): 과거 임신 횟수
  - 정보 2(plasma): 포도당 부하 검사 2시간 후 공복 혈당 농도(mm Hg)
  - 정보 3(pressure): 확장기 혈압(mm Hg)
  - 정보 4(thickness): 삼두근 피부 주름 두께(mm)
  - 정보 5(insulin): 혈청 인슐린(2-hour, mu U/ml)
  - 정보 6(BMI): 체질량 지수(BMI, weight in kg/(height in m)^2)
  - 정보 7(pedigree): 당뇨병 가족력
  - 정보 8(age): 나이
- 클래스: 당뇨(1), 당뇨 아님(0)

데이터의 각 정보가 의미하는 의학, 생리학 배경지식을 모두 알 필요는 없지만, 딥러닝을 구동하려면 반드시 속성과 클래스를 먼저 구분해야 합니다. 또한, 모델의 정확도를 향상시키기 위해서는 데이터를 추가하거나 재가공해야 할 수도 있습니다. 따라서 데이터의 내용과 구조를 파악하는 것이 중요합니다.

3 판다스를 활용한 데이터 조사

데이터를 잘 파악하는 것이 딥러닝을 다루는 기술의 1단계라고 했습니다. 그런데 데이터의 크기가 커지고 정보량이 많아지면 데이터를 불러오고 내용을 파악할 수 있는 효과적인 방법이 필요합니다. 이때 가장 유용한 방법이 데이터를 시각화해서 눈으로 직접 확인해 보는 것입니다. 지금부터 데이터를 불러와 그래프로 표현하는 방법을 알아보겠습니다.

데이터를 다룰 때는 데이터를 다루기 위해 만들어진 라이브러리를 사용하는 것이 좋습니다. 지금까지는 넘파이 라이브러리를 불러와 사용했는데, 넘파이의 기능을 포함하면서도 다양한 포맷의 데이터를 다루게 해 주는 판다스 라이브러리를 사용해서 데이터를 조사해 보겠습니다.

잠깐만요 ┄┄

이 실습에는 판다스(pandas)와 시본(seaborn) 라이브러리가 필요합니다. 코랩은 기본으로 제공하지만, 주피터 노트북을 이용해 실습 중이라면 다음 명령으로 두 라이브러리를 설치해야 합니다.

```
!pip install pandas
!pip install seaborn
```

```
# 필요한 라이브러리를 불러옵니다.
import pandas as pd
import matplotlib.pyplot as plt
import seaborn as sns

# 깃허브에 준비된 데이터를 가져옵니다.
!git clone https://github.com/taehojo/data.git

# 피마 인디언 당뇨병 데이터셋을 불러옵니다.
df = pd.read_csv('./data/pima-indians-diabetes3.csv')
```

판다스 라이브러리의 read_csv() 함수로 csv 파일을 불러와 df라는 이름의 데이터 프레임으로 저장했습니다. csv란 comma separated values의 약어로, 쉼표(,)로 구분된 데이터들의 모음이란 뜻입니다. csv 파일에는 데이터를 설명하는 한 줄이 파일 맨 처음에 나옵니다. 이를 **헤더**(header)라고 합니다.

이제 불러온 데이터의 내용을 간단히 확인하고자 head() 함수를 이용해 데이터의 첫 다섯 줄을 불러오겠습니다.

```
df.head(5)
```

다음과 같이 출력됩니다. 파이썬에서는 숫자를 0부터 세기 때문에 맨 첫 번째 행이 1이 아닌 0입니다.

	pregnant	plasma	pressure	thickness	insulin	bmi	pedigree	age	diabetes
0	6	148	72	35	0	33.6	0.627	50	1
1	1	85	66	29	0	26.6	0.351	31	0
2	8	183	64	0	0	23.3	0.672	32	1
3	1	89	66	23	94	28.1	0.167	21	0
4	0	137	40	35	168	43.1	2.288	33	1

이제 정상과 당뇨 환자가 각각 몇 명씩인지 조사해 봅시다. 불러온 데이터 프레임의 특정 칼럼을 불러오려면 df["칼럼명"]이라고 입력하면 됩니다. value_counts() 함수를 이용하면 각 컬럼의 값이 몇 개씩 있는지 알려 줍니다.

```
df["diabetes"].value_counts()
```

그러면 다음과 같은 정보가 화면에 출력됩니다. 정상인 500명과 당뇨병 환자 268명을 포함, 총 768개의 샘플이 준비되어 있는 것을 알 수 있습니다.

실행 결과
```
0    500
1    268
Name: diabetes, dtype: int64
```

정보별 특징을 좀 더 자세히 알고 싶으면 describe() 함수를 이용합니다.

```
df.describe()
```

다음과 같은 내용이 출력됩니다. 정보별 샘플 수(count), 평균(mean), 표준편차(std), 최솟값(min), 백분위 수로 25%, 50%, 75%에 해당하는 값 그리고 최댓값(max)이 정리되어 보입니다.

	pregnant	plasma	pressure	thickness	insulin	bmi	pedigree	age	diabetes
count	768.000000	768.000000	768.000000	768.000000	768.000000	768.000000	768.000000	768.000000	768.000000
mean	3.845052	120.894531	69.105469	20.536458	79.799479	31.992578	0.471876	33.240885	0.348958
std	3.369578	31.972618	19.355807	15.952218	115.244002	7.884160	0.331329	11.760232	0.476951
min	0.000000	0.000000	0.000000	0.000000	0.000000	0.000000	0.078000	21.000000	0.000000
25%	1.000000	99.000000	62.000000	0.000000	0.000000	27.300000	0.243750	24.000000	0.000000
50%	3.000000	117.000000	72.000000	23.000000	30.500000	32.000000	0.372500	29.000000	0.000000
75%	6.000000	140.250000	80.000000	32.000000	127.250000	36.600000	0.626250	41.000000	1.000000
max	17.000000	199.000000	122.000000	99.000000	846.000000	67.100000	2.420000	81.000000	1.000000

각 항목이 어느 정도의 상관관계를 가지고 있는지 알고 싶다면 다음과 같이 입력합니다.

```
df.corr()
```

그러면 다음과 같이 출력됩니다.

	pregnant	plasma	pressure	thickness	insulin	bmi	pedigree	age	diabetes
pregnant	1.000000	0.129459	0.141282	−0.081672	−0.073535	0.017683	−0.033523	0.544341	0.221898
plasma	0.129459	1.000000	0.152590	0.057328	0.331357	0.221071	0.137337	0.263514	0.466581
pressure	0.141282	0.152590	1.000000	0.207371	0.088933	0.281805	0.041265	0.239528	0.065068
thickness	−0.081672	0.057328	0.207371	1.000000	0.436783	0.392573	0.183928	−0.113970	0.074752
insulin	−0.073535	0.331357	0.088933	0.436783	1.000000	0.197859	0.185071	−0.042163	0.130548
bmi	0.017683	0.221071	0.281805	0.392573	0.197859	1.000000	0.140647	0.036242	0.292695
pedigree	−0.033523	0.137337	0.041265	0.183928	0.185071	0.140647	1.000000	0.033561	0.173844
age	0.544341	0.263514	0.239528	−0.113970	−0.042163	0.036242	0.033561	1.000000	0.238356
diabetes	0.221898	0.466581	0.065068	0.074752	0.130548	0.292695	0.173844	0.238356	1.000000

조금 더 알아보기 쉽게 이 상관관계를 그래프로 표현해 보겠습니다. 맷플롯립(matplotlib)은 파이썬에서 그래프를 그릴 때 가장 많이 사용되는 라이브러리입니다. 이를 기반으로 조금 더 정교한 그래프를 그리게 해 주는 시본(seaborn) 라이브러리까지 사용해서 각 정보 간 상관관계를 가시화해 보겠습니다. 먼저 그래프의 색상과 크기를 정합니다.

```
colormap = plt.cm.gist_heat     # 그래프의 색상 구성을 정합니다.
plt.figure(figsize=(12,12))     # 그래프의 크기를 정합니다.
```

시본 라이브러리 중 각 항목 간 상관관계를 나타내는 heatmap( ) 함수를 통해 그래프를 표시해 봅시다. heatmap( ) 함수는 두 항목씩 짝을 지은 후 각각 어떤 패턴으로 변화하는지 관찰하는 함수입니다. 두 항목이 전혀 다른 패턴으로 변화하면 0을, 서로 비슷한 패턴으로 변할수록 1에 가까운 값을 출력합니다.

```
sns.heatmap(df.corr(), linewidths=0.1, vmax=0.5, cmap=colormap,
linecolor='white', annot=True)
plt.show()
```

> **TIP**
> vmax는 색상의 밝기를 조절하는 인자입니다. cmap은 미리 정해진 맷플롯립 색상의 설정 값을 불러옵니다. 색상 설정 값은 https://matplotlib.org/users/colormaps.html에서 확인할 수 있습니다.

코드를 실행하면 그림 11-3과 같은 정보 간 상관관계를 볼 수 있습니다.

그림 11-3 | 정보 간 상관관계 그래프

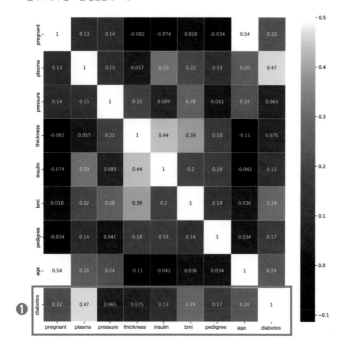

그림 11-3에서 가장 눈여겨보아야 할 부분은 당뇨병 발병 여부를 가리키는 ❶ diabetes 항목입니다. diabetes 항목을 보면 pregnant부터 age까지 상관도가 숫자로 표시되어 있고, 숫자가 높을수록 밝은 색상으로 채워져 있습니다.

 중요한 데이터 추출하기

앞서 그림 11-3을 살펴보면 plasma 항목(공복 혈당 농도)과 BMI(체질량 지수)가 우리가 예측하고자 하는 diabetes 항목과 상관관계가 높다는 것을 알 수 있습니다. 즉, 이 항목들이 예측 모델을 만드는 데 중요한 역할을 할 것으로 기대할 수 있습니다. 이제 이 두 항목만 따로 떼어 내어 당뇨의 발병 여부와 어떤 관계가 있는지 알아보겠습니다.

먼저 plasma를 기준으로 각각 정상과 당뇨 여부가 어떻게 분포되는지 살펴봅시다.

다음과 같이 히스토그램을 그려 주는 맷플롯립 라이브러리의 hist() 함수를 이용합니다.

```
plt.hist(x=[df.plasma[df.diabetes==0], df.plasma[df.diabetes==1]], bins=30,
histtype='barstacked', label=['normal','diabetes'])
plt.legend()
```

가져오게 될 칼럼을 hist() 함수 안에 x축으로 지정합니다. 여기서는 df 안의 plasma 칼럼 중 diabetes 값이 0인 것과 1인 것을 구분해 불러오게 했습니다. bins는 x축을 몇 개의 막대로 쪼개어 보여 줄 것인지 정하는 변수입니다. barstacked 옵션은 여러 데이터가 쌓여 있는 형태의 막대바를 생성하는 옵션입니다. 불러온 데이터의 이름을 각각 normal(정상)과 diabetes(당뇨)로 정했습니다. 이를 실행시키면 그림 11-4와 같은 그래프가 형성됩니다.

그림 11-4 | plasma를 기준으로 정상과 당뇨 여부 표시

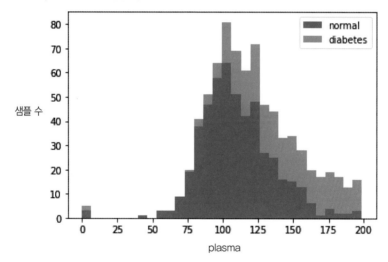

plasma 수치가 높아질수록 당뇨인 경우가 많음을 알 수 있습니다. 마찬가지 방법으로, 이번에는 BMI를 기준으로 각각 정상과 당뇨가 어느 정도 비율로 분포하는지 살펴보겠습니다.

```
plt.hist(x=[df.bmi[df.diabetes==0], df.bmi[df.diabetes==1]], bins=30,
histtype='barstacked', label=['normal','diabetes'])
plt.legend()
```

그림 11-5 | BMI를 기준으로 정상과 당뇨 여부 표시

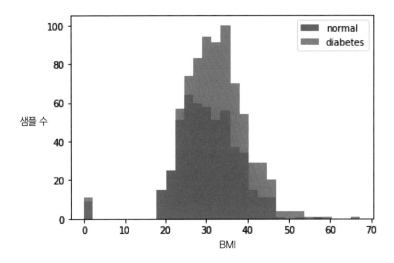

BMI가 높아질 경우 당뇨의 발병률도 함께 증가하는 추세를 볼 수 있습니다.

이렇게 결과에 미치는 영향이 큰 항목을 발견하는 것이 데이터 전처리 과정 중 하나입니다. 이 밖에도 데이터에 빠진 값이 있다면 평균이나 중앙값으로 대치하거나, 흐름에서 크게 벗어나는 이상치를 제거하는 과정 등이 데이터 전처리에 포함될 수 있습니다. 특히 SVM이나 랜덤 포레스트처럼 일반적인 머신 러닝에서는 데이터 전처리 과정이 성능 향상에 중요한 역할을 합니다.

 5 피마 인디언의 당뇨병 예측 실행

이제 텐서플로의 케라스를 이용해서 예측을 실행해 봅시다. 판다스 라이브러리를 사용하기 때문에 iloc[] 함수를 사용해 X와 y를 각각 저장합니다. iloc는 데이터 프레임에서 대괄호 안에 정한 범위만큼 가져와 저장하게 합니다.

```
# 깃허브에 준비된 데이터를 가져옵니다.
!git clone https://github.com/taehojo/data.git

# 피마 인디언 당뇨병 데이터셋을 불러옵니다.
```

```
df = pd.read_csv('./data/pima-indians-diabetes3.csv')

X = df.iloc[:,0:8]    # 세부 정보를 X로 지정합니다.
y = df.iloc[:,8]      # 당뇨병 여부를 y로 지정합니다.
```

다음과 같이 모델 구조를 설정합니다.

```
model = Sequential()
model.add(Dense(12, input_dim=8, activation='relu', name='Dense_1'))
model.add(Dense(8, activation='relu', name='Dense_2'))
model.add(Dense(1, activation='sigmoid', name='Dense_3'))
model.summary()
```

이전과 달라진 점은 은닉층이 하나 더 추가되었다는 것입니다. 그리고 층과 층의 연결을 한 눈에 볼 수 있게 해 주는 model.summary() 부분이 추가되었습니다. model.summary()의 실행 결과는 다음과 같습니다.

실행 결과

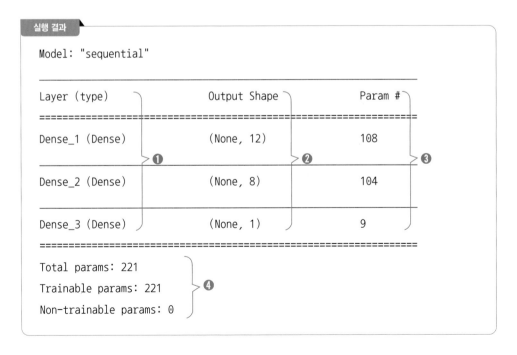

11장 데이터 다루기   **151**

❶ Layer 부분은 층의 이름과 유형을 나타냅니다. 각 층의 이름은 자동으로 정해지는데, 따로 이름을 만들려면 Dense( ) 함수 안에 name='층 이름'을 추가해 주면 됩니다. 입력층과 첫 번째 은닉층을 연결해 주는 Dense_1층, 첫 번째 은닉층과 두 번째 은닉층을 연결하는 Dense_2층, 그리고 두 번째 은닉층과 출력층을 연결하는 Dense_3층이 만들어졌음을 알 수 있습니다.

❷ Output Shape 부분은 각 층에 몇 개의 출력이 발생하는지 나타냅니다. 쉼표(,)를 사이에 두고 괄호의 앞은 행(샘플)의 수, 뒤는 열(속성)의 수를 의미합니다. 행의 수는 batch_size에 정한 만큼 입력되므로 딥러닝 모델에서는 이를 특별히 세지 않습니다. 따라서 괄호의 앞은 None으로 표시됩니다. 여덟 개의 입력이 첫 번째 은닉층을 지나며 12개가 되고, 두 번째 은닉층을 지나며 여덟 개가 되었다가 출력층에서는 한 개의 출력을 만든다는 것을 알 수 있습니다.

❸ Param 부분은 파라미터 수, 즉 총 가중치와 바이어스 수의 합을 나타냅니다. 예를 들어 첫 번째 층의 경우 입력 값 8개가 층 안에서 12개의 노드로 분산되므로 가중치가 $8 \times 12 = 96$개가 되고, 각 노드에 바이어스가 한 개씩 있으니 전체 파라미터 수는 $96 + 12 = 108$이 됩니다.

❹ 부분은 전체 파라미터를 합산한 값입니다. Trainable params는 학습을 진행하면서 업데이트가 된 파라미터들이고, Non-trainable params는 업데이트가 되지 않은 파라미터 수를 나타냅니다.

이 모델을 그림으로 표현하면 그림 11-6과 같습니다.

그림 11-6 | 피마 인디언 당뇨병 예측 모델의 구조

전체 코드는 다음과 같습니다.

실습 | 피마 인디언의 당뇨병 예측하기

```python
from tensorflow.keras.models import Sequential
from tensorflow.keras.layers import Dense

# pandas 라이브러리를 불러옵니다.
import pandas as pd

# 깃허브에 준비된 데이터를 가져옵니다.
!git clone https://github.com/taehojo/data.git

# 피마 인디언 당뇨병 데이터셋을 불러옵니다.
df = pd.read_csv('./data/pima-indians-diabetes3.csv')

X = df.iloc[:,0:8]    # 세부 정보를 X로 지정합니다.
y = df.iloc[:,8]      # 당뇨병 여부를 y로 지정합니다.

# 모델을 설정합니다.
model = Sequential()
model.add(Dense(12, input_dim=8, activation='relu', name='Dense_1'))
model.add(Dense(8, activation='relu', name='Dense_2'))
model.add(Dense(1, activation='sigmoid', name='Dense_3'))
model.summary()
```

```
# 모델을 컴파일합니다.
model.compile(loss='binary_crossentropy', optimizer='adam',
metrics=['accuracy'])

# 모델을 실행합니다.
history = model.fit(X, y, epochs=100, batch_size=5)
```

```
Epoch 1/100
154/154 [==============================] - 2s 2ms/step - loss: 1.7955 -
accuracy: 0.5430
... (중략) ...
Epoch 100/100
154/154 [==============================] - 0s 2ms/step - loss: 0.5705 -
accuracy: 0.7161
```

100번을 반복한 현재, 약 71.61%의 정확도를 보이고 있습니다.

◉ **예제 소스** https://github.com/taehojo/deeplearning → 12장. 다중 분류 문제 해결하기 [구글 코랩 실행하기]
◉ **바로 가기** https://bit.ly/dl3-ch12

 1 | **다중 분류 문제**

아이리스는 그 꽃봉오리가 마치 먹물을 머금은 붓과 같다 하여 우리나라에서는 '붓꽃'이라고
부르는 아름다운 꽃입니다. 아이리스는 꽃잎의 모양과 길이에 따라 여러 가지 품종으로 나
뉩니다. 사진을 보면 품종마다 비슷해 보이는데요. 과연 딥러닝을 사용해서 이들을 구별해
낼 수 있을까요?

그림 12-1 | 아이리스의 품종[1]

Iris-virginica

Iris-setosa

Iris-versicolor

아이리스 품종 예측 데이터는 예제 파일의 data 폴더에서 찾을 수 있습니다(data/iris3.csv).
데이터의 구조는 다음과 같습니다.

---

1 출처: 위키피디아

그림 12-2 | 아이리스 데이터의 샘플, 속성, 클래스 구분

	속성				클래스
	정보 1	정보 2	정보 3	정보 4	풍종
1번째 아이리스	5.1	3.5	1.4	0.2	Iris-setosa
2번째 아이리스	4.9	3.0	1.4	0.2	Iris-setosa
3번째 아이리스	4.7	3.2	1.3	0.3	Iris-setosa
…	…	…	…	…	…
150번째 아이리스	5.9	3.0	5.1	1.8	Iris-virginica

(좌측: 샘플)

- 샘플 수: 150
- 속성 수: 4
  - 정보 1: 꽃받침 길이(sepal length, 단위: cm)
  - 정보 2: 꽃받침 너비(sepal width, 단위: cm)
  - 정보 3: 꽃잎 길이(petal length, 단위: cm)
  - 정보 4: 꽃잎 너비(petal width, 단위: cm)
- 클래스: Iris-setosa, Iris-versicolor, Iris-virginica

클래스를 보니 우리가 앞서 다루었던 것과 중요한 차이가 있습니다. 바로 클래스가 두 개가 아니라 세 개입니다. 즉, 참(1)과 거짓(0)으로 해결하는 것이 아니라, 여러 개 중에 어떤 것이 답인지 예측하는 문제입니다.

이렇게 여러 개의 답 중 하나를 고르는 분류 문제를 **다중 분류**(multi classification)라고 합니다. 다중 분류 문제는 둘 중에 하나를 고르는 이항 분류(binary classification)와는 접근 방식이 조금 다릅니다. 지금부터 아이리스 품종을 예측하는 실습을 통해 다중 분류 문제를 해결해 보겠습니다.

2 상관도 그래프

먼저 데이터의 일부를 불러와 내용을 보겠습니다.

```
import pandas as pd

# 깃허브에 준비된 데이터를 가져옵니다.
!git clone https://github.com/taehojo/data.git

# 아이리스 데이터를 불러옵니다.
df = pd.read_csv('./data/iris3.csv')

df.head() # 첫 다섯 줄을 봅니다.
```

	sepal_length	sepal_width	petal_length	petal_width	species
0	5.1	3.5	1.4	0.2	Iris-setosa
1	4.9	3.0	1.4	0.2	Iris-setosa
2	4.7	3.2	1.3	0.2	Iris-setosa
3	4.6	3.1	1.5	0.2	Iris-setosa
4	5.0	3.6	1.4	0.2	Iris-setosa

이번에는 시본(seaborn) 라이브러리에 있는 pairplot( ) 함수를 써서 전체 상관도를 볼 수 있는 그래프를 출력해 보겠습니다.

```
import seaborn as sns
import matplotlib.pyplot as plt

sns.pairplot(df, hue='species')
                   ❶
plt.show()
```

그림 12-3 | pairplot 함수로 데이터 한번에 보기

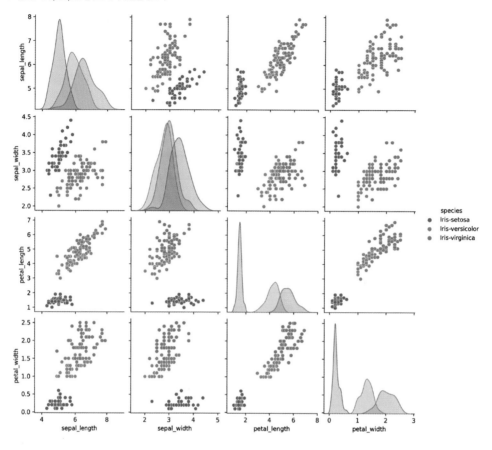

이 그림을 상관도 그래프라고 합니다. 이를 통해 각 속성별 데이터 분포와 속성 간의 관계를 한눈에 볼 수 있습니다. pairplot() 함수 설정 중 hue 옵션은 주어진 데이터 중 어떤 카테고리를 중심으로 그래프를 그릴지 정해 주게 되는데, 우리는 품종(❶ species)에 따라 보여지게끔 지정했습니다. 그래프 각각의 가로축과 세로축은 서로 다른 속성을 나타내며, 이러한 속성에 따라 품종이 어떻게 분포되는지 알 수 있습니다. 가운데 대각선 위치에 있는 그림은 가로축과 세로축이 같으므로 단순히 해당 속성에 따라 각 품종들이 어떻게 분포하는지 보여 줍니다. 이러한 분석을 통해 사진상으로 비슷해 보이던 꽃잎과 꽃받침의 크기와 너비가 품종별로 어떤 차이가 있는지 알 수 있습니다.

3 원-핫 인코딩

이제 케라스를 이용해 아이리스의 품종을 예측해 보겠습니다. Iris-setosa, Iris-virginica 등 데이터 안에 문자열이 포함되어 있네요. 먼저 조금 전 불러온 데이터 프레임을 X와 y로 나누겠습니다.

```
X = df.iloc[:,0:4]
y = df.iloc[:,4]
```

X와 y의 첫 다섯 줄을 출력해 보겠습니다.

```
print(X[0:5])
print(y[0:5])
```

실행 결과

```
   sepal_length  sepal_width  petal_length  petal_width
0           5.1          3.5           1.4          0.2
1           4.9          3.0           1.4          0.2
2           4.7          3.2           1.3          0.2
3           4.6          3.1           1.5          0.2
4           5.0          3.6           1.4          0.2
0    Iris-setosa
1    Iris-setosa
2    Iris-setosa
3    Iris-setosa
4    Iris-setosa
Name: species, dtype: object
```

그런데 우리가 저장한 y의 값이 숫자가 아닌 문자입니다. 딥러닝에서는 계산을 위해 문자를 모두 숫자형으로 바꾸어 주어야 합니다. 이를 위해서는 다음과 같이 처리합니다.

먼저 아이리스 꽃의 종류는 ❶처럼 세 종류입니다. 그러면 ❷처럼 각각의 이름으로 세 개의 열을 만든 후 ❸처럼 자신의 이름이 일치하는 경우 1로, 나머지는 0으로 바꾸어 줍니다.

그림 12-4 | 원-핫 인코딩

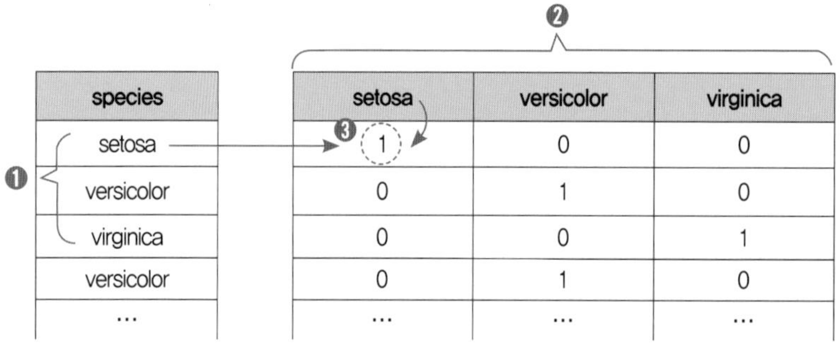

이렇게 여러 개의 값으로 된 문자열을 0과 1로만 이루어진 형태로 만들어 주는 과정을 **원-핫 인코딩**(one-hot encoding)이라고 합니다. 원-핫 인코딩은 판다스가 제공하는 get_dummies( ) 함수를 사용하면 간단하게 해낼 수 있습니다.

```
# 원-핫 인코딩 처리를 합니다.
y = pd.get_dummies(y)

# 원-핫 인코딩 결과를 확인합니다.
print(y[0:5])
```

실행 결과

```
   Iris-setosa  Iris-versicolor  Iris-virginica
0            1                0               0
1            1                0               0
2            1                0               0
3            1                0               0
4            1                0               0
```

4 소프트맥스

이제 모델을 만들어 줄 차례입니다. 다음 코드를 보면서 이전에 실행했던 피마 인디언의 당뇨병 예측과 무엇이 달라졌는지 찾아보기 바랍니다.

```python
# 모델 설정
model = Sequential()
model.add(Dense(12, input_dim=4, activation='relu'))
model.add(Dense(8, activation='relu'))
model.add(Dense(3, activation='softmax'))
model.summary()

# 모델 컴파일
model.compile(loss='categorical_crossentropy', optimizer='adam',
metrics=['accuracy'])
```

찾으셨나요? 세 가지가 달라졌습니다. 첫째 출력층의 노드 수가 3으로 바뀌었군요. 그리고 활성화 함수가 softmax로 바뀌었습니다. 마지막으로 컴파일 부분에서 손실 함수 부분이 categorical_crossentropy로 바뀌었습니다.

먼저 출력 부분에 대해 알아보겠습니다. 이전까지 우리는 출력이 0~1 중 하나의 값으로 나왔습니다. 예를 들어 당뇨인지 아닌지에 대한 예측 값이 시그모이드 함수를 거치며 0~1 사이의 값 중 하나로 변환되어 0.5보다 크면 당뇨로, 작으면 정상으로 판단했지요. 이항 분류의 경우 출력 값이 하나면 되었습니다. 그런데 이번 예제에서는 예측해야 할 값이 세 가지로 늘었습니다. 즉, 각 샘플마다 이것이 setosa일 확률, versicolor일 확률, 그리고 virginica일 확률을 따로따로 구해야 한다는 것이지요. 예를 들어 예측 결과는 그림 12-5와 같은 형태로 나타납니다.

그림 12-5 | 소프트맥스

샘플		setosa일 확률	versicolor일 확률	virginica일 확률
1번 샘플	예측 실행	0.2	0.7	0.1
2번 샘플		0.8	0.1	0.1
3번 샘플		0.2	0.2	0.6

이렇게 세 가지의 확률을 모두 구해야 하므로 시그모이드 함수가 아닌 다른 함수가 필요합니다. 이때 사용되는 함수가 바로 소프트맥스 함수입니다. 소프트맥스 함수는 그림 12-5와 같이 각 항목당 예측 확률을 0과 1 사이의 값으로 나타내 주는데, 이때 각 샘플당 예측 확률의 총합이 1인 형태로 바꾸어 주게 됩니다(예를 들어 1번 샘플의 경우 0.2 + 0.7 + 0.1 = 1이 됩니다). activation란에 'softmax'라고 적어 주는 것으로 소프트맥스 함수를 바로 적용할 수 있습니다.

마찬가지로 손실 함수도 이전과는 달라져야 합니다. 이항 분류에서 binary_crossentropy를 썼다면, 다항 분류에서는 categorical_crossentropy를 쓰면 됩니다.

 5 ## 아이리스 품종 예측의 실행

이제 모든 소스 코드를 모아 보면 다음과 같습니다.

실습 | 아이리스 품종 예측하기

```
from tensorflow.keras.models import Sequential
from tensorflow.keras.layers import Dense

import pandas as pd
import seaborn as sns
import matplotlib.pyplot as plt
```

```
# 깃허브에 준비된 데이터를 가져옵니다.
!git clone https://github.com/taehojo/data.git

# 아이리스 데이터를 불러옵니다.
df = pd.read_csv('./data/iris3.csv')

# 속성을 X, 클래스를 y로 저장합니다.
X = df.iloc[:,0:4]
y = df.iloc[:,4]

# 원-핫 인코딩 처리를 합니다.
y = pd.get_dummies(y)

# 모델 설정
model = Sequential()
model.add(Dense(12, input_dim=4, activation='relu'))
model.add(Dense(8, activation='relu'))
model.add(Dense(3, activation='softmax'))
model.summary()

# 모델 컴파일
model.compile(loss='categorical_crossentropy', optimizer='adam',
metrics=['accuracy'])

# 모델 실행
history = model.fit(X, y, epochs=50, batch_size=5)
```

```
Model: "sequential"


Layer (type)                Output Shape              Param #
=================================================================
dense (Dense)               (None, 12)                60


dense_1 (Dense)             (None, 8)                 104


dense_2 (Dense)             (None, 3)                 27
=================================================================
Total params: 191
Trainable params: 191
Non-trainable params: 0



Epoch 1/30
30/30 [==============================] - 2s 2ms/step - loss: 1.4888 - accu
racy: 0.3333
... (중략) ...
Epoch 30/30
30/30 [==============================] - 0s 2ms/step - loss: 0.2746 - accu
racy: 0.9667
```

model.summary()를 사용해 두 개의 은닉층에 각각 12개와 여덟 개의 노드가 만들어졌고, 출력은 세 개임을 확인할 수 있습니다. 결과는 30번 반복했을 때 정확도가 96.0% 나왔습니다. 꽃의 너비와 길이를 담은 150개의 데이터 중 144개의 꽃 종류를 정확히 맞추었다는 의미입니다. 이제부터는 이렇게 측정된 정확도를 어떻게 신뢰할 수 있는지, 예측 결과의 신뢰도를 높이는 방법에 대해 알아보겠습니다.

13장 모델 성능 검증하기

DEEP LEARNING FOR EVERYONE

◉ **예제 소스** https://github.com/taehojo/deeplearning → 13장. 모델 성능 검증하기 [구글 코랩 실행하기]
◉ **바로 가기** https://bit.ly/dl3-ch13

1986년 제프리 힌튼 교수가 오차 역전파를 발표한 직후, 존스 홉킨스의 세즈노프스키 (Sejnowski) 교수는 오차 역전파가 은닉층의 가중치를 실제로 업데이트시키는 것을 확인하고 싶었습니다. 그는 광석과 일반 암석에 수중 음파 탐지기를 쏜 후 결과를 모아 데이터셋을 준비했고, 음파 탐지기의 수신 결과만 보고 광석인지 일반 암석인지를 구분하는 모델을 만들었습니다.[1] 그가 측정한 결과의 정확도는 몇이었을까요?[2]

---

1 Gorman, R. Paul, and Terrence J. Sejnowski. "Analysis of hidden units in a layered network trained to classify sonar targets." Neural networks 1.1 (1988): 75–89.

2 정확도는 은닉층의 개수에 따라 제각각이었습니다. 이러한 여러 결과 중에서 최적의 학습 모델을 선택하는 것은 모델 성능과 직결되는 중요한 문제입니다.

이 장에서는 세즈노프스키 교수가 했던 초음파 광물 예측 실험을 텐서플로로 재현해 보고, 이렇게 구해진 실험 정확도를 평가하는 방법과 성능을 향상시키는 중요한 머신 러닝 기법들에 대해 알아보겠습니다.

 1 데이터의 확인과 예측 실행

먼저 데이터를 불러와 첫 다섯 줄을 확인해 보겠습니다.

```
# pandas 라이브러리를 불러옵니다.
import pandas as pd

# 깃허브에 준비된 데이터를 가져옵니다.
!git clone https://github.com/taehojo/data.git

# 광물 데이터를 불러옵니다.
df = pd.read_csv('./data/sonar3.csv', header=None)

df.head()  # 첫 다섯 줄을 봅니다.
```

실행 결과

	0	1	2	3	4	5	...	55	56	57	58	59	60
0	0.0200	0.0371	0.0428	0.0207	0.0954	0.0986	...	0.0167	0.0180	0.0084	0.0090	0.0032	0
1	0.0453	0.0523	0.0843	0.0689	0.1183	0.2583	...	0.0191	0.0140	0.0049	0.0052	0.0044	0
2	0.0262	0.0582	0.1099	0.1083	0.0974	0.2280	...	0.0244	0.0316	0.0164	0.0095	0.0078	0
3	0.0100	0.0171	0.0623	0.0205	0.0205	0.0368	...	0.0073	0.0050	0.0044	0.0040	0.0117	0
4	0.0762	0.0666	0.0481	0.0394	0.0590	0.0649	...	0.0015	0.0072	0.0048	0.0107	0.0094	0

5 rows × 61 columns

전체가 61개의 열로 되어 있고, 마지막 열이 광물의 종류를 나타냅니다. 일반 암석일 경우 0, 광석일 경우 1로 표시되어 있습니다. 첫 번째 열부터 60번째 열까지는 음파 주파수의 에너지를 0에서 1 사이의 숫자로 표시하고 있습니다. 이제 일반 암석과 광석이 각각 몇 개나 포함되어 있는지 알아보겠습니다.

```
df[60].value_counts()
```

```
1    111
0     97
Name: 60, dtype: int64
```

광석이 111개, 일반 암석이 97개, 총 208개의 샘플이 준비되어 있는 것을 알 수 있습니다. 이제 다음과 같이 1~60번째 열을 X 변수에 저장하고 광물의 종류는 y로 저장하겠습니다.

```
X = df.iloc[:,0:60]
y = df.iloc[:,60]
```

이후 앞서 했던 그대로 딥러닝을 실행하겠습니다.

실습 | 초음파 광물 예측하기: 데이터 확인과 실행

```
from tensorflow.keras.models import Sequential
from tensorflow.keras.layers import Dense

# 모델을 설정합니다.
model = Sequential()
model.add(Dense(24, input_dim=60, activation='relu'))
```

```
model.add(Dense(10, activation='relu'))
model.add(Dense(1, activation='sigmoid'))

# 모델을 컴파일합니다.
model.compile(loss='binary_crossentropy', optimizer='adam',
metrics=['accuracy'])

# 모델을 실행합니다.
history = model.fit(X, y, epochs=200, batch_size=10)
```

실행 결과

```
Epoch 1/200
21/21 [==============================] - 4s 4ms/step - loss: 0.6951 -
accuracy: 0.5000
... (중략) ...
Epoch 200/200
21/21 [==============================] - 0s 2ms/step - loss: 0.0327 -
accuracy: 1.0000
```

200번 반복되었을 때의 결과를 보니 정확도가 100%입니다. 정말로 어떤 광물이든 100%의
확률로 판별해 내는 모델이 만들어진 것일까요?
다음 장을 보기 바랍니다.

 2 과적합 이해하기

이제 과적합 문제가 무엇인지 알아보고 이를 어떻게 해결하는지 살펴보겠습니다.
과적합(overfitting)이란 모델이 학습 데이터셋 안에서는 일정 수준 이상의 예측 정확도를 보
이지만, 새로운 데이터에 적용하면 잘 맞지 않는 것을 의미합니다.

그림 13-1의 그래프에서 빨간색 선을 보면 주어진 샘플에 정확히 맞게끔 그어져 있습니다. 하지만 이 선은 너무 주어진 샘플에만 최적화되어 있습니다. 지금 그어진 선을 새로운 데이터에 적용하면 정확한 분류가 어려워진다는 의미입니다.

그림 13-1 | 과적합이 일어난 경우(빨간색)와 학습이 제대로 이루어지지 않은 경우(초록색)

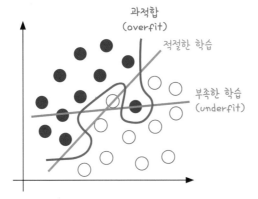

과적합은 층이 너무 많거나 변수가 복잡해서 발생하기도 하고 테스트셋과 학습셋이 중복될 때 생기기도 합니다. 특히 딥러닝은 학습 단계에서 입력층, 은닉층, 출력층의 노드들에 상당히 많은 변수가 투입됩니다. 따라서 딥러닝을 진행하는 동안 과적합에 빠지지 않게 늘 주의해야 합니다.

3 학습셋과 테스트셋

그렇다면 과적합을 방지하려면 어떻게 해야 할까요?

먼저 학습을 하는 데이터셋과 이를 테스트할 데이터셋을 완전히 구분한 후 학습과 동시에 테스트를 병행하며 진행하는 것이 한 방법입니다.

예를 들어 데이터셋이 총 100개의 샘플로 이루어져 있다면 다음과 같이 두 개의 셋으로 나눕니다.

그림 13-2 | 학습셋과 테스트셋의 구분

> 70개의 샘플은 학습셋으로

> 30개의 샘플은 테스트셋으로

신경망을 만들어 70개의 샘플로 학습을 진행한 후 이 학습의 결과를 저장합니다. 이렇게 저장된 파일을 '모델'이라고 합니다. 모델은 다른 셋에 적용할 경우 학습 단계에서 각인되었던 그대로 다시 수행합니다. 따라서 나머지 30개의 샘플로 실험해서 정확도를 살펴보면 학습이 얼마나 잘되었는지 알 수 있는 것입니다. 딥러닝 같은 알고리즘을 충분히 조절해 가장 나은 모델이 만들어지면, 이를 실생활에 대입해 활용하는 것이 바로 머신 러닝의 개발 순서입니다.

그림 13-3 | 학습셋과 테스트셋

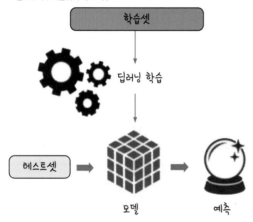

지금까지 우리는 테스트셋을 만들지 않고 학습해 왔습니다. 그런데도 매번 정확도(accuracy)를 계산할 수 있었지요. 어째서 가능했을까요? 지금까지 학습 데이터를 이용해 정확도를 측정한 것은 데이터에 들어 있는 모든 샘플을 그대로 테스트에 활용한 결과입니다. 이를 통해 학습이 진행되는 상황을 파악할 수는 있지만, 새로운 데이터에 적용했을 때 어느 정도의 성능이 나올지는 알 수 없습니다. 머신 러닝의 최종 목적은 과거의 데이터를 토대로 새로운 데이터를 예측하는 것입니다. 즉, 새로운 데이터에 사용할 모델을 만드는 것이 최종 목적이므로 테스트셋을 만들어 정확한 평가를 병행하는 것이 매우 중요합니다.

학습셋만 가지고 평가할 때, 층을 더하거나 에포크(epoch) 값을 높여 실행 횟수를 늘리면 정확도가 계속해서 올라갈 수 있습니다. 하지만 학습 데이터셋만으로 평가한 예측 성공률이 테스트셋에서도 그대로 나타나지는 않습니다. 즉, 학습이 깊어져 학습셋 내부에서 성공률은 높아져도 테스트셋에서는 효과가 없다면 과적합이 일어나고 있는 것이지요. 이를 그래프로 표현하면 그림 13-4와 같습니다.

그림 13-4 │ 학습이 계속되면 학습셋에서의 에러는 계속해서 작아지지만, 테스트셋에서는 과적합이 발생!

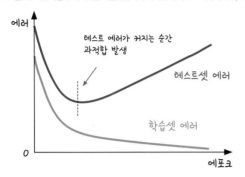

학습을 진행해도 테스트 결과가 더 이상 좋아지지 않는 지점에서 학습을 멈추어야 합니다. 이때 학습 정도가 가장 적절한 것으로 볼 수 있습니다.

우리가 다루는 초음파 광물 예측 데이터를 만든 세즈노프스키 교수가 실험 결과를 발표한 논문의 일부를 가져와 보겠습니다.

그림 13-5 │ 학습셋과 테스트셋 정확도 측정의 예(RP Gorman et.al., 1998)

TABLE 2
Aspect-Angle Dependent Series

Number of Hidden Units	Average Performance on Training Sets (%)	Standard Deviation on Training Sets (%)	Average Performance on Testing Sets (%)	Standard Deviation on Testing Sets (%)
0	79.3	3.4	73.1	4.8
2	96.2	2.2	85.7	6.3
3	98.1	1.5	87.6	3.0
6	99.4	0.9	89.3	2.4
12	99.8	0.6	90.4	1.8
24	100.0	0.0	89.2	1.4

Summary of the results of the aspect-angle dependent series of experiments with training and testing sets selected to include all target aspect angles. The standard deviation shown is across networks with different initial conditions.

여기서 눈여겨보아야 할 부분은 은닉층(Number of Hidden Units) 개수가 올라감에 따라 학습셋의 예측률(Average Performance on Training Sets)과 테스트셋의 예측률(Average Performance on Testing Sets)이 어떻게 변하는지입니다. 이 부분만 따로 뽑아 정리하면 표 13-1과 같습니다.

표 13-1 | 은닉층 개수의 변화에 따른 학습셋 및 테스트셋의 예측률

은닉층 개수의 변화	학습셋의 예측률	테스트셋의 예측률
0	79.3	73.1
2	96.2	85.7
3	98.1	87.6
6	99.4	89.3
12	99.8	90.4
24	100	89.2

은닉층이 늘어날수록 학습셋의 예측률이 점점 올라가다가 결국 24개의 층에 이르면 100% 예측률을 보입니다. 우리가 조금 전 실행했던 것과 같은 결과군요! 그런데 이 모델을 토대로 테스트한 결과는 어떤가요? 테스트셋 예측률은 은닉층의 개수가 12개일 때 90.4%로 최고를 이루다 24개째에서는 다시 89.2%로 떨어지고 맙니다. 즉, 식이 복잡해지고 학습량이 늘어날수록 학습 데이터를 통한 예측률은 계속해서 올라가지만, 적절하게 조절하지 않을 경우 테스트셋을 이용한 예측률은 오히려 떨어지는 것을 확인할 수 있습니다.

그러면 예제에 주어진 데이터를 학습셋과 테스트셋으로 나누는 예제를 만들어 보겠습니다.

잠깐만요

이 실습에는 사이킷런(scikit-learn) 라이브러리가 필요합니다. 코랩은 기본으로 제공하지만, 주피터 노트북을 이용해서 실습 중이라면 다음 명령으로 사이킷런 라이브러리를 설치해야 합니다. 사이킷런은 파이썬으로 머신 러닝을 실행할 때 필요한 전반적인 것들이 담긴 머신 러닝의 필수 라이브러리입니다.

```
!pip install sklearn
```

저장된 X 데이터와 y 데이터에서 각각 정해진 비율(%)만큼 학습셋과 테스트셋으로 분리시키는 함수가 사이킷런의 train_test_split( ) 함수입니다. 따라서 다음과 같이 학습셋과 테스트셋을 만들 수 있습니다. 학습셋을 70%, 테스트셋을 30%로 설정했을 때의 예입니다.

```
from sklearn.model_selection import train_test_split

# 학습셋과 테스트셋을 구분합니다.
X_train, X_test, y_train, y_test = train_test_split(X, y, test_size=0.3,
shuffle=True)
```

test_size는 테스트셋의 비율을 나타냅니다. 0.3은 전체 데이터의 30%를 테스트셋으로 사용하라는 것으로, 나머지 70%를 학습셋으로 사용하게 됩니다. 이렇게 나누어진 학습셋과 테스트셋은 각각 X_train, X_test, y_train, y_test로 저장됩니다.

모델은 앞서 만든 구조를 그대로 유지하고 대신 모델에 테스트 함수를 추가하겠습니다. 만들어진 모델을 테스트셋에 적용하려면 model.evaluate() 함수를 사용하면 됩니다.

```
score = model.evaluate(X_test, y_test)
print('Test accuracy:', score[1])
```

model.evaluate() 함수는 loss와 accuracy, 두 가지를 계산해 출력합니다. 이를 score로 저장하고 accuracy를 출력하도록 범위를 정했습니다. 함수 내부에는 테스트셋 정보를 집어넣습니다.

이제 전체 코드를 실행해 보겠습니다.

실습 | 초음파 광물 예측하기: 학습셋과 테스트셋 구분

```
from tensorflow.keras.models import Sequential
from tensorflow.keras.layers import Dense
from sklearn.model_selection import train_test_split

import pandas as pd
```

```python
# 깃허브에 준비된 데이터를 가져옵니다.
!git clone https://github.com/taehojo/data.git

# 광물 데이터를 불러옵니다.
df = pd.read_csv('./data/sonar3.csv', header=None)

# 음파 관련 속성을 X로, 광물의 종류를 y로 저장합니다.
X = df.iloc[:,0:60]
y = df.iloc[:,60]

# 학습셋과 테스트셋을 구분합니다.
X_train, X_test, y_train, y_test = train_test_split(X, y, test_size=0.3,
shuffle=True)

# 모델을 설정합니다.
model = Sequential()
model.add(Dense(24, input_dim=60, activation='relu'))
model.add(Dense(10, activation='relu'))
model.add(Dense(1, activation='sigmoid'))

# 모델을 컴파일합니다.
model.compile(loss='binary_crossentropy', optimizer='adam',
metrics=['accuracy'])

# 모델을 실행합니다.
history = model.fit(X_train, y_train, epochs=200, batch_size=10)

# 모델을 테스트셋에 적용해 정확도를 구합니다.
score = model.evaluate(X_test, y_test)
print('Test accuracy:', score[1])
```

```
Epoch 1/200
15/15 [==============================] - 0s 3ms/step - loss: 0.7158 -
accuracy: 0.4828
... (중략) ...
Epoch 200/200
15/15 [==============================] - 0s 2ms/step - loss: 0.0590 -
accuracy: 0.9931
        ❶

2/2 [==============================] - 0s 2ms/step - loss: 0.4214 -
accuracy: 0.8413
Test accuracy: 0.841269850730896
                ❷
```

두 가지를 눈여겨보아야 합니다. 첫째는 학습셋(X_train과 y_train)을 이용해 200번의 학습을 진행했을 때 정확도가 99.31%라는 것입니다(❶). 하지만 따로 저장해 둔 테스트셋(X_test와 y_test)에 이 모델을 적용하면 84.12%의 정확도를 보여 줍니다(❷).

딥러닝, 머신 러닝의 목표는 학습셋에서만 잘 작동하는 모델을 만드는 것이 아닙니다. 새로운 데이터에 대해 높은 정확도를 안정되게 보여 주는 모델을 만드는 것이 목표입니다. 그러면 어떻게 하면 이러한 모델을 만들 수 있을까요? 모델 성능의 향상을 위한 방법에는 크게 데이터를 보강하는 방법과 알고리즘을 최적화하는 방법이 있습니다.

데이터를 이용해 성능을 향상시키려면 우선 충분한 데이터를 가져와 추가하면 됩니다. 많이 알려진 다음 그래프는 특히 딥러닝의 경우 샘플 수가 많을수록 성능이 좋아짐을 보여 줍니다.

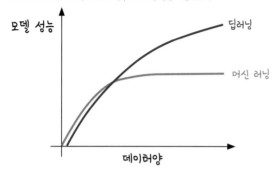

그림 13-6 | 데이터의 증가와 딥러닝, 머신 러닝 성능의 상관관계[3]

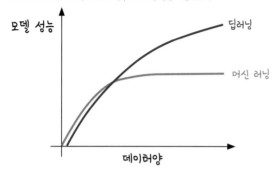

하지만 데이터를 추가하는 것 자체가 어렵거나 데이터 추가만으로는 성능에 한계가 있을 수 있습니다. 따라서 가지고 있는 데이터를 적절히 보완해 주는 방법을 사용합니다. 예를 들어 사진의 경우 사진 크기를 확대/축소한 것을 더해 보거나 위아래로 조금씩 움직여 넣어 보는 것입니다(20장에서 다룹니다). 테이블형 데이터의 경우 너무 크거나 낮은 이상치가 모델에 영향을 줄 수 없도록 크기를 적절히 조절할 수 있습니다. 시그모이드 함수를 사용해 전체를 0~1 사이의 값으로 변환하는 것이 좋은 예입니다. 또 교차 검증 방법을 사용해 가지고 있는 데이터를 충분히 이용하는 방법도 있습니다. 이는 잠시 후 다시 설명할 것입니다.

다음으로 알고리즘을 이용해 성능을 향상하는 방법은 먼저 다른 구조로 모델을 바꾸어 가며 최적의 구조를 찾는 것입니다. 예를 들어 은닉층의 개수라든지, 그 안에 들어갈 노드의 수, 최적화 함수의 종류를 바꾸어 보는 것이지요. 앞서 이야기한 바 있지만, 딥러닝 설정에 정답은 없습니다. 자신의 데이터에 꼭 맞는 구조를 계속해서 테스트해 보며 찾는 것이 중요합니다. 그리고 데이터에 따라서는 딥러닝이 아닌 랜덤 포레스트, XGBoost, SVM 등 다른 알고리즘이 더 좋은 성과를 보일 때도 있습니다. 일반적인 머신 러닝과 딥러닝을 합해서 더 좋은 결과를 만드는 것도 가능하지요.[4] 많은 경험을 통해 최적의 성능을 보이는 모델을 만드는 것이 중요합니다.

이제 현재 모델을 저장하고 불러오는 방법에 대해 알아보겠습니다.

---

3 **출처:** Andrew Ng at Bay Area Deep Learning School (held on 25th and 26th September, 2016)

4 **출처:** Taeho Jo et al., Frontiers in Aging Neuroscience (2019)

모델 저장과 재사용

학습이 끝난 후 지금 만든 모델을 저장하면 언제든 이를 불러와 다시 사용할 수 있습니다. 학습 결과를 저장하려면 model.save() 함수를 이용해 모델 이름을 적어 저장합니다.

```
# 모델 이름과 저장할 위치를 함께 지정합니다.
model.save('./data/model/my_model.keras')
```

keras파일 포맷은 주로 과학 기술 데이터 작업에서 사용되는데, 크고 복잡한 데이터를 저장하는 데 사용됩니다. 이를 다시 불러오려면 케라스 API의 load_model 함수를 사용합니다. 앞서 Sequential 함수를 불러온 모델 클래스 안에 함께 들어 있으므로, Sequential 뒤에 load_model을 추가해 다시 불러옵니다.

```
from tensorflow.keras.models import Sequential, load_model
                                               ❶
```

테스트를 위해 조금 전 만든 모델을 메모리에서 삭제하겠습니다.

```
del model
```

load_model() 함수를 사용해서 조금 전 저장한 모델을 불러옵니다.

```
# 모델이 저장된 위치와 이름까지 적어 줍니다.
model = load_model('./data/model/my_model.keras')
```

불러온 모델을 테스트셋에 적용해 정확도를 구합니다.

```
score = model.evaluate(X_test, y_test)
print('Test accuracy:', score[1])
```

실행 결과

```
2/2 [==============================] - 0s 2ms/step - loss: 0.4214 -
accuracy: 0.8413
Test accuracy: 0.841269850730896
```

이전 절에서 실행한 것과 같은 값이 나오는 것을 확인할 수 있습니다.

5 k겹 교차 검증

앞서 데이터가 충분히 많아야 모델 성능도 향상된다고 했습니다. 이는 학습과 테스트를 위한 데이터를 충분히 확보할수록 세상에 나왔을 때 더 잘 작동하기 때문입니다. 하지만 실제 프로젝트에서는 데이터를 확보하는 것이 쉽지 않거나 많은 비용이 발생하는 경우도 있습니다. 따라서 가지고 있는 데이터를 십분 활용하는 것이 중요합니다. 특히 학습셋을 70%, 테스트셋을 30%로 설정할 경우 30%의 테스트셋은 학습에 이용할 수 없다는 단점이 있습니다. 이를 해결하기 위해 고안된 방법이 k겹 교차 검증(k-fold cross validation)입니다. k겹 교차 검증이란 데이터셋을 여러 개로 나누어 하나씩 테스트셋으로 사용하고 나머지를 모두 합해서 학습셋으로 사용하는 방법입니다. 이렇게 하면 가지고 있는 데이터의 100%를 학습셋으로 사용할 수 있고, 또 동시에 테스트셋으로도 사용할 수 있습니다. 예를 들어 5겹 교차 검증(5-fold cross validation)의 예가 그림 13-7에 설명되어 있습니다.

그림 13-7 | 5겹 교차 검증의 도식

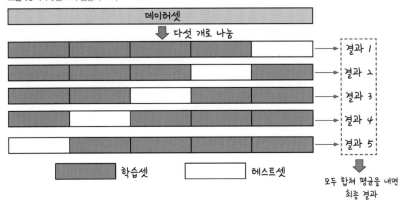

데이터셋을 다섯 개로 나눈 후 그중 네 개를 학습셋으로, 나머지 하나를 테스트셋으로 만들어 다섯 번의 학습을 순차적으로 실시하는 것이 5겹 교차 검증입니다. 이제 초음파 광물 예측 예제를 통해 5겹 교차 검증을 실시해 보겠습니다.

데이터를 원하는 수만큼 나누어 각각 학습셋과 테스트셋으로 사용되게 하는 함수는 사이킷런 라이브러리의 KFold( ) 함수입니다. 실습 코드에서 KFold( )를 활용하는 부분만 뽑아 보면 다음과 같습니다.

```
from sklearn.model_selection import KFold
k = 5 ····· ❶
kfold = KFold(n_splits=k, shuffle=True) ····· ❷
acc_score = [] ····· ❸

for train_index, test_index in kfold.split(X): ····· ❹
    X_train, X_test = X.iloc[train_index,:], X.iloc[test_index,:]
    y_train, y_test = y.iloc[train_index], y.iloc[test_index]
```

먼저 몇 개의 파일로 나눌 것인지 정해 ❶ k 변수에 넣습니다. 사이킷런의 ❷ KFold( ) 함수를 불러옵니다. 샘플이 어느 한쪽에 치우치지 않도록 shuffle 옵션을 True로 설정해 줍니다. 정확도가 채워질 ❸ acc_score라는 이름의 빈 리스트를 준비합니다. ❹ split( )에 의해 k개의 학습셋, 테스트셋으로 분리되며 for 문에 의해 k번 반복합니다.

반복되는 각 학습마다 정확도를 구해 다음과 같이 acc_score 리스트를 채웁니다.

```
accuracy = model.evaluate(X_test, y_test)[1]  # 정확도를 구합니다.
acc_score.append(accuracy)                     # acc_score 리스트에 저장합니다.
```

k번의 학습이 끝나면 각 정확도들을 취합해 모델 성능을 평가합니다.
모든 코드를 모아 실행하면 다음과 같습니다.

실습 | 초음파 광물 예측하기: k겹 교차 검증

```
from tensorflow.keras.models import Sequential
from tensorflow.keras.layers import Dense
from sklearn.model_selection import KFold
from sklearn.metrics import accuracy_score

import pandas as pd

# 깃허브에 준비된 데이터를 가져옵니다.
!git clone https://github.com/taehojo/data.git

# 광물 데이터를 불러옵니다.
df = pd.read_csv('./data/sonar3.csv', header=None)

# 음파 관련 속성을 X로, 광물의 종류를 y로 저장합니다.
X = df.iloc[:,0:60]
y = df.iloc[:,60]

# 몇 겹으로 나눌 것인지 정합니다.
k = 5

# KFold 함수를 불러옵니다. 분할하기 전에 샘플이 치우치지 않도록 섞어 줍니다.
kfold = KFold(n_splits=k, shuffle=True)
```

```python
# 정확도가 채워질 빈 리스트를 준비합니다.
acc_score = []

def model_fn():
    model = Sequential() # 딥러닝 모델의 구조를 시작합니다.
    model.add(Dense(24, input_dim=60, activation='relu'))
    model.add(Dense(10, activation='relu'))
    model.add(Dense(1, activation='sigmoid'))
    return model

# k겹 교차 검증을 이용해 k번의 학습을 실행합니다.
# for 문에 의해 k번 반복합니다.
# split()에 의해 k개의 학습셋, 테스트셋으로 분리됩니다.
for train_index, test_index in kfold.split(X):
    X_train, X_test = X.iloc[train_index,:], X.iloc[test_index,:]
    y_train, y_test = y.iloc[train_index], y.iloc[test_index]

    model = model_fn()
    model.compile(loss='binary_crossentropy', optimizer='adam',
metrics=['accuracy'])
    history = model.fit(X_train, y_train, epochs=200, batch_size=10,
verbose=0)

    accuracy = model.evaluate(X_test, y_test)[1] # 정확도를 구합니다.
    acc_score.append(accuracy)                   # 정확도 리스트에 저장합니다.

# k번 실시된 정확도의 평균을 구합니다.
avg_acc_score = sum(acc_score) / k

# 결과를 출력합니다.
print('정확도: ', acc_score)
print('정확도 평균: ', avg_acc_score)
```

```
2/2 [==============================] - 0s 2ms/step - loss: 1.0080 -
accuracy: 0.7381
2/2 [==============================] - 0s 2ms/step - loss: 0.7071 -
accuracy: 0.8095
2/2 [==============================] - 0s 2ms/step - loss: 0.3312 -
accuracy: 0.8810
2/2 [==============================] - 0s 2ms/step - loss: 0.4377 -
accuracy: 0.9024
2/2 [==============================] - 0s 3ms/step - loss: 0.6416 - accura
cy: 0.7317
정확도: [0.738095223903656, 0.8095238208770752, 0.8809523582458496,
0.9024389982223511, 0.7317073345184326]
정확도 평균: 0.8125435471534729
```

다섯 번의 정확도를 구했습니다. 학습이 진행되는 과정이 길어서 model.fit 부분에
verbose=0 옵션을 주어 학습 과정의 출력을 생략했습니다.

잠깐만요

텐서플로 함수가 for 문에 포함되는 경우 다음과 같이 WARNING 메시지가 나오는 경우가 있습니다. 텐서플
로 구동에는 문제가 없으므로 그냥 진행하면 됩니다.

```
WARNING:tensorflow:5 out of the last 9 calls to <function Model.make_
test_function.<locals>.test_function at 0x000001EDE50D60D0> triggered
tf.function retracing...
```

이렇게 해서 가지고 있는 데이터를 모두 사용해 학습과 테스트를 진행했습니다. 이제 다음
장을 통해 학습 과정을 시각화해 보는 방법과 학습을 몇 번 반복할지(epochs) 스스로 판단하
게 하는 방법 등을 알아보며 모델 성능을 향상시켜 보겠습니다.

14장 모델 성능 향상시키기

DEEP LEARNING FOR EVERYONE

◉ **예제 소스** https://github.com/taehojo/deeplearning → 14장. 모델 성능 향상시키기 [구글 코랩 실행하기]
◉ **바로 가기** https://bit.ly/dl3-ch14

포도로 만든 와인은 고대 그리스 로마 시대부터 서양 음식의 기본이 된 오랜 양조주입니다. 와인은 빛깔에 따라 맑고 투명한 화이트 와인과 붉은색을 띠는 레드 와인으로 구분됩니다. 이번 실습을 위해 사용되는 데이터는 포르투갈 서북쪽 대서양과 맞닿아 있는 비뉴 베르드 (Vinho Verde) 지방에서 만들어진 와인을 측정한 데이터입니다.

레드 와인 샘플 1,599개를 등급과 맛, 산도를 측정해 분석하고 화이트 와인 샘플 4,898개를 마찬가지로 분석해 데이터를 만들었습니다. 원래는 UCI 저장소에 올라온 각각 분리된 데이 터인데, 두 데이터를 하나로 합쳐 레드 와인과 화이트 와인을 구분하는 실험을 진행해 보겠 습니다.

데이터의 확인과 검증셋

먼저 데이터를 불러와 대략적인 구조를 살펴보겠습니다.

```python
import pandas as pd

# 깃허브에 준비된 데이터를 가져옵니다.
!git clone https://github.com/taehojo/data.git

# 와인 데이터를 불러옵니다.
df = pd.read_csv('./data/wine.csv', header=None)

# 데이터를 미리 보겠습니다.
df
```

실행 결과

	0	1	2	3	4	5	6	7	8	9	10	11	12
0	7.4	0.70	0.00	1.9	0.076	11.0	34.0	0.99780	3.51	0.56	9.4	5	1
1	7.8	0.88	0.00	2.6	0.098	25.0	67.0	0.99680	3.20	0.68	9.8	5	1
2	7.8	0.76	0.04	2.3	0.092	15.0	54.0	0.99700	3.26	0.65	9.8	5	1
3	11.2	0.28	0.56	1.9	0.075	17.0	60.0	0.99800	3.16	0.58	9.8	6	1
4	7.4	0.70	0.00	1.9	0.076	11.0	34.0	0.99780	3.51	0.56	9.4	5	1
...	...	...	...	...	...	...	...	...	...	...	...	...	...
6492	6.2	0.21	0.29	1.6	0.039	24.0	92.0	0.99114	3.27	0.50	11.2	6	0
6493	6.6	0.32	0.36	8.0	0.047	57.0	168.0	0.99490	3.15	0.46	9.6	5	0
6494	6.5	0.24	0.19	1.2	0.041	30.0	111.0	0.99254	2.99	0.46	9.4	6	0
6495	5.5	0.29	0.30	1.1	0.022	20.0	110.0	0.98869	3.34	0.38	12.8	7	0
6496	6.0	0.21	0.38	0.8	0.020	22.0	98.0	0.98941	3.26	0.32	11.8	6	0

6497 rows × 13 columns

샘플이 전체 6,497개 있습니다. 모두 속성이 12개 기록되어 있고 13번째 열에 클래스가 준
비되어 있습니다. 각 속성에 대한 정보는 다음과 같습니다.

0	주석산 농도	7	밀도
1	아세트산 농도	8	pH
2	구연산 농도	9	황산칼륨 농도
3	잔류 당분 농도	10	알코올 도수
4	염화나트륨 농도	11	와인의 맛(0~10등급)
5	유리 아황산 농도	12	클래스(1: 레드 와인, 0: 화이트 와인)
6	총 아황산 농도		

0~11번째 열에 해당하는 속성 12개를 X로, 13번째 열을 y로 정하겠습니다.

```
X = df.iloc[:,0:12]
y = df.iloc[:,12]
```

이제 딥러닝을 실행할 차례입니다. 앞서 우리는 학습셋과 테스트셋을 나누는 방법에 대해 알아보았습니다. 이 장에서는 여기에 검증셋을 더해 보겠습니다.

그림 14-1 | 학습셋, 테스트셋, 검증셋

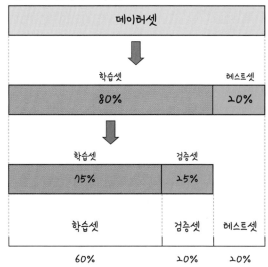

학습이 끝난 모델을 테스트해 보는 것이 테스트셋의 목적이라면, 최적의 학습 파라미터를 찾기 위해 학습 과정에서 사용하는 것이 검증셋입니다. 검증셋을 설정하면 검증셋에 테스트한 결과를 추적하면서 최적의 모델을 만들 수 있습니다. 검증셋은 model.fit() 함수 안에 validation_split이라는 옵션을 주면 만들어집니다. 그림 14-1과 같이 전체의 80%를 학습셋으로 만들고 이 중 25%를 검증셋으로 하면 학습셋:검증셋:테스트셋의 비율이 60:20:20이 됩니다.

전체 코드를 실행하면 다음과 같습니다.

실습 | 와인의 종류 예측하기: 데이터 확인과 실행

```
from tensorflow.keras.models import Sequential
from tensorflow.keras.layers import Dense
from sklearn.model_selection import train_test_split

# 깃허브에 준비된 데이터를 가져옵니다.
!git clone https://github.com/taehojo/data.git

# 와인 데이터를 불러옵니다.
df = pd.read_csv('./data/wine.csv', header=None)

# 와인의 속성을 X로, 와인의 분류를 y로 저장합니다.
X = df.iloc[:,0:12]
y = df.iloc[:,12]

# 학습셋과 테스트셋으로 나눕니다.
X_train, X_test, y_train, y_test = train_test_split(X, y, test_size=0.2,
shuffle=True)

# 모델 구조를 설정합니다.
model = Sequential()
```

```python
model.add(Dense(30, input_dim=12, activation='relu'))
model.add(Dense(12, activation='relu'))
model.add(Dense(8, activation='relu'))
model.add(Dense(1, activation='sigmoid'))
model.summary()

# 모델을 컴파일합니다.
model.compile(loss='binary_crossentropy', optimizer='adam',
metrics=['accuracy'])

# 모델을 실행합니다.
history = model.fit(X_train, y_train, epochs=50, batch_size=500,
validation_split=0.25) # 0.8 x 0.25 = 0.2

# 테스트 결과를 출력합니다.
score = model.evaluate(X_test, y_test)
print('Test accuracy:', score[1])
```

실행 결과

```
Model: "sequential"

_____
Layer (type)                 Output Shape              Param #
=================================================================
dense (Dense)                (None, 30)                390
_____
dense_1 (Dense)              (None, 12)                372
_____
dense_2 (Dense)              (None, 8)                 104
_____
dense_3 (Dense)              (None, 1)                 9
=================================================================
Total params: 875
```

```
Trainable params: 875
Non-trainable params: 0
_____

Epoch 1/50
8/8 [==============================] - 1s 23ms/step - loss: 2.9423 - accu
racy: 0.7519 - val_loss: 2.2360 - val_accuracy: 0.7562
... (중략) ...
Epoch 50/50
8/8 [==============================] - 0s 6ms/step - loss: 0.1161 - accura
cy: 0.9574 - val_loss: 0.1523 - val_accuracy: 0.9500

41/41 [==============================] - 0s 1ms/step - loss: 0.1438 - accu
racy: 0.9415
Test accuracy: 0.9415384531021118
```

먼저 세 개의 은닉층을 만들고 각각 30개, 12개, 8개의 노드를 만들었습니다.

그리고 50번을 반복했을 때 정확도가 94.15%로 나왔습니다. 꽤 높은 정확도군요. 하지만 이것이 과연 최적의 결과일까요? 이제 여기에 여러 옵션을 더해 가면서 더 나은 모델을 만들어 가는 방법을 알아보겠습니다.

 ## 2 모델 업데이트하기

에포크(epochs)는 학습을 몇 번 반복할 것인지 정해 줍니다. 에포크가 50이면 순전파와 역전파를 50번 실시한다는 뜻이지요. 학습을 많이 반복한다고 해서 모델 성능이 지속적으로 좋아지는 것은 아닙니다. 이를 적절히 정해 주는 것이 중요합니다. 만일 50번의 에포크 중 최적의 학습이 40번째에 이루어졌다면, 어떻게 해서 40번째 모델을 불러와 사용할 수 있을까요? 이번에는 에포크마다 모델의 정확도를 함께 기록하면서 저장하는 방법을 알아보겠습니다.

먼저 모델이 어떤 식으로 저장될지 정합니다. 다음 코드는 ./data/model/all/ 폴더에 모델을 저장해 줍니다. 50번째 에포크의 검증셋 정확도가 0.9346이라면 50-0.9346.keras라는 이름으로 저장됩니다.

```
modelpath = "./data/model/all/{epoch:02d}-{val_accuracy:.4f}.keras"
```

학습 중인 모델을 저장하는 함수는 케라스 API의 ModelCheckpoint()입니다. 모델이 저장될 곳을 정하고 진행되는 현황을 모니터할 수 있도록 verbose는 1(True)로 설정합니다.

```
from tensorflow.keras.callbacks import ModelCheckpoint

checkpointer = ModelCheckpoint(filepath=modelpath, verbose=1)
```

전체 코드를 실행해 보겠습니다. 앞 절에서 배운 코드 중 model.compile()까지는 동일합니다. 그 아래에 추가되는 코드는 다음과 같습니다.

```
# 모델이 저장되는 조건을 설정합니다.
modelpath = "./data/model/{epoch:02d}-{val_accuracy:.4f}.keras"
checkpointer = ModelCheckpoint(filepath=modelpath, verbose=1)

# 모델을 실행합니다.
history = model.fit(X_train, y_train, epochs=50, batch_size=500,
validation_split=0.25, verbose=0, callbacks=[checkpointer])

# 테스트 결과를 출력합니다.
score = model.evaluate(X_test, y_test)
print('Test accuracy:', score[1])
```

```
Epoch 00001: saving model to ./data/model/all\01-0.7646.keras
Epoch 00002: saving model to ./data/model/all\02-0.7646.keras
... (중략) ...
Epoch 00049: saving model to ./data/model/all\49-0.9408.keras
Epoch 00050: saving model to ./data/model/all\50-0.9408.keras

41/41 [==============================] - 0s 2ms/step - loss: 0.1686 - accu
racy: 0.9392
Test accuracy: 0.939230740070343
```

파일명을 통해 에포크 수와 정확도를 알 수 있습니다. 첫 번째 에포크에서 76.46%였던 정확도가 50번째에서 94.08%로 업데이트되는 것과 각 에포크별 모델이 지정된 폴더에 저장되는 것을 볼 수 있습니다. 테스트하면 93.9%의 정확도를 보여 줍니다.

잠깐만요

실행 결과는 환경에 따라 미세하게 달라질 수 있습니다.

3 **그래프로 과적합 확인하기**

역전파를 50번 반복하면서 학습을 진행했습니다. 과연 이 반복 횟수는 적절했을까요? 학습의 반복 횟수가 너무 적으면 데이터셋의 패턴을 충분히 파악하지 못합니다. 하지만 학습을 너무 많이 반복하는 것도 좋지 않습니다. 너무 과한 학습은 13.2절에서 이야기한 바 있는 과적합 현상을 불러오기 때문입니다. 적절한 학습 횟수를 정하기 위해서는 검증셋과 학습셋의 결과를 그래프로 보는 것이 가장 좋습니다. 이를 확인하기 위해 학습을 길게 실행해 보고 결과를 알아보겠습니다.

먼저 에포크 수를 2000으로 늘려 긴 학습을 해 보겠습니다.

```
history = model.fit(X_train, y_train, epochs=2000, batch_size=500,
validation_split=0.25)
```

이 코드를 포함해 그동안 model.fit()을 실행할 때마다 결과를 항상 history에 저장해 왔습니다. 이제 저장된 history를 어떻게 활용할 수 있는지 알아보겠습니다.

model.fit()은 학습을 진행하면서 매 에포크마다 결과를 출력합니다. 일반적으로 loss 값이 출력되고 model.compile()에서 metrics를 accuracy로 지정하면 accuracy 값이 함께 출력됩니다. loss는 학습을 통해 구한 예측 값과 실제 값의 차이(=오차)를 의미하고 accuracy는 전체 샘플 중에서 정답을 맞춘 샘플이 몇 개인지의 비율(=정확도)을 의미하지요. 이번 예제처럼 검증셋을 지정하면 val_loss가 함께 출력됩니다. 이때 metrics를 accuracy로 지정하면 accuracy와 함께 val_accuracy 값도 출력됩니다. val_loss는 학습한 모델을 검증셋에 적용해 얻은 오차이고, val_accuracy는 검증셋으로 얻은 정확도입니다.

이 값이 저장된 history는 model.fit()의 결과를 가진 파이썬 객체로, history.params에는 model.fit()의 설정 값들이, history.epoch에는 에포크 정보가 들어 있게 됩니다. 우리에게 필요한 loss, accuracy, val_loss, val_accuracy는 history.history에 들어 있습니다. 이를 판다스 라이브러리로 불러와 내부를 살펴보겠습니다.

```
hist_df = pd.DataFrame(history.history)
hist_df
```

실행 결과

	loss	accuracy	val_loss	val_accuracy
0	0.157924	0.944316	0.173545	0.931538
1	0.156247	0.943546	0.168429	0.933846
2	0.152906	0.942777	0.166696	0.933846
3	0.151120	0.945086	0.165191	0.932308
4	0.148956	0.945856	0.159559	0.936154

...	...	...	...	...
1995	0.018356	0.994355	0.066240	0.985385
1996	0.017976	0.994355	0.064675	0.985385
1997	0.018248	0.994098	0.064908	0.985385
1998	0.018649	0.994611	0.065713	0.984615
1999	0.019730	0.993841	0.068250	0.984615

2000 rows × 4 columns

2,000번의 학습 결과가 저장되어 있음을 알 수 있습니다.

이 중 학습한 모델을 검증셋에 적용해 얻은 오차(val_loss)는 y_vloss에 저장하고 학습셋에서 얻은 오차(loss)는 y_loss에 저장해 보겠습니다.

```
y_vloss = hist_df['val_loss']
y_loss = hist_df['loss']
```

이제 그래프로 표시해 보겠습니다. 학습셋에서 얻은 오차는 파란색으로, 검증셋에서 얻은 오차는 빨간색으로 표시하겠습니다.

```
x_len = np.arange(len(y_loss))
plt.plot(x_len, y_vloss, "o", c="red", markersize=2, label='Testset_loss')
plt.plot(x_len, y_loss, "o", c="blue", markersize=2, label='Trainset_loss')

plt.legend(loc='upper right')
plt.xlabel('epoch')
plt.ylabel('loss')
plt.show()
```

이를 하나의 코드로 정리해서 앞서 실행했던 코랩에 이어 실행해 보겠습니다.

실습 | 와인의 종류 예측하기: 그래프 표현

```
# 그래프 확인을 위한 긴 학습(컴퓨터 환경에 따라 시간이 다소 걸릴 수 있습니다)
history = model.fit(X_train, y_train, epochs=2000, batch_size=500,
validation_split=0.25)

# history에 저장된 학습 결과를 확인해 보겠습니다.
hist_df = pd.DataFrame(history.history)
hist_df

# y_vloss에 검증셋의 오차를 저장합니다.
y_vloss = hist_df['val_loss']

# y_loss에 학습셋의 오차를 저장합니다.
y_loss = hist_df['loss']

# x 값을 지정하고 검증셋의 오차를 빨간색으로, 학습셋의 오차를 파란색으로 표시합니다.
x_len = np.arange(len(y_loss))
plt.plot(x_len, y_vloss, "o", c="red", markersize=2, label='Testset_loss')
plt.plot(x_len, y_loss, "o", c="blue", markersize=2, label='Trainset_loss')

plt.legend(loc='upper right')
plt.xlabel('epoch')
plt.ylabel('loss')
plt.show()
```

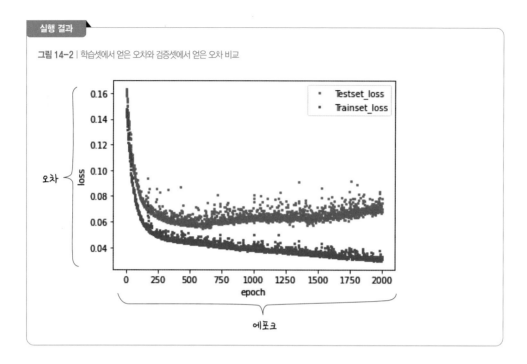

그림 14-2 | 학습셋에서 얻은 오차와 검증셋에서 얻은 오차 비교

그래프의 형태는 실행에 따라 조금씩 다를 수 있지만 대략 그림 14-2와 같은 그래프가 나옵니다. 우리가 눈여겨보아야 할 부분은 학습이 오래 진행될수록 학습셋의 오차(파란색)는 줄어들지만 검증셋의 오차(빨간색)는 다시 커진다는 것입니다. 이는 과도한 학습으로 과적합이 발생했기 때문입니다. 이러한 사실을 통해 알 수 있는 것은 검증셋 오차가 커지기 직전까지 학습한 모델이 최적의 횟수로 학습한 모델이라는 것입니다.

이제 검증셋의 오차가 커지기 전에 학습을 자동으로 중단시키고, 그때의 모델을 저장하는 방법을 알아보겠습니다.

 4 학습의 자동 중단

텐서플로에 포함된 케라스 API는 EarlyStopping() 함수를 제공합니다. 학습이 진행되어도 테스트셋 오차가 줄어들지 않으면 학습을 자동으로 멈추게 하는 함수입니다. 이를 조금 전 배운 ModelCheckpoint() 함수와 함께 사용해 보면서 최적의 모델을 저장해 보겠습니다.

먼저 다음과 같이 EarlyStopping() 함수를 불러옵니다.

```
from tensorflow.keras.callbacks import EarlyStopping

early_stopping_callback = EarlyStopping(monitor='val_loss', patience=20)
```

monitor 옵션은 model.fit()의 실행 결과 중 어떤 것을 이용할지 정합니다. 검증셋의 오차 (val_loss)로 지정하겠습니다. patience 옵션은 지정된 값이 몇 번 이상 향상되지 않으면 학습을 종료시킬지 정합니다. monitor='val_loss', patience=20이라고 지정하면 검증셋의 오차가 20번 이상 낮아지지 않을 경우 학습을 종료하라는 의미입니다.

모델 저장에 관한 설정은 앞 절에서 사용한 내용을 그대로 따르겠습니다. 다만 이번에는 최고의 모델 하나만 저장되게끔 해 보겠습니다. 이를 위해 저장될 모델 이름에 에포크나 정확도 정보를 포함하지 않고, ModelCheckpoint()의 save_best_only 옵션을 True로 설정합니다.

```
modelpath = "./data/model/Ch14-4-bestmodel.keras"

checkpointer = ModelCheckpoint(filepath=modelpath, monitor='val_loss',
verbose = 0, save_best_only=True)
```

모델을 실행합니다. 자동으로 최적의 에포크를 찾아 멈출 예정이므로 epochs는 넉넉하게 설정해 줍니다.

```
history = model.fit(X_train, y_train, epochs=2000, batch_size=500,
validation_split=0.25, verbose=1, callbacks=[early_stopping_callback,
checkpointer])
```

앞서 만든 기본 코드에 다음과 같이 새로운 코드를 불러와 덧붙여 실행해 보겠습니다.

```
from tensorflow.keras.callbacks import ModelCheckpoint, EarlyStopping

# 학습이 언제 자동 중단될지 설정합니다.
early_stopping_callback = EarlyStopping(monitor='val_loss', patience=20)

# 최적화 모델이 저장될 폴더와 모델 이름을 정합니다.
modelpath = "./data/model/Ch14-4-bestmodel.keras"

# 최적화 모델을 업데이트하고 저장합니다.
checkpointer = ModelCheckpoint(filepath=modelpath, monitor='val_loss',
verbose=0, save_best_only=True)

# 모델을 실행합니다.
history = model.fit(X_train, y_train, epochs=2000, batch_size=500,
validation_split=0.25, verbose=1, callbacks=[early_stopping_callback,
checkpointer])
```

실행 결과

```
Epoch 1/2000
8/8 [==============================] - 0s 18ms/step - loss: 21.4771 - accu
racy: 0.2494 - val_loss: 14.8183 - val_accuracy: 0.2462
... (중략) ...
Epoch 394/2000
8/8 [==============================] - 0s 5ms/step - loss: 0.0500 -
accuracy: 0.9828 - val_loss: 0.0651 - val_accuracy: 0.9846
```

에포크를 2,000번으로 설정했지만 394번에서 멈추었습니다. 이때의 모델이 model 폴더에
Ch14-4-bestmodel.keras라는 이름으로 저장된 것을 확인합니다.

이제 지금까지 만든 모델을 테스트해 보겠습니다. 따로 저장되어 학습 과정에 포함되지 않
은 X_test와 y_test에 지금의 모델을 적용한 결과는 다음과 같습니다.

```
score = model.evaluate(X_test, y_test)
print('Test accuracy:', score[1])
```

```
41/41 [==============================] - 0s 1ms/step - loss: 0.0472 -
accuracy: 0.9885
Test accuracy: 0.9884615540504456
```

정확도가 98.84%입니다. 14.1절에서 실행했던 기본 소스가 94.15%의 정확도를 보였던 것과 비교하면 모델 성능이 대폭 향상된 것을 알 수 있습니다.

15장 실제 데이터로 만들어 보는 모델

DEEP LEARNING FOR EVERYONE

◉ **예제 소스** https://github.com/taehojo/deeplearning → 15장. 실제 데이터로 만들어 보는 모델 [구글 코랩 실행하기]
◉ **바로 가기** https://bit.ly/dl3-ch15

지금까지 한 실습은 참 또는 거짓을 맞히거나 여러 개의 보기 중 하나를 예측하는 분류 문제 였습니다. 그런데 이번에는 수치를 예측하는 문제입니다. 준비된 데이터는 아이오와주 에임 스 지역에서 2006년부터 2010년까지 거래된 실제 부동산 판매 기록입니다.[1] 주거 유형, 차 고, 자재 및 환경에 관한 80개의 서로 다른 속성을 이용해 집의 가격을 예측해 볼 예정인데 오랜 시간 사람이 일일이 기록하다 보니 빠진 부분도 많고, 집에 따라 어떤 항목은 범위에서 너무 벗어나 있기도 하며, 또 가격과는 관계가 없는 정보가 포함되어 있기도 합니다. 실제

---

1 출처: De Cock, Dean. "Ames, Iowa: Alternative to the Boston housing data as an end of semester regression project." Journal of Statistics Education 19.3 (2011).

현장에서 만나게 되는 이런 류의 데이터를 어떻게 다루어야 하는지 이 장에서 학습해 보겠습니다.

1 데이터 파악하기

먼저 데이터를 불러와 확인해 보겠습니다.

```python
import pandas as pd

# 깃허브에 준비된 데이터를 가져옵니다.
!git clone https://github.com/taehojo/data.git

# 집 값 데이터를 불러옵니다.
df = pd.read_csv("./data/house_train.csv")
```

데이터를 미리 살펴보겠습니다.

```python
df
```

실행 결과

	Id	MSSubClass	MSZoning	LotFrontage	LotArea	Street	Alley	LotShape	LandContour	Utilities	...
0	1	60	RL	65.0	8450	Pave	NaN	Reg	Lvl	AllPub	...
1	2	20	RL	80.0	9600	Pave	NaN	Reg	Lvl	AllPub	...
2	3	60	RL	68.0	11250	Pave	NaN	IR1	Lvl	AllPub	...
3	4	70	RL	60.0	9550	Pave	NaN	IR1	Lvl	AllPub	...
4	5	60	RL	84.0	14260	Pave	NaN	IR1	Lvl	AllPub	...
...	...	...	...	...	...	...	...	...	...	...	...
1455	1456	60	RL	62.0	7917	Pave	NaN	Reg	Lvl	AllPub	...
1456	1457	20	RL	85.0	13175	Pave	NaN	Reg	Lvl	AllPub	...
1457	1458	70	RL	66.0	9042	Pave	NaN	Reg	Lvl	AllPub	...
1458	1459	20	RL	68.0	9717	Pave	NaN	Reg	Lvl	AllPub	...
1459	1460	20	RL	75.0	9937	Pave	NaN	Reg	Lvl	AllPub	...

PoolArea	PoolQC	Fence	MiscFeature	MiscVal	MoSold	YrSold	SaleType	SaleCondition	SalePrice
0	NaN	NaN	NaN	0	2	2008	WD	Normal	208500
0	NaN	NaN	NaN	0	5	2007	WD	Normal	181500
0	NaN	NaN	NaN	0	9	2008	WD	Normal	223500
0	NaN	NaN	NaN	0	2	2006	WD	Abnorml	140000
0	NaN	NaN	NaN	0	12	2008	WD	Normal	250000
...	...	...	...	...	...	...	...	...	...
0	NaN	NaN	NaN	0	8	2007	WD	Normal	175000
0	NaN	MnPrv	NaN	0	2	2010	WD	Normal	210000
0	NaN	GdPrv	Shed	2500	5	2010	WD	Normal	266500
0	NaN	NaN	NaN	0	4	2010	WD	Normal	142125
0	NaN	NaN	NaN	0	6	2008	WD	Normal	147500

1460 rows × 81 columns

총 80개의 속성으로 이루어져 있고 마지막 열이 우리의 타깃인 집 값(SalePrice)입니다.[2] 모두 1,460개의 샘플이 들어 있습니다.

이제 각 데이터가 어떤 유형으로 되어 있는지 알아보겠습니다.

```
df.dtypes
```

실행 결과

```
Id               int64
MSSubClass       int64
MSZoning         object
LotFrontage      float64
LotArea          int64
        ...
MoSold           int64
YrSold           int64
SaleType         object
SaleCondition    object
SalePrice        int64
Length: 81, dtype: object
```

---

2 각 속성에 관한 자세한 설명은 http://jse.amstat.org/v19n3/decock/DataDocumentation.txt를 참조하기 바랍니다.

정수형(int64)과 실수형(float64), 그리고 오브젝트형(object) 등 여러 유형이 있음을 알수 있습니다.

2 결측치, 카테고리 변수 처리하기

앞 장에서 다루었던 데이터와 차이점은 아직 전처리가 끝나지 않은 상태의 데이터라 측정 값이 없는 결측치가 있다는 것입니다. 결측치가 있는지 알아보는 함수는 isnull()입니다. 결측치가 모두 몇 개인지 세어 가장 많은 것부터 순서대로 나열한 후 처음 20개만 출력하는 코드는 다음과 같습니다.

```
df.isnull().sum().sort_values(ascending=False).head(20)
```

실행 결과

```
PoolQC          1453
MiscFeature     1406
Alley           1369
Fence           1179
FireplaceQu      690
LotFrontage      259
GarageYrBlt       81
GarageCond        81
GarageType        81
GarageFinish      81
GarageQual        81
BsmtFinType2      38
BsmtExposure      38
BsmtQual          37
BsmtCond          37
BsmtFinType1      37
MasVnrArea         8
MasVnrType         8
```

```
Electrical        1
Id                0
dtype: int64
```

결측치가 많은 항목은 1,460개의 샘플 중에서 1,453개나 비어 있을 만큼 빠진 곳이 많은 것을 확인할 수 있습니다.

이제 모델을 만들기 위해 데이터를 전처리하겠습니다. 먼저 12.3절에서 소개되었던 판다스의 get_dummies() 함수를 이용해 카테고리형 변수를 0과 1로 이루어진 변수로 바꾸어 줍니다.

```
df = pd.get_dummies(df)
```

그리고 결측치를 채워 줍니다. 결측치를 채워 주는 함수는 판다스의 fillna()입니다. 괄호 안에 df.mean()을 넣어 주면 평균값으로 채워 줍니다.

```
df = df.fillna(df.mean())
```

> **TIP**
> 특정한 값으로 대체하려면 fillna() 함수의 괄호 안에 해당 값을 적으면 됩니다. 예를 들어 결측치를 모두 0으로 바꾸려면 fillna(0)이 됩니다. dropna()를 사용하면 결측치가 있는 속성 또는 샘플을 제거해 줍니다. 이때 dropna(how='any')는 결측치가 하나라도 있으면 삭제하라는 의미이고, dropna(how='all')은 모든 값이 결측치일 때 삭제하라는 의미입니다.

이제 업데이트된 데이터 프레임을 출력해 보겠습니다.

```
df
```

	Id	MSSubClass	LotFrontage	LotArea	OverallQual	OverallCond	YearBuilt	YearRemodAdd	MasVnrArea	BsmtFinSF1	...
0	1	60	65.0	8450	7	5	2003	2003	196.0	706	...
1	2	20	80.0	9600	6	8	1976	1976	0.0	978	...
2	3	60	68.0	11250	7	5	2001	2002	162.0	486	...
3	4	70	60.0	9550	7	5	1915	1970	0.0	216	...
4	5	60	84.0	14260	8	5	2000	2000	350.0	655	...
...	...	...	...	...	...	...	...	...	...	...	...
1455	1456	60	62.0	7917	6	5	1999	2000	0.0	0	...
1456	1457	20	85.0	13175	6	6	1978	1988	119.0	790	...
1457	1458	70	66.0	9042	7	9	1941	2006	0.0	275	...
1458	1459	20	68.0	9717	5	6	1950	1996	0.0	49	...
1459	1460	20	75.0	9937	5	6	1965	1965	0.0	830	...

SaleType_WD	SaleCondition_Abnorml	SaleCondition_AdjLand	SaleCondition_Alloca	SaleCondition_Family	SaleCondition_Normal	SaleCondition_Partial
1	0	0	0	0	1	0
1	0	0	0	0	1	0
1	0	0	0	0	1	0
1	1	0	0	0	0	0
1	0	0	0	0	1	0
...	...	...	...	...	...	...
1	0	0	0	0	1	0
1	0	0	0	0	1	0
1	0	0	0	0	1	0
1	0	0	0	0	1	0
1	0	0	0	0	1	0

1460 rows × 290 columns

결측치는 보이지 않으며, 카테고리형 변수를 모두 원-핫 인코딩 처리하므로 전체 열이 81개에서 290개로 늘었습니다.

3 속성별 관련도 추출하기

이 중에서 우리에게 필요한 정보를 추출해 보겠습니다. 먼저 ❶ 데이터 사이의 상관관계를 df_corr 변수에 저장합니다. 그리고 ❷ 집 값과 관련이 큰 것부터 순서대로 정렬해 df_corr_sort 변수에 저장합니다. ❸ 집 값과 관련도가 가장 큰 열 개의 속성들을 출력합니다.

```
df_corr = df.corr() ⋯⋯ ❶
df_corr_sort = df_corr.sort_values('SalePrice', ascending=False) ⋯⋯ ❷
df_corr_sort['SalePrice'].head(10) ⋯⋯ ❸
```

```
SalePrice        1.000000
OverallQual      0.790982
GrLivArea        0.708624
GarageCars       0.640409
GarageArea       0.623431
TotalBsmtSF      0.613581
1stFlrSF         0.605852
FullBath         0.560664
BsmtQual_Ex      0.553105
TotRmsAbvGrd     0.533723
Name: SalePrice, dtype: float64
```

추출된 속성들과 집 값의 관련도를 시각적으로 확인하기 위해 상관도 그래프를 그려 보겠습니다.

```
cols = ['SalePrice','OverallQual','GrLivArea','GarageCars','GarageArea',
'TotalBsmtSF']
sns.pairplot(df[cols])
plt.show()
```

그림 15-1 | 추출된 속성들과 집 값의 관련도

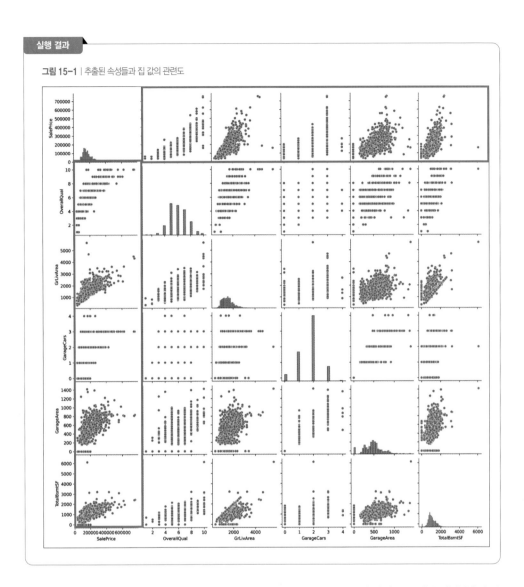

선택된 속성들이 집 값(SalePrice)과 양의 상관관계가 있음을 확인할 수 있습니다(빨간색 사각형으로 표시한 부분).

이제 앞서 구한 중요 속성을 이용해 학습셋과 테스트셋을 만들어 보겠습니다. 집 값을 y로, 나머지 열을 X_train_pre로 저장한 후 전체의 80%를 학습셋으로, 20%를 테스트셋으로 지정합니다.

```
cols_train = ['OverallQual','GrLivArea','GarageCars','GarageArea','TotalB
smtSF']
X_train_pre = df[cols_train]
y = df['SalePrice'].values
X_train, X_test, y_train, y_test = train_test_split(X_train_pre, y, test_
size=0.2)
```

모델의 구조와 실행 옵션을 설정합니다. 입력될 속성의 개수를 X_train.shape[1]로 지정해 자동으로 세도록 했습니다.

```
model = Sequential()
model.add(Dense(10, input_dim=X_train.shape[1], activation='relu'))
model.add(Dense(30, activation='relu'))
model.add(Dense(40, activation='relu'))
model.add(Dense(1))
model.summary()
```

실행에서 달라진 점은 손실 함수입니다. 선형 회귀이므로 평균 제곱 오차(mean_squared_error)를 적습니다.

```
model.compile(optimizer='adam', loss='mean_squared_error')
```

20번 이상 결과가 향상되지 않으면 자동으로 중단되게끔 합니다. 저장될 모델 이름을 'Ch15-house.keras'로 정하겠습니다. 모델은 차후 '22장. 캐글로 시작하는 새로운 도전'에서 다시 사용됩니다(검증셋을 추가하고 싶을 경우 앞서와 마찬가지로 학습셋, 검증셋, 테스트 셋의 비율을 각각 60%, 20%, 20%로 정하면 됩니다).

```python
early_stopping_callback = EarlyStopping(monitor='val_loss', patience=20)

modelpath = "./data/model/Ch15-house.keras"

checkpointer = ModelCheckpoint(filepath=modelpath, monitor='val_loss',
verbose=0, save_best_only=True)

history = model.fit(X_train, y_train, validation_split=0.25, epochs=2000,
batch_size=32, callbacks=[early_stopping_callback,checkpointer])
```

모든 코드를 실행하면 다음과 같습니다.

실습 | 주택 가격 예측하기

```python
from tensorflow.keras.models import Sequential
from tensorflow.keras.layers import Dense
from tensorflow.keras.callbacks import EarlyStopping
from sklearn.model_selection import train_test_split

import matplotlib.pyplot as plt
import seaborn as sns

import pandas as pd
import numpy as np

# 깃허브에 준비된 데이터를 가져옵니다.
```

```
!git clone https://github.com/taehojo/data.git

# 집 값 데이터를 불러옵니다.
df = pd.read_csv("./data/house_train.csv")

# 카테고리형 변수를 0과 1로 이루어진 변수로 바꾸어 줍니다.
df = pd.get_dummies(df)

# 결측치를 전체 칼럼의 평균으로 대체해 채워 줍니다.
df = df.fillna(df.mean())

# 데이터 사이의 상관관계를 저장합니다.
df_corr = df.corr()

# 집 값과 관련이 큰 것부터 순서대로 저장합니다.
df_corr_sort = df_corr.sort_values('SalePrice', ascending=False)

# 집 값을 제외한 나머지 열을 저장합니다.
cols_train = ['OverallQual','GrLivArea','GarageCars','GarageArea','TotalB
smtSF']
X_train_pre = df[cols_train]

# 집 값을 저장합니다.
y = df['SalePrice'].values

# 전체의 80%를 학습셋으로, 20%를 테스트셋으로 지정합니다.
X_train, X_test, y_train, y_test = train_test_split(X_train_pre, y, test_
size=0.2)

# 모델의 구조를 설정합니다.
model = Sequential()
model.add(Dense(10, input_dim=X_train.shape[1], activation='relu'))
model.add(Dense(30, activation='relu'))
model.add(Dense(40, activation='relu'))
```

```
model.add(Dense(1))
model.summary()

# 모델을 실행합니다.
model.compile(optimizer='adam', loss='mean_squared_error')

# 20번 이상 결과가 향상되지 않으면 자동으로 중단되게끔 합니다.
early_stopping_callback = EarlyStopping(monitor='val_loss', patience=20)

# 모델의 이름을 정합니다.
modelpath = "./data/model/Ch15-house.keras"

# 최적화 모델을 업데이트하고 저장합니다.
checkpointer = ModelCheckpoint(filepath=modelpath, monitor='val_loss',
verbose=0, save_best_only=True)

# 실행 관련 설정을 하는 부분입니다. 전체의 20%를 검증셋으로 설정합니다.
history = model.fit(X_train, y_train, validation_split=0.25, epochs=2000,
batch_size=32, callbacks=[early_stopping_callback,checkpointer])
```

실행 결과

```
Model: "sequential"


Layer (type)              Output Shape              Param #
=================================================================
dense (Dense)             (None, 10)                60


dense_1 (Dense)           (None, 30)                330


dense_2 (Dense)           (None, 40)                1240


dense_3 (Dense)           (None, 1)                 41
=================================================================
```

```
Total params: 1,671
Trainable params: 1,671
Non-trainable params: 0
_____

Epoch 1/2000
28/28 [==============================] - 0s 5ms/step - loss:
39256875008.0000 - val_loss: 38050066432.0000
... (중략) ...
Epoch 145/2000
28/28 [==============================] - 0s 2ms/step - loss:
1962943104.0000 - val_loss: 2011970944.0000
```

145번째에서 학습이 중단되었습니다.

잠깐만요 ⸺⸺⸺⸺⸺⸺⸺⸺⸺⸺⸺⸺⸺⸺⸺⸺⸺⸺⸺⸺⸺⸺⸺⸺⸺

학습 중단 시점은 실행할 때마다 다를 수 있습니다.

학습 결과를 시각화하기 위해 예측 값과 실제 값, 실행 번호가 들어갈 빈 리스트를 만들고
25개의 샘플로부터 얻은 결과를 채워 넣겠습니다.

```
real_prices = []
pred_prices = []
X_num = []

n_iter = 0
Y_prediction = model.predict(X_test).flatten()
for i in range(25):
    real = y_test[i]
    prediction = Y_prediction[i]
    print("실제가격: {:.2f}, 예상가격: {:.2f}".format(real, prediction))
    real_prices.append(real)
```

```
pred_prices.append(prediction)
n_iter = n_iter + 1
X_num.append(n_iter)
```

```
실제가격: 262500.00, 예상가격: 240051.36
실제가격: 78000.00, 예상가격: 118369.56
... (중략) ...
실제가격: 127000.00, 예상가격: 116693.46
실제가격: 485000.00, 예상가격: 357789.88
```

그래프를 통해 샘플로 뽑은 25개의 값을 비교해 봅니다.

```
plt.plot(X_num, pred_prices, label='predicted price')
plt.plot(X_num, real_prices, label='real price')
plt.legend()
plt.show()
```

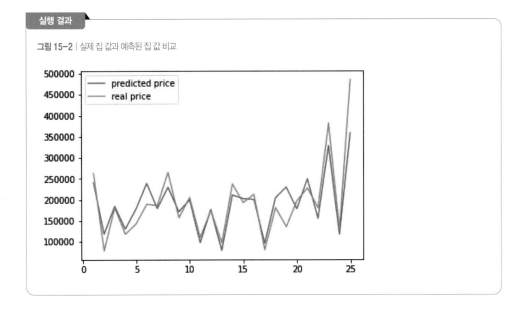

그림 15-2 | 실제 집 값과 예측된 집 값 비교

예측된 집 값의 곡선이 실제 집 값의 곡선과 유사하게 움직이고 있음을 볼 수 있습니다.

딥러닝 활용하기

이제 딥러닝을 정복할 차례입니다. 지금까지 딥러닝의 원리
와 기본 사용법을 배웠고 데이터를 가지고 다루는 방법을 익
혔습니다. 이번 마당에서는 지금까지 배운 내용을 적절히 활
용하면 얼마나 많은 것을 할 수 있는지 알게 될 것입니다. 딥
러닝의 가장 대표적인 활용법인 CNN과 RNN을 비롯해 일
선에서 많이 쓰이는 자연어 처리, GAN, 오토인코더, 전이
학습 등을 실습해 보며 딥러닝을 여러분의 것으로
만들어 보세요.

◉ **예제 소스** https://github.com/taehojo/deeplearning → 16장. 이미지 인식의 꽃, 컨볼루션 신경망(CNN) [구글 코랩 실행하기]
◉ **바로 가기** https://bit.ly/dl3-ch16

급히 전달받은 노트에 숫자가 적혀 있습니다. 뭐라고 썼는지 읽기에 그리 어렵지 않습니다. 일반적인 사람에게 이 사진에 나온 숫자를 읽어 보라고 하면 대부분 '504192'라고 읽겠지요. 그런데 컴퓨터에 이 글씨를 읽게 하고 이 글씨가 어떤 의미인지 알게 하는 과정은 쉽지 않습니다. 사람이 볼 때는 쉽게 알 수 있는 글씨라 해도 숫자 5는 어떤 특징을 가졌고, 숫자 9는 6과 어떻게 다른지 기계가 스스로 파악해 정확하게 읽고 판단하게 만드는 것은 머신 러닝의 오랜 진입 과제였습니다.

MNIST 데이터셋은 미국 국립표준기술원(NIST)이 고등학생과 인구조사국 직원 등이 쓴 손글씨를 이용해 만든 데이터로 구성되어 있습니다. 7만 개의 글자 이미지에 각각 0부터 9까지 이름표를 붙인 데이터셋으로, 머신 러닝을 배우는 사람이라면 자신의 알고리즘과 다른 알고리즘의 성과를 비교해 보고자 한 번씩 도전해 보는 유명한 데이터 중 하나이지요.

그림 16-1 | MNIST 손글씨 데이터 이미지

지금까지 배운 딥러닝을 이용해 과연 이 손글씨 이미지를 몇 %나 정확히 예측할 수 있을까요?

 이미지를 인식하는 원리

MNIST 데이터는 텐서플로의 케라스 API를 이용해 간단히 불러올 수 있습니다. 함수를 이용해서 사용할 데이터를 불러옵니다.

```
from tensorflow.keras.datasets import mnist
```

이때 불러온 이미지 데이터를 X로, 이 이미지에 0~9를 붙인 이름표를 y로 구분해 명명하겠습니다. 또한, 7만 개 중 학습에 사용될 부분은 train으로, 테스트에 사용될 부분은 test라는 이름으로 불러오겠습니다.

- 학습에 사용될 부분: X_train, y_train
- 테스트에 사용될 부분: X_test, y_test

```
(X_train, y_train), (X_test, y_test) = mnist.load_data()
```

케라스의 MNIST 데이터는 총 7만 개 이미지 중 6만 개를 학습용으로, 1만 개를 테스트용으로 미리 구분해 놓고 있습니다. 이를 다음과 같이 확인할 수 있습니다.

```
print("학습셋 이미지 수: %d개" % (X_train.shape[0]))
print("테스트셋 이미지 수: %d개" % (X_test.shape[0]))
```

실행 결과

```
학습셋 이미지 수: 60000개
테스트셋 이미지 수: 10000개
```

불러온 이미지 중 한 개만 다시 불러와 보겠습니다. 이를 위해 먼저 맷플롯립 라이브러리를 불러옵니다. 그리고 imshow( ) 함수를 이용해 이미지를 출력할 수 있습니다. 모든 이미지가 X_train에 저장되어 있으므로 X_train[0]으로 첫 번째 이미지를, cmap='Greys' 옵션을 지정해 흑백으로 출력되게 합니다.

```
import matplotlib.pyplot as plt

plt.imshow(X_train[0], cmap='Greys')
plt.show()
```

실행하면 그림 16-2와 같은 이미지가 출력됩니다.

그림 16-2 | MNIST 손글씨 데이터의 첫 번째 이미지

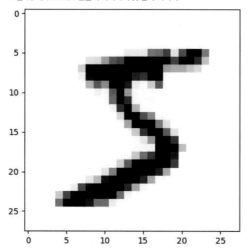

이 이미지를 컴퓨터는 어떻게 인식할까요?

이 이미지는 가로 28×세로 28 = 총 784개의 픽셀로 이루어져 있습니다. 각 픽셀은 밝기 정도에 따라 0부터 255까지 등급을 매깁니다. 흰색 배경이 0이라면 글씨가 들어간 곳은 1~255의 숫자 중 하나로 채워져 긴 행렬로 이루어진 하나의 집합으로 변환됩니다.

다음 코드로 이를 확인할 수 있습니다.

```python
for x in X_train[0]:
    for i in x:
        sys.stdout.write("%-3s" % i)
    sys.stdout.write('\n')
```

그림 16-3 | 그림의 각 좌표를 숫자로 표현해 보기

0	0	0	0	0	0	0	0	0	0	0	0	0	0	0	0	0	0	0	0	0	0	0	0	0	0	0	0
0	0	0	0	0	0	0	0	0	0	0	0	0	0	0	0	0	0	0	0	0	0	0	0	0	0	0	0
0	0	0	0	0	0	0	0	0	0	0	0	0	0	0	0	0	0	0	0	0	0	0	0	0	0	0	0
0	0	0	0	0	0	0	0	0	0	0	0	0	0	0	0	0	0	0	0	0	0	0	0	0	0	0	0
0	0	0	0	0	0	0	0	0	0	0	0	0	0	0	0	0	0	0	0	0	0	0	0	0	0	0	0
0	0	0	0	0	0	0	0	0	0	0	3	18	18	18	126	136	175	26	166	255	247	127	0	0	0	0	0
0	0	0	0	0	0	0	30	36	94	154	170	253	253	253	253	253	225	172	253	242	195	64	0	0	0	0	0
0	0	0	0	0	0	0	49	238	253	253	253	253	253	253	253	253	251	93	82	82	56	39	0	0	0	0	0
0	0	0	0	0	0	0	18	219	253	253	253	253	253	198	182	247	241	0	0	0	0	0	0	0	0	0	0
0	0	0	0	0	0	0	0	80	156	107	253	253	205	11	0	43	154	0	0	0	0	0	0	0	0	0	0
0	0	0	0	0	0	0	0	0	14	1	154	253	90	0	0	0	0	0	0	0	0	0	0	0	0	0	0
0	0	0	0	0	0	0	0	0	0	139	253	190	2	0	0	0	0	0	0	0	0	0	0	0	0	0	0
0	0	0	0	0	0	0	0	0	0	11	190	253	70	0	0	0	0	0	0	0	0	0	0	0	0	0	0
0	0	0	0	0	0	0	0	0	0	0	35	241	225	160	108	1	0	0	0	0	0	0	0	0	0	0	0
0	0	0	0	0	0	0	0	0	0	0	0	81	240	253	253	119	25	0	0	0	0	0	0	0	0	0	0
0	0	0	0	0	0	0	0	0	0	0	0	0	45	186	253	253	150	27	0	0	0	0	0	0	0	0	0
0	0	0	0	0	0	0	0	0	0	0	0	0	0	16	93	252	253	187	0	0	0	0	0	0	0	0	0
0	0	0	0	0	0	0	0	0	0	0	0	0	0	0	0	249	253	249	64	0	0	0	0	0	0	0	0
0	0	0	0	0	0	0	0	0	0	0	0	46	130	183	253	253	207	2	0	0	0	0	0	0	0	0	0
0	0	0	0	0	0	0	0	0	0	39	148	229	253	253	253	250	182	0	0	0	0	0	0	0	0	0	0
0	0	0	0	0	0	0	0	0	24	114	221	253	253	253	253	201	78	0	0	0	0	0	0	0	0	0	0
0	0	0	0	0	0	0	23	66	213	253	253	253	253	198	81	2	0	0	0	0	0	0	0	0	0	0	0
0	0	0	0	0	0	18	171	219	253	253	253	253	195	80	9	0	0	0	0	0	0	0	0	0	0	0	0
0	0	0	0	55	172	226	253	253	253	253	244	133	11	0	0	0	0	0	0	0	0	0	0	0	0	0	0
0	0	0	0	136	253	253	253	212	135	132	16	0	0	0	0	0	0	0	0	0	0	0	0	0	0	0	0
0	0	0	0	0	0	0	0	0	0	0	0	0	0	0	0	0	0	0	0	0	0	0	0	0	0	0	0
0	0	0	0	0	0	0	0	0	0	0	0	0	0	0	0	0	0	0	0	0	0	0	0	0	0	0	0
0	0	0	0	0	0	0	0	0	0	0	0	0	0	0	0	0	0	0	0	0	0	0	0	0	0	0	0

바로 이렇게 이미지는 다시 숫자의 집합으로 바뀌어 학습셋으로 사용됩니다. 우리가 앞서 배운 여러 예제와 마찬가지로 속성을 담은 데이터를 딥러닝에 집어넣고 클래스를 예측하는 문제로 전환시키는 것이지요. 28×28 = 784개의 속성을 이용해 0~9의 클래스 열 개 중 하나를 맞히는 문제가 됩니다.

이제 주어진 가로 28, 세로 28의 2차원 배열을 784개의 1차원 배열로 바꾸어 주어야 합니다. 이를 위해 reshape( ) 함수를 사용합니다.

reshape(총 샘플 수, 1차원 속성의 개수) 형식으로 지정합니다. 총 샘플 수는 앞서 사용한 X_train.shape[0]을 이용하고, 1차원 속성의 개수는 이미 살펴본 대로 784개입니다.

```
X_train = X_train.reshape(X_train.shape[0], 784)
```

케라스는 데이터를 0에서 1 사이의 값으로 변환한 후 구동할 때 최적의 성능을 보입니다. 따라서 현재 0~255 사이의 값으로 이루어진 값을 0~1 사이의 값으로 바꾸어야 합니다. 바꾸

는 방법은 각 값을 255로 나누는 것입니다. 이렇게 데이터의 폭이 클 때 적절한 값으로 분산의 정도를 바꾸는 과정을 데이터 정규화(normalization)라고 합니다.

현재 주어진 데이터 값은 0부터 255까지의 정수로, 정규화를 위해 255로 나누어 주려면 먼저 이 값을 실수형으로 바꾸어야 합니다. 따라서 다음과 같이 astype( ) 함수를 이용해 실수형으로 바꾼 후 255로 나눕니다.

```
X_train = X_train.astype('float64')
X_train = X_train / 255
```

X_test에도 마찬가지로 이 작업을 적용합니다. 다음과 같이 한 번에 적용시키겠습니다.

```
X_test = X_test.reshape(X_test.shape[0], 784).astype('float64') / 255
```

이제 숫자 이미지에 매겨진 이름을 확인해 보겠습니다. 우리는 앞서 불러온 숫자 이미지가 5라는 것을 눈으로 보아 짐작할 수 있습니다. 실제로 이 숫자의 레이블이 어떤지 불러오고자 y_train[0]을 다음과 같이 출력해 보겠습니다.

```
print("class : %d " % (y_train[0]))
```

그러면 이 숫자의 레이블 값인 5가 출력되는 것을 볼 수 있습니다.

실행 결과
```
class : 5
```

그런데 12장에서 아이리스 품종을 예측할 때 딥러닝의 분류 문제를 해결하려면 원-핫 인코딩 방식을 적용해야 한다고 배웠습니다(159쪽 참조). 즉, 0~9의 정수형 값을 갖는 현재 형태에서 0 또는 1로만 이루어진 벡터로 값을 수정해야 합니다.

지금 우리가 열어 본 이미지의 클래스는 [5]였습니다. 이를 [0,0,0,0,0,1,0,0,0,0]으로 바꾸어야 합니다. 이를 가능하게 해 주는 함수가 바로 np_utils.to_categorical( ) 함수입니다. to_categorical(클래스, 클래스의 개수) 형식으로 지정합니다.

```
y_train = to_categorical(y_train, 10)
y_test = to_categorical(y_test, 10)
```

이제 변환된 값을 출력해 보겠습니다.

```
print(y_train[0])
```

다음과 같이 원-핫 인코딩이 적용된 것을 확인할 수 있습니다.

실행 결과

```
[ 0.  0.  0.  0.  0.  1.  0.  0.  0.  0.]
```

이제 딥러닝을 실행할 준비를 모두 마쳤습니다.

실습 I MNIST 손글씨 인식하기: 데이터 전처리

```
from tensorflow.keras.datasets import mnist
from tensorflow.keras.utils import to_categorical

import matplotlib.pyplot as plt
import sys

# MNIST 데이터셋을 불러와 학습셋과 테스트셋으로 저장합니다.
(X_train, y_train), (X_test, y_test) = mnist.load_data()
```

```python
# 학습셋과 테스트셋이 각각 몇 개의 이미지로 되어 있는지 확인합니다.
print("학습셋 이미지 수: %d개" % (X_train.shape[0]))
print("테스트셋 이미지 수: %d개" % (X_test.shape[0]))

# 첫 번째 이미지를 확인해 봅시다.
plt.imshow(X_train[0], cmap='Greys')
plt.show()

# 이미지가 인식되는 원리를 알아봅시다.
for x in X_train[0]:
    for i in x:
        sys.stdout.write("%-3s" % i)
    sys.stdout.write('\n')

# 차원 변환 과정을 실습해 봅니다.
X_train = X_train.reshape(X_train.shape[0], 784)
X_train = X_train.astype('float64')
X_train = X_train / 255

X_test = X_test.reshape(X_test.shape[0], 784).astype('float64') / 255

# 클래스 값을 확인해 봅니다.
print("class : %d " % (y_train[0]))

# 바이너리화 과정을 실습해 봅니다.
y_train = to_categorical(y_train, 10)
y_test = to_categorical(y_test, 10)

print(y_train[0])
```

2 딥러닝 기본 프레임 만들기

이제 불러온 데이터를 실행할 차례입니다. 총 6만 개의 학습셋과 1만 개의 테스트셋을 불러와 속성 값을 지닌 X, 클래스 값을 지닌 y로 구분하는 작업을 다시 한 번 정리하면 다음과 같습니다.

```python
from tensorflow.keras.datasets import mnist

# MNIST 데이터를 불러옵니다.
(X_train, y_train), (X_test, y_test) = mnist.load_data()

# 차원 변환 후, 테스트셋과 학습셋으로 나눕니다.
X_train = X_train.reshape(X_train.shape[0], 784).astype('float32') / 255
X_test = X_test.reshape(X_test.shape[0], 784).astype('float32') / 255

y_train = to_categorical(y_train, 10)
y_test = to_categorical(y_test, 10)
```

이제 딥러닝을 실행하고자 프레임을 설정합니다. 총 784개의 속성이 있고 열 개의 클래스가 있습니다. 따라서 다음과 같이 딥러닝 프레임을 만들 수 있습니다.

```python
model = Sequential()
model.add(Dense(512, input_dim=784, activation='relu'))
model.add(Dense(10, activation='softmax'))
```

입력 값(input_dim)이 784개, 은닉층이 512개, 출력이 열 개인 모델입니다. 활성화 함수로 은닉층에서는 relu를, 출력층에서는 softmax를 사용했습니다.

그리고 딥러닝 실행 환경을 위해 오차 함수로 categorical_crossentropy, 최적화 함수로 adam을 사용하겠습니다.

```
model.compile(loss='categorical_crossentropy', optimizer='adam',
metrics=['accuracy'])
```

모델 실행에 앞서 먼저 성과를 저장하고, 모델의 최적화 단계에서는 학습을 자동 중단하게 끔 설정하겠습니다. 14장에서 배운 내용과 같습니다(194쪽 참조). 열 번 이상 모델 성능이 향상되지 않으면 자동으로 학습을 중단합니다.

```
from tensorflow.keras.callbacks import ModelCheckpoint, EarlyStopping

# 모델 최적화를 위한 설정 구간입니다.
modelpath = "./MNIST_MLP.keras"
checkpointer = ModelCheckpoint(filepath=modelpath, monitor='val_loss',
verbose=1, save_best_only=True)
early_stopping_callback = EarlyStopping(monitor='val_loss', patience=10)
```

잠깐만요

주피터 노트북에서 실습한다면 다음 코드가 modelpath 코드 윗부분에 추가됩니다. 예제 파일을 참고하세요.

```
MODEL_DIR = './model/'
if not os.path.exists(MODEL_DIR):
    os.mkdir(MODEL_DIR)
```

샘플 200개를 모두 30번 실행하게끔 설정합니다. 그리고 테스트셋으로 최종 모델의 성과를 측정해 그 값을 출력합니다.

```
# 모델을 실행합니다.
history = model.fit(X_train, y_train, validation_split=0.25, epochs=30,
batch_size=200, verbose=0, callbacks=[early_stopping_callback,
checkpointer])

# 테스트 정확도를 출력합니다.
print("\n Test Accuracy: %.4f" % (model.evaluate(X_test, y_test)[1]))
```

실행 결과를 그래프로 표현해 보겠습니다. 역시 14장에서 실습한 내용과 크게 다르지 않습니다. 다만 이번에는 학습셋의 정확도 대신 학습셋의 오차를 그래프로 표현하겠습니다. 학습셋의 오차는 1에서 학습셋의 정확도를 뺀 값입니다. 좀 더 세밀한 변화를 볼 수 있게 학습셋의 오차와 검증셋의 오차를 그래프 하나로 나타내겠습니다.

```
import matplotlib.pyplot as plt

y_vloss = history.history['val_loss']

# 학습셋의 오차
y_loss = history.history['loss']

# 그래프로 표현합니다.
x_len = np.arange(len(y_loss))
plt.plot(x_len, y_vloss, marker='.', c="red", label='Testset_loss')
plt.plot(x_len, y_loss, marker='.', c="blue", label='Trainset_loss')

# 그래프에 그리드를 주고 레이블을 표시합니다.
plt.legend(loc='upper right')
plt.grid()
plt.xlabel('epoch')
plt.ylabel('loss')
plt.show()
```

지금까지 내용을 스크립트 하나로 정리하면 다음과 같습니다.

실습 | MNIST 손글씨 인식하기: 기본 프레임

```python
from tensorflow.keras.models import Sequential
from tensorflow.keras.layers import Dense
from tensorflow.keras.callbacks import ModelCheckpoint, EarlyStopping
from tensorflow.keras.datasets import mnist
from tensorflow.keras.utils import to_categorical

import matplotlib.pyplot as plt
import numpy as np
import os

# MNIST 데이터를 불러옵니다.
(X_train, y_train), (X_test, y_test) = mnist.load_data()

# 차원 변환 후, 테스트셋과 학습셋으로 나눕니다.
X_train = X_train.reshape(X_train.shape[0], 784).astype('float32') / 255
X_test = X_test.reshape(X_test.shape[0], 784).astype('float32') / 255

y_train = to_categorical(y_train, 10)
y_test = to_categorical(y_test, 10)

# 모델 구조를 설정합니다.
model = Sequential()
model.add(Dense(512, input_dim=784, activation='relu'))
model.add(Dense(10, activation='softmax'))
model.summary()
```

```python
# 모델 실행 환경을 설정합니다.
model.compile(loss='categorical_crossentropy', optimizer='adam',
metrics=['accuracy'])

# 모델 최적화를 위한 설정 구간입니다.
modelpath = "./MNIST_MLP.keras"
checkpointer = ModelCheckpoint(filepath=modelpath, monitor='val_loss',
verbose=1, save_best_only=True)
early_stopping_callback = EarlyStopping(monitor='val_loss', patience=10)

# 모델을 실행합니다.
history = model.fit(X_train, y_train, validation_split=0.25, epochs=30,
batch_size=200, verbose=0, callbacks=[early_stopping_callback,
checkpointer])

# 테스트 정확도를 출력합니다.
print("\n Test Accuracy: %.4f" % (model.evaluate(X_test, y_test)[1]))

# 검증셋과 학습셋의 오차를 저장합니다.
y_vloss = history.history['val_loss']
y_loss = history.history['loss']

# 그래프로 표현해 봅니다.
x_len = np.arange(len(y_loss))
plt.plot(x_len, y_vloss, marker='.', c="red", label='Testset_loss')
plt.plot(x_len, y_loss, marker='.', c="blue", label='Trainset_loss')

# 그래프에 그리드를 주고 레이블을 표시해 보겠습니다.
plt.legend(loc='upper right')
plt.grid()
plt.xlabel('epoch')
plt.ylabel('loss')
plt.show()
```

Epoch 00001: val_loss improved from inf to 0.18529, saving model to ../
data/model\MNIST_MLP.keras

... (중략) ...

Epoch 00013: val_loss improved from 0.08235 to 0.08088, saving model to ../
data/model\MNIST_MLP.keras

... (중략) ...

Epoch 00023: val_loss did not improve from 0.08088

313/313 [==============================] - 1s 1ms/step - loss: 0.0711 -
accuracy: 0.9816

Test Accuracy: 0.9816

그림 16-4 | 학습이 진행될 때 학습셋과 테스트셋의 오차 변화

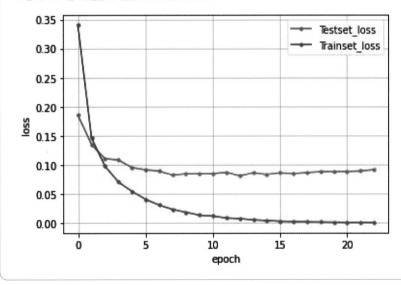

23번째 실행에서 멈춘 것을 확인할 수 있습니다. 베스트 모델은 13번째 에포크일 때이며, 이 모델의 테스트셋에 대한 정확도는 98.16%입니다. 함께 출력되는 그래프로 실행 내용을 확인할 수 있습니다.

학습셋에 대한 오차는 계속해서 줄어듭니다. 학습셋의 과적합이 일어나기 전 학습을 끝낸 모습입니다.

앞서 98.16%의 정확도를 보인 딥러닝 프레임은 하나의 은닉층을 둔 아주 단순한 모델입니다. 이를 도식화해서 표현하면 그림 16-5와 같습니다.

그림 16-5 | 은닉층이 하나인 딥러닝 모델의 도식

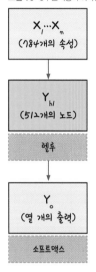

딥러닝은 이러한 기본 모델을 바탕으로 프로젝트에 맞추어 어떤 옵션을 더하고 어떤 층을 추가하느냐에 따라 성능이 좋아질 수 있습니다. 지금부터는 기본 딥러닝 프레임에 이미지 인식 분야에서 강력한 성능을 보이는 컨볼루션 신경망(Convolutional Neural Network, CNN)을 얹어 보겠습니다.

3 컨볼루션 신경망(CNN)

컨볼루션 신경망은 입력된 이미지에서 다시 한 번 특징을 추출하기 위해 커널(슬라이딩 윈도)을 도입하는 기법입니다. 예를 들어 입력된 이미지가 다음과 같은 값을 가지고 있다고 합시다.

1	0	1	0
0	1	1	0
0	0	1	1
0	0	1	0

여기에 2×2 커널을 준비합니다. 각 칸에는 가중치가 들어 있습니다. 샘플 가중치를 다음과 같이 ×1, ×0이라고 하겠습니다.

×1	×0
×0	×1

이제 커널을 맨 왼쪽 윗칸에 적용시켜 보겠습니다.

1×1	0×0	1	0
0×0	1×1	1	0
0	0	1	1
0	0	1	0

적용된 부분은 원래 있던 값에 가중치의 값을 곱합니다. 그 결과를 합하면 새로 추출된 값은 2가 됩니다.

$$(1 \times 1) + (0 \times 0) + (0 \times 0) + (1 \times 1) = 2$$

이 커널을 한 칸씩 옮겨 모두 적용해 보겠습니다.

1×1	0×0	1	0
0×0	1×1	1	0
0	0	1	1
0	0	1	0

1	0×1	1×0	0
0	1×0	1×1	0
0	0	1	1
0	0	1	0

1	0	1×1	0×0
0	1	1×0	0×1
0	0	1	1
0	0	1	0

1	0	1	0
0×1	1×0	1	0
0×0	0×1	1	1
0	0	1	0

1	0	1	0
0	1×1	1×0	0
0	0×0	1×1	1
0	0	1	0

1	0	1	0
0	1	1×1	0×0
0	0	1×0	1×1
0	0	1	0

1	0	1	0
0	1	1	0
0×1	0×0	1	1
0×0	0×1	1	0

1	0	1	0
0	1	1	0
0	0×1	1×0	1
0	0×0	1×1	0

1	0	1	0
0	1	1	0
0	0	1×1	1×0
0	0	1×0	0×1

그 결과를 정리하면 다음과 같습니다.

2	1	1
0	2	2
0	1	1

이렇게 해서 새롭게 만들어진 층을 컨볼루션(합성곱) 층이라고 합니다. 컨볼루션 층을 만들면 입력 데이터가 가진 특징을 대략적으로 추출해서 학습을 진행할 수 있습니다. 이러한 커널을 여러 개 만들 경우 여러 개의 컨볼루션 층이 만들어집니다.

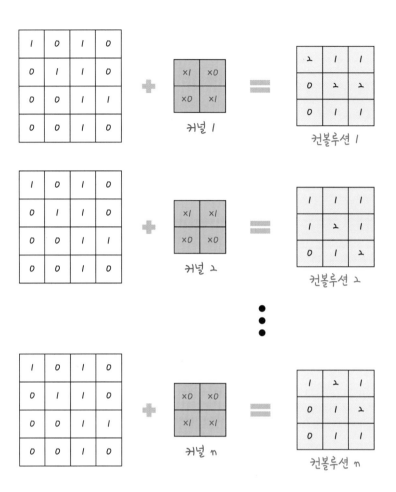

케라스에서 컨볼루션 층을 추가하는 함수는 Conv2D( )입니다. 다음과 같이 컨볼루션 층을 적용해 MNIST 손글씨 인식률을 높여 봅시다.

```
model.add(Conv2D(32, kernel_size=(3,3), input_shape=(28,28,1),
activation='relu'))
```

여기에 입력된 네 가지 인자는 다음과 같습니다.

1 | 첫 번째 인자: 커널을 몇 개 적용할지 정합니다. 여기서는 32개의 커널을 적용했습니다.

2 | kernel_size: 커널의 크기를 정합니다. kernel_size=(행, 열) 형식으로 정하며, 여기서는 3×3 크기의 커널을 사용하게끔 정했습니다.

3 | input_shape: Dense 층과 마찬가지로 맨 처음 층에는 입력되는 값을 알려 주어야 합니다. input_shape=(행, 열, 색상 또는 흑백) 형식으로 정합니다. 만약 입력 이미지가 색상이면 3, 흑백이면 1을 지정합니다. 여기서는 28×28 크기의 흑백 이미지를 사용하도록 정했습니다.

4 | activation: 사용할 활성화 함수를 정의합니다.

이어서 컨볼루션 층을 하나 더 추가해 보겠습니다. 다음과 같이 커널의 수는 64개, 커널의 크기는 3×3으로 지정하고 활성화 함수로 렐루를 사용하는 컨볼루션 층을 추가합니다.

```
model.add(Conv2D(64, (3, 3), activation='relu'))
```

컨볼루션 층을 추가한 그림을 그려 보면 그림 16-6과 같습니다.

그림 16-6 | 컨볼루션 층의 적용

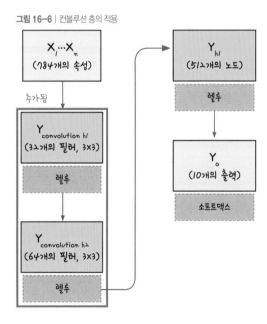

4 　 맥스 풀링, 드롭아웃, 플래튼

앞서 구현한 컨볼루션 층을 통해 이미지 특징을 도출했습니다. 하지만 그 결과가 여전히 크고 복잡하면 이를 다시 한 번 축소해야 합니다. 이 과정을 풀링(pooling) 또는 서브 샘플링(sub sampling)이라고 합니다.

이러한 풀링 기법에는 정해진 구역 안에서 최댓값을 뽑아내는 **맥스 풀링**(max pooling)과 평균값을 뽑아내는 **평균 풀링**(average pooling) 등이 있습니다. 이 중 보편적으로 사용되는 맥스 풀링의 예를 들어 보겠습니다. 다음과 같은 이미지가 있다고 합시다.

1	0	1	0
0	4	2	0
0	1	6	1
0	0	1	0

맥스 풀링을 적용하면 다음과 같이 구역을 나눕니다.

1	0	1	0
0	4	2	0
0	1	6	1
0	0	1	0

그리고 각 구역에서 가장 큰 값을 추출합니다.

이 과정을 거쳐 불필요한 정보를 간추립니다. 맥스 풀링은 MaxPooling2D( ) 함수를 사용해서 다음과 같이 적용할 수 있습니다.

```
model.add(MaxPooling2D(pool_size=(2,2)))
```

pool_size를 통해 풀링 창의 크기를 정하게 됩니다. (2,2)는 가로 2, 세로 2 크기의 풀링 창을 통해 맥스 풀링을 진행하라는 의미입니다.

그림 16-7 | 맥스 풀링 층 추가

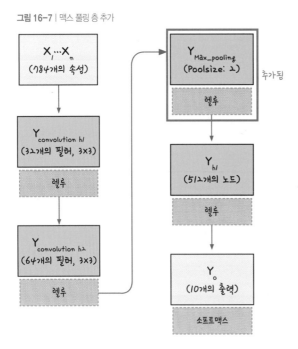

■ 드롭아웃, 플래튼

노드가 많아지거나 층이 많아진다고 해서 학습이 무조건 좋아지는 것이 아니라는 점을 과적합 의미를 공부하며 배웠습니다. 딥러닝에서 학습을 진행할 때 가장 중요한 것은 과적합을 얼마나 효과적으로 피해 가는지에 달려 있다고 해도 과언이 아닙니다. 따라서 그동안 이러한 과정을 도와주는 기법이 연구되어 왔습니다. 그중 간단하지만 효과가 큰 기법이 바로 **드롭아웃**(drop out) 기법입니다. 드롭아웃은 은닉층에 배치된 노드 중 일부를 임의로 꺼 주는 것입니다.

그림 16-8 | 드롭아웃의 개요, 검은색으로 표시된 노드는 계산하지 않는다

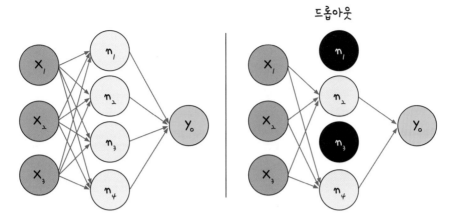

이렇게 랜덤하게 노드를 꺼 주면 학습 데이터에 지나치게 치우쳐서 학습되는 과적합을 방지할 수 있습니다. 케라스는 이러한 드롭아웃을 손쉽게 적용하도록 도와줍니다. 예를 들어 25%의 노드를 끄려면 다음과 같이 코드를 작성하면 됩니다.

```
model.add(Dropout(0.25))
```

이제 이러한 과정을 지나 다시 앞에서 Dense( ) 함수를 이용해 만들었던 기본 층에 연결해 볼까요? 이때 주의할 점은 컨볼루션 층이나 맥스 풀링은 주어진 이미지를 2차원 배열인 채로 다룬다는 것입니다. 이를 1차원 배열로 바꾸어 주어야 활성화 함수가 있는 층에서 사용할 수 있습니다. 따라서 Flatten( ) 함수를 사용해 2차원 배열을 1차원으로 바꾸어 줍니다.

```
model.add(Flatten())
```

이를 포함해서 새롭게 구현할 딥러닝 프레임을 그림 16-9와 같이 설정해 보겠습니다.

그림 16-9 | 드롭아웃과 플래튼 추가하기

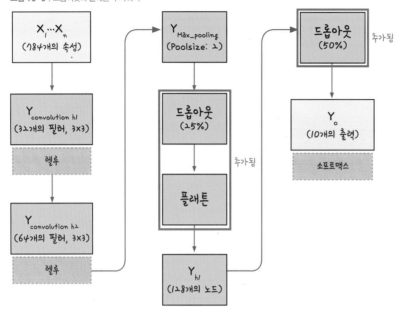

 컨볼루션 신경망 실행하기

지금까지 살펴본 내용을 코드로 작성해 보겠습니다. 앞서 16.2절에서 만든 딥러닝 기본 프레임 코드를 그대로 이용하되 model 설정 부분만 지금까지 나온 내용으로 바꾸어 주면 됩니다.

실습 | MNIST 손글씨 인식하기: 컨볼루션 신경망 적용

```
from tensorflow.keras.models import Sequential
from tensorflow.keras.layers import Dense, Dropout, Flatten, Conv2D, Max
Pooling2D
from tensorflow.keras.callbacks import ModelCheckpoint, EarlyStopping
from tensorflow.keras.datasets import mnist
from tensorflow.keras.utils import to_categorical
```

```python
import matplotlib.pyplot as plt
import numpy as np

# 데이터를 불러옵니다.
(X_train, y_train), (X_test, y_test) = mnist.load_data()
X_train = X_train.reshape(X_train.shape[0], 28, 28, 1).astype('float32') / 255
X_test = X_test.reshape(X_test.shape[0], 28, 28, 1).astype('float32') / 255
y_train = to_categorical(y_train)
y_test = to_categorical(y_test)

# 컨볼루션 신경망의 설정
model = Sequential()
model.add(Conv2D(32, kernel_size=(3,3), input_shape=(28,28,1),
activation='relu'))
model.add(Conv2D(64, (3,3), activation='relu'))
model.add(MaxPooling2D(pool_size=(2,2)))
model.add(Dropout(0.25))
model.add(Flatten())
model.add(Dense(128, activation='relu'))
model.add(Dropout(0.5))
model.add(Dense(10, activation='softmax'))

# 모델의 실행 옵션을 설정합니다.
model.compile(loss='categorical_crossentropy', optimizer='adam',
metrics=['accuracy'])

# 모델 최적화를 위한 설정 구간입니다.
modelpath = "./MNIST_CNN.keras"
checkpointer = ModelCheckpoint(filepath=modelpath, monitor='val_loss',
verbose=1, save_best_only=True)
early_stopping_callback = EarlyStopping(monitor='val_loss', patience=10)
```

```
# 모델을 실행합니다.
history = model.fit(X_train, y_train, validation_split=0.25, epochs=30,
batch_size=200, verbose=0, callbacks=[early_stopping_callback,
checkpointer])

# 테스트 정확도를 출력합니다.
print("\n Test Accuracy: %.4f" % (model.evaluate(X_test, y_test)[1]))

# 검증셋과 학습셋의 오차를 저장합니다.
y_vloss = history.history['val_loss']
y_loss = history.history['loss']

# 그래프로 표현해 봅니다.
x_len = np.arange(len(y_loss))
plt.plot(x_len, y_vloss, marker='.', c="red", label='Testset_loss')
plt.plot(x_len, y_loss, marker='.', c="blue", label='Trainset_loss')

# 그래프에 그리드를 주고 레이블을 표시하겠습니다.
plt.legend(loc='upper right')
plt.grid()
plt.xlabel('epoch')
plt.ylabel('loss')
plt.show()
```

```
Epoch 00001: val_loss improved from inf to 0.08178, saving model to ../
data/model\MNIST_CNN.keras
... (중략) ...
Epoch 00008: val_loss improved from 0.04101 to 0.03858, saving model to ../
data/model\MNIST_CNN.keras
```

```
... (중략) ...

Epoch 00023: val_loss did not improve from 0.03742
313/313 [==============================] - 2s 6ms/step - loss: 0.0341 -
accuracy: 0.9917


 Test Accuracy: 0.9917
```

그림 16-10 | 학습 진행에 따른 학습셋과 검증셋의 오차 변화

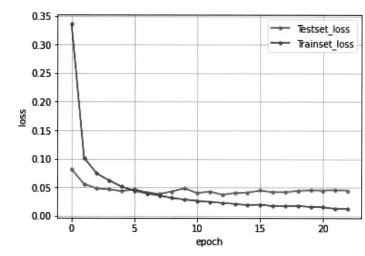

8번째 에포크에서 베스트 모델을 만들었고 23번째 에포크에서 학습이 중단되었습니다. 테스트 정확도는 99.17%로 향상되었습니다.

학습 과정을 그래프로 확인해 본 결과, 컨볼루션 신경망 모델로 만든 학습셋과 검증셋의 오차가 이전의 얕은 구조로 만든 딥러닝 모델보다 작아졌음을 볼 수 있습니다.

99.17%의 정확도는 1만 개의 테스트 이미지 중 9,917개를 맞혔다는 의미입니다. 바로 앞의 'MNIST 손글씨 인식하기: 기본 프레임' 실습(225쪽)에서는 정확도가 98.16%였으므로 101개의 이미지를 더 맞혔습니다. 100% 다 맞히지 못한 이유는 데이터 안에 다음과 같이 확인할 수 없는 글씨가 있었기 때문입니다.

그림 16-11 | 알아내지 못한 숫자의 예

우리가 만든 딥러닝 모델은 이미 사람의 인식 정도와 같거나 이를 뛰어넘는 인식률을 보여
준다고 해도 과언이 아니지요?

◉ **예제 소스** https://github.com/taehojo/deeplearning → 17장. 딥러닝을 이용한 자연어 처리 [구글 코랩 실행하기]
◉ **바로 가기** https://bit.ly/dl3-ch17

애플의 시리(siri), 구글의 어시스턴트(assistant), 아마존의 알렉사(alexa)나 네이버의 클로바(clova)까지 AI 비서라고 불리는 대화형 인공지능이 서로 경쟁하고 있습니다. 업무를 도와주고 삶의 질을 높여 주는 인공지능 비서 서비스를 누구나 사용하는 시대가 왔습니다. 스마트폰이나 스피커, 앱 같은 형태로 보급되는 인공지능 비서가 갖추어야 할 필수 능력은 사람의 언어를 이해하는 것입니다. 문장을 듣고 무엇을 의미하는지 알아야 서비스를 제공해 줄 수 있기 때문이지요. 이 장에서는 이러한 능력을 만들어 주는 **자연어 처리**(Natural Language Processing, NLP)의 기본을 배울 것입니다. 자연어란 우리가 평소에 말하는 음성이나 텍스트를 의미합니다. 즉, 자연어 처리는 이러한 음성이나 텍스트를 컴퓨터가 인식하고 처리하는 것이지요.

컴퓨터를 이용해 인간의 말을 알아듣는 연구는 딥러닝이 나오기 이전부터 계속되어 왔습니다. 하지만 언어의 규칙은 컴퓨터의 규칙과 달리 쉽게 해결되지 않는 여러 문제를 안고 있었는데, 딥러닝이 등장하면서 자연어 처리 연구가 활발해지기 시작했습니다. 이는 대용량 데이터를 학습할 수 있는 딥러닝의 속성 때문입니다. 즉, 비교적 쉽게 얻을 수 있는 자연어 데이터를 지속적으로 입력해 끊임없이 학습하는 것이 가능해졌기 때문이지요.

텍스트 자료를 모았다고 해서 이를 딥러닝에 그대로 입력할 수 있는 것은 아닙니다. 컴퓨터 알고리즘은 수치로 된 데이터만 이해할 뿐 텍스트는 이해할 수 없기 때문입니다. 따라서 텍스트를 정제하는 전처리 과정이 꼭 필요합니다. 여기서는 자연어 처리를 위해 텍스트를 전처리하는 과정부터 알아보겠습니다.

 ## 1 텍스트의 토큰화

먼저 해야 할 일은 텍스트를 잘게 나누는 것입니다. 입력할 텍스트가 준비되면 이를 단어별, 문장별, 형태소별로 나눌 수 있는데, 이렇게 작게 나누어진 하나의 단위를 **토큰**(token)이라고 합니다. 그래서 입력된 텍스트를 잘게 나누는 과정을 **토큰화**(tokenization)라고 합니다. 예를 들어 다음 문장이 주어졌다고 가정해 봅시다.

> '해보지 않으면 해낼 수 없다'

케라스가 제공하는 text 모듈의 text_to_word_sequence( ) 함수를 사용하면 문장을 단어 단위로 쉽게 나눌 수 있습니다. 해당 함수를 불러와 전처리할 텍스트를 지정한 후 다음과 같이 토큰화합니다.

```
from tensorflow.keras.preprocessing.text import text_to_word_sequence

# 전처리할 텍스트를 정합니다.
text = '해보지 않으면 해낼 수 없다'

# 해당 텍스트를 토큰화합니다.
result = text_to_word_sequence(text)
print("\n원문:\n", text)
print("\n토큰화:\n", result)
```

결과는 다음과 같이 출력됩니다.

실행 결과

원문:
 해보지 않으면 해낼 수 없다

토큰화:
 ['해보지', '않으면', '해낼', '수', '없다']

이렇게 주어진 텍스트를 단어 단위로 쪼개고 나면 이를 이용해 여러 가지를 할 수 있습니다. 예를 들어 각 단어가 몇 번이나 중복해서 쓰였는지 알 수 있습니다. 단어의 빈도수를 알면 텍스트에서 중요한 역할을 하는 단어를 파악할 수 있겠지요. 따라서 텍스트를 단어 단위로 쪼개는 것은 가장 많이 쓰이는 전처리 과정입니다.

Bag-of-Words라는 방법이 이러한 전처리를 일컫는 말인데, '단어의 가방(bag of words)'이라는 뜻 그대로, 같은 단어끼리 따로따로 가방에 담은 후 각 가방에 몇 개의 단어가 들어 있는지 세는 기법입니다.

예를 들어 다음과 같은 세 개의 문장이 있다고 합시다.

> 먼저 텍스트의 각 단어를 나누어 토큰화합니다.
> 텍스트의 단어로 토큰화해야 딥러닝에서 인식됩니다.
> 토큰화한 결과는 딥러닝에서 사용할 수 있습니다.

이 세 문장에 등장하는 단어를 모두 세어 보고 출현 빈도가 가장 높은 것부터 나열해 보면, '토큰화'가 3회, '딥러닝에서'가 2회, '텍스트의'가 2회, 그리고 나머지 단어들이 1회씩입니다. 가장 많이 사용된 단어인 '토큰화, 딥러닝, 텍스트'가 앞의 세 문장에서 중요한 역할을 하는 단어임을 짐작할 수 있습니다.

케라스의 Tokenizer() 함수를 사용하면 단어의 빈도수를 쉽게 계산할 수 있습니다. 다음 예제는 위에 제시된 세 문장의 단어를 빈도수로 다시 정리하는 코드입니다. 먼저 케라스에서 제공하는 텍스트 전처리 함수 중 Tokenizer() 함수를 불러옵니다.

```
from tensorflow.keras.preprocessing.text import Tokenizer
```

전처리하려는 세 개의 문장을 docs라는 배열에 지정합니다.

```
docs = ['먼저 텍스트의 각 단어를 나누어 토큰화합니다.',
        '텍스트의 단어로 토큰화해야 딥러닝에서 인식됩니다.',
        '토큰화한 결과는 딥러닝에서 사용할 수 있습니다.',
        ]
```

토큰화 함수인 Tokenizer( )를 이용해 전처리하는 과정은 다음과 같습니다.

```
token = Tokenizer()      # 토큰화 함수 지정
token.fit_on_texts(docs) # 토큰화 함수에 문장 적용

print("\n단어 카운트:\n", token.word_counts) # 단어의 빈도수를 계산한 결과 출력
```

마지막 줄에 있는 word_counts는 단어의 빈도수를 계산해 주는 함수입니다. 이를 출력한 결과는 다음과 같습니다.

```
단어 카운트:
 OrderedDict([('먼저', 1), ('텍스트의', 2), ('각', 1), ('단어를', 1), ('나누
어', 1), ('토큰화', 1), ('합니다', 1), ('단어로', 1), ('토큰화해야', 1), ('딥러
닝에서', 2), ('인식됩니다', 1), ('토큰화한', 1), ('결과는', 1), ('사용할', 1),
('수', 1), ('있습니다', 1)])
```

'토큰화'가 3회, '텍스트의'와 '딥러닝에서'가 2회, 나머지가 1회씩 나오고 있음을 보여 줍니다. 그리고 순서를 기억하는 OrderedDict 클래스에 담겨 있는 형태로 출력되는 것을 볼 수 있습니다. document_count( ) 함수를 이용하면 총 몇 개의 문장이 들어 있는지도 셀 수 있습니다.

```
print("\n문장 카운트: ", token.document_count)
```

```
문장 카운트:  3
```

또한, word_docs( ) 함수를 통해 각 단어들이 몇 개의 문장에 나오는지 세어서 출력할 수도 있습니다. 출력되는 순서는 랜덤입니다.

```
print("\n각 단어가 몇 개의 문장에 포함되어 있는가:\n", token.word_docs)
```

```
각 단어가 몇 개의 문장에 포함되어 있는가:
 defaultdict(<class 'int'>, {'텍스트의': 2, '단어를': 1, '합니다': 1, '토
큰화': 1, '먼저': 1, '각': 1, '나누어': 1, '인식됩니다': 1, '딥러닝에서': 2,
'토큰화해야': 1, '단어로': 1, '수': 1, '사용할': 1, '결과는': 1, '있습니다': 1,
'토큰화한': 1})
```

각 단어에 매겨진 인덱스 값을 출력하려면 word_index( ) 함수를 사용하면 됩니다.

```
print("\n각 단어에 매겨진 인덱스 값:\n", token.word_index)
```

각 단어에 매겨진 인덱스 값:
 {'텍스트의': 1, '딥러닝에서': 2, '먼저': 3, '각': 4, '단어를': 5, '나누어': 6, '토큰화': 7, '합니다': 8, '단어로': 9, '토큰화해야': 10, '인식됩니다': 11, '토큰화한': 12, '결과는': 13, '사용할': 14, '수': 15, '있습니다': 16}

TIP 실행 결과에 나온 인덱스 값은 251쪽 '단어 임베딩' 부분에서 다시 나옵니다.

2 단어의 원-핫 인코딩

앞서 우리는 문장을 컴퓨터가 알아들을 수 있게 토큰화하고 단어의 빈도수를 확인해 보았습니다. 하지만 단순히 단어의 출현 빈도만 가지고는 해당 단어가 문장의 어디에서 왔는지, 각 단어의 순서는 어떠했는지 등에 관한 정보를 얻을 수 없습니다.

단어가 문장의 다른 요소와 어떤 관계를 가지고 있는지 알아보는 방법이 필요합니다. 이러한 기법 중에서 가장 기본적인 방법인 **원-핫 인코딩**(one-hot encoding)을 알아보겠습니다. 앞서 '12장. 다중 분류 문제 해결하기'에서 배운 원-핫 인코딩(159쪽)과 같은 개념인데, 이것을 단어의 배열에 적용해 보는 것입니다. 예를 들어 다음과 같은 문장이 있습니다.

'오랫동안 꿈꾸는 이는 그 꿈을 닮아간다'

각 단어를 모두 0으로 바꾸어 주고 원하는 단어만 1로 바꾸어 주는 것이 원-핫 인코딩이었습니다. 이를 수행하기 위해 먼저 단어 수만큼 0으로 채워진 벡터 공간으로 바꾸면 다음과 같습니다.

```
(0인덱스) 오랫동안  꿈꾸는  이는  그  꿈을  닮아간다
        |         |      |    |    |      |
[   0        0        0    0   0   0      0 ]
```

이제 각 단어가 배열 내에서 해당하는 위치를 1로 바꾸어서 벡터화할 수 있습니다.

```
오랫동안  =        [ 0 1 0 0 0 0 0 ]
꿈꾸는    =        [ 0 0 1 0 0 0 0 ]
이는      =        [ 0 0 0 1 0 0 0 ]
그        =        [ 0 0 0 0 1 0 0 ]
꿈을      =        [ 0 0 0 0 0 1 0 ]
닮아간다  =        [ 0 0 0 0 0 0 1 ]
```

이러한 과정을 케라스로 실습해 보겠습니다.

먼저 토큰화 함수를 불러와 단어 단위로 토큰화하고 각 단어의 인덱스 값을 출력해 봅니다.

```
text = "오랫동안 꿈꾸는 이는 그 꿈을 닮아간다"

token = Tokenizer()
token.fit_on_texts([text])
print(token.word_index)
```

결과는 다음과 같습니다.

실행 결과

```
{'오랫동안': 1, '꿈꾸는': 2, '이는': 3, '그': 4, '꿈을': 5, '닮아간다': 6}
```

이제 각 단어를 원-핫 인코딩 방식으로 표현해 보겠습니다. 케라스에서 제공하는 Tokenizer의 texts_to_sequences( ) 함수를 사용해서 앞서 만들어진 토큰의 인덱스로만 채워진 새로운 배열을 만들어 줍니다.

```
x = token.texts_to_sequences([text])
print(x)
```

```
[[1, 2, 3, 4, 5, 6]]
```

이제 1~6의 정수로 인덱스되어 있는 것을 0과 1로만 이루어진 배열로 바꾸어 주는 to_
categorical( ) 함수를 사용해 원-핫 인코딩 과정을 진행합니다. 배열 맨 앞에 0이 추가되
므로 단어 수보다 1이 더 많게 인덱스 숫자를 잡아 주는 것에 유의하기 바랍니다.

```
from tensorflow.keras.utils import to_categorical

# 인덱스 수에 하나를 추가해서 원-핫 인코딩 배열 만들기
word_size = len(token.word_index) + 1
x = to_categorical(x, num_classes=word_size)

print(x)
```

결과는 다음과 같습니다. 예제 문장을 이루고 있는 단어들이 위에서부터 차례로 벡터화되었
습니다.

```
[[[0. 1. 0. 0. 0. 0. 0.]      오랫동안
  [0. 0. 1. 0. 0. 0. 0.]      꿈꾸는
  [0. 0. 0. 1. 0. 0. 0.]      이는
  [0. 0. 0. 0. 1. 0. 0.]      그
  [0. 0. 0. 0. 0. 1. 0.]      꿈을
  [0. 0. 0. 0. 0. 0. 1.]]]    닮아간다
```

3 단어 임베딩

원-핫 인코딩과 함께 공부해야 할 것이 한 가지 더 있습니다. 원-핫 인코딩을 그대로 사용하면 벡터의 길이가 너무 길어진다는 단점이 있습니다. 예를 들어 1만 개의 단어 토큰으로 이루어진 말뭉치를 다룬다고 할 때, 이 데이터를 원-핫 인코딩으로 벡터화하면 9,999개의 0과 하나의 1로 이루어진 단어 벡터를 1만 개나 만들어야 합니다. 이러한 공간적 낭비를 해결하기 위해 등장한 것이 **단어 임베딩**(word embedding)이라는 방법입니다.

단어 임베딩은 주어진 배열을 정해진 길이로 압축시킵니다. 그림 17-1은 원-핫 인코딩을 사용해 만든 16차원 벡터가 단어 임베딩을 통해 4차원 벡터로 바뀐 예를 보기 쉽게 비교한 것입니다.

그림 17-1 | 원-핫 인코딩과 단어 임베딩

▲ 원-핫 인코딩

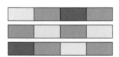

▲ 단어 임베딩

단어 임베딩으로 얻은 결과가 밀집된 정보를 가지고 있고 공간의 낭비가 적다는 것을 알 수 있습니다. 이러한 결과가 가능한 이유는 각 단어 간의 유사도를 계산했기 때문입니다. 예를 들어 happy라는 단어는 bad보다 good에 더 가깝고, cat이라는 단어는 good보다는 dog에 가깝다는 것을 고려해 각 배열을 새로운 수치로 바꾸어 주는 것입니다(그림 17-2 참조).

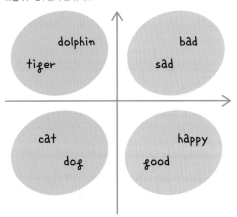

그림 17-2 | 단어 간 유사도[1]

그렇다면 이 단어 간 유사도는 어떻게 계산하는 것일까요? 여기서 앞서 배운 오차 역전파가 또다시 등장합니다. 적절한 크기로 배열을 바꾸어 주기 위해 최적의 유사도를 계산하는 학습 과정을 거치는 것이지요. 이 과정은 케라스에서 제공하는 Embedding( ) 함수를 사용하면 간단히 해낼 수 있습니다. 예를 들어 다음과 같이 Embedding( ) 함수를 적용해 딥러닝 모델을 만들 수 있습니다.

```
from tensorflow.keras.layers import Embedding

model = Sequential()
model.add(Embedding(16,4))
```

Embedding( ) 함수는 입력과 출력의 크기를 나타내는 두 개의 매개변수가 있어야 합니다. 앞 예제에서 Embedding(16,4)는 입력될 총 단어 수는 16, 임베딩 후 출력되는 벡터 크기는 4로 하겠다는 의미입니다. 여기에 단어를 매번 얼마나 입력할지 추가로 지정할 수 있습니다. Embedding(16, 4, input_length=2)라고 하면 총 입력되는 단어 수는 16개이지만 매번 두 개씩만 넣겠다는 의미입니다.

---

1   출처: Zhang, Yiming, et al. "A Word Embedding Transfer Model for Robust Text Categorization." Chinese Computational Linguistics and Natural Language Processing Based on Naturally Annotated Big Data. Springer, Cham, 2018. 314–323.

단어 임베딩의 예는 다음 절에서 직접 실습하면서 확인할 것입니다. 단어 임베딩을 포함하며 지금까지 배운 내용을 모두 적용해 텍스트 감정을 예측하는 딥러닝 모델을 만들어 보겠습니다.

 ## 4   텍스트를 읽고 긍정, 부정 예측하기

실습해 볼 과제는 영화를 보고 남긴 리뷰를 딥러닝 모델로 학습해서 각 리뷰가 긍정적인지 부정적인지를 예측하는 것입니다.

먼저 짧은 리뷰 열 개를 불러와 각각 긍정이면 1이라는 클래스를, 부정적이면 0이라는 클래스로 지정합니다.

```
# 텍스트 리뷰 자료를 지정합니다.
docs = ['너무 재밌네요','최고예요','참 잘 만든 영화예요','추천하고 싶은 영화입니다.','한 번 더 보고싶네요','글쎄요','별로예요','생각보다 지루하네요','연기가 어색해요','재미없어요']

# 긍정 리뷰는 1, 부정 리뷰는 0으로 클래스를 지정합니다.
class = array([1,1,1,1,1,0,0,0,0,0])
```

그다음 앞서 배운 토큰화 과정을 진행합니다. 케라스에서 제공하는 Tokenizer() 함수의 fit_on_texts를 이용해 각 단어를 하나의 토큰으로 변환합니다.

```
# 토큰화
token = Tokenizer()
token.fit_on_texts(docs)
print(token.word_index) # 토큰화된 결과를 출력해 확인합니다.
```

그럼 다음과 같이 출력됩니다.

{'너무': 1, '재밌네요': 2, '최고예요': 3, '참': 4, '잘': 5, '만든': 6, '영화예요': 7, '추천하고': 8, '싶은': 9, '영화입니다': 10, '한번': 11, '더': 12, '보고싶네요': 13, '글쎄요': 14, '별로예요': 15, '생각보다': 16, '지루하네요': 17, '연기가': 18, '어색해요': 19, '재미없어요': 20}

이제 토큰에 지정된 인덱스로 새로운 배열을 생성합니다.

```
x = token.texts_to_sequences(docs)
print("\n리뷰 텍스트, 토큰화 결과:\n", x)
```

그럼 주어진 텍스트는 숫자로 이루어진 다음과 같은 배열로 재편됩니다.

리뷰 텍스트, 토큰화 결과:
 [[1, 2], [3], [4, 5, 6, 7], [8, 9, 10], [11, 12, 13], [14], [15], [16, 17], [18, 19], [20]]

각 단어가 1부터 20까지의 숫자로 토큰화되었다는 것을 알 수 있습니다. 그런데 입력된 리뷰 데이터의 토큰 수가 각각 다르네요. 예를 들어 '최고예요'는 하나의 토큰([3])이지만 '참 잘 만든 영화예요'는 네 개의 토큰([4, 5, 6, 7])을 가지고 있지요. 딥러닝 모델에 입력하려면 학습 데이터의 길이가 동일해야 합니다. 따라서 토큰의 수를 똑같이 맞추어 주어야 합니다.

이처럼 길이를 똑같이 맞추어 주는 작업을 **패딩**(padding) 과정이라고 합니다. 패딩은 자연어 처리뿐만 아니라 19장에서 소개할 GAN에서도 중요한 역할을 하니 잘 기억하기 바랍니다. 패딩 작업을 위해 케라스는 pad_sequences( ) 함수를 제공합니다. pad_sequences( ) 함수를 사용하면 원하는 길이보다 짧은 부분은 숫자 0을 넣어서 채워 주고, 긴 데이터는 잘라서 같은 길이로 맞춥니다. 앞에서 생성한 x 배열을 네 개의 길이로 맞추기 위해 다음과 같이 실행합니다.

```
padded_x = pad_sequences(x, 4) # 서로 다른 길이의 데이터를 4로 맞추기
print("\n패딩 결과:\n", padded_x)
```

그러면 다음과 같이 배열의 길이가 맞추어집니다.

```
패딩 결과:
 [[ 0  0  1  2]
 [ 0  0  0  3]
 [ 4  5  6  7]
 [ 0  8  9 10]
 [ 0 11 12 13]
 [ 0  0  0 14]
 [ 0  0  0 15]
 [ 0  0 16 17]
 [ 0  0 18 19]
 [ 0  0  0 20]]
```

이제 단어 임베딩을 포함해 딥러닝 모델을 만들고 결과를 출력해 보겠습니다. 임베딩 함수에 필요한 세 가지 파라미터는 '입력, 출력, 단어 수'입니다. 총 몇 개의 단어 집합에서(입력), 몇 개의 임베딩 결과를 사용할 것인지(출력), 그리고 매번 입력될 단어 수는 몇 개로 할지(단어 수)를 정해야 하는 것입니다.

먼저 총 몇 개의 인덱스가 '입력'되어야 하는지 정합니다. word_size라는 변수를 만든 후 길이를 세는 len( ) 함수를 이용해 word_index 값을 앞서 만든 변수에 대입합니다. 이때 전체 단어의 맨 앞에 0이 먼저 나와야 하므로 총 단어 수에 1을 더하는 것을 잊지 마시기 바랍니다.

```
word_size = len(token.word_index) + 1
```

이제 몇 개의 임베딩 결과를 사용할 것인지, 즉 '출력'을 정할 차례입니다. 이번 예제에서는 word_size만큼 입력 값을 이용해 여덟 개의 임베딩 결과를 만들겠습니다. 여기서 8이라는 숫자는 임의로 정한 것입니다. 데이터에 따라 적절한 값으로 바꿀 수 있습니다. 이때 만들어진 여덟 개의 임베딩 결과는 우리 눈에 보이지 않습니다. 내부에서 계산해 딥러닝의 층으로 활용됩니다. 끝으로 매번 입력될 '단어 수'를 정합니다. 패딩 과정을 거쳐 네 개의 길이로 맞추어 주었으므로 네 개의 단어가 들어가게 설정하면 임베딩 과정은 다음 한 줄로 표현됩니다.

```
Embedding(word_size, 8, input_length=4)
```

이를 이용해 모델을 만들면 다음과 같습니다.

```
# 단어 임베딩을 포함해 딥러닝 모델을 만들고 결과를 출력합니다.
model = Sequential()
model.add(Embedding(word_size, 8, input_length=4))
model.add(Flatten())
model.add(Dense(1, activation='sigmoid'))

model.compile(optimizer='adam', loss='binary_crossentropy',
metrics=['accuracy'])
model.fit(padded_x, classes, epochs=20)
print("\n Accuracy: %.4f" % (model.evaluate(padded_x, classes)[1]))
```

최적화 함수로 adam()을 사용하고 오차 함수로는 binary_crossentropy()를 사용했습니다. 그리고 20번 반복하고 나서 정확도를 계산해 출력하게 했습니다.

지금까지 모든 과정을 한눈에 보면 다음과 같습니다.

```python
from tensorflow.keras.preprocessing.text import Tokenizer
from tensorflow.keras.preprocessing.sequence import pad_sequences
from tensorflow.keras.models import Sequential
from tensorflow.keras.layers import Dense, Flatten, Embedding
from tensorflow.keras.utils import to_categorical

from numpy import array

# 텍스트 리뷰 자료를 지정합니다.
docs = ["너무 재밌네요","최고예요","참 잘 만든 영화예요","추천하고 싶은 영화입니다","한번 더 보고싶네요","글쎄요","별로예요","생각보다 지루하네요","연기가 어색해요","재미없어요"]

# 긍정 리뷰는 1, 부정 리뷰는 0으로 클래스를 지정합니다.
classes = array([1,1,1,1,1,0,0,0,0,0])

# 토큰화
token = Tokenizer()
token.fit_on_texts(docs)
print(token.word_index)

x = token.texts_to_sequences(docs)
print("\n리뷰 텍스트, 토큰화 결과:\n", x)

# 패딩, 서로 다른 길이의 데이터를 4로 맞추어 줍니다.
padded_x = pad_sequences(x, 4)
print("\n패딩 결과:\n", padded_x)

# 임베딩에 입력될 단어의 수를 지정합니다.
word_size = len(token.word_index) + 1
```

```
# 단어 임베딩을 포함해 딥러닝 모델을 만들고 결과를 출력합니다.
model = Sequential()
model.add(Embedding(word_size, 8, input_length=4))
model.add(Flatten())
model.add(Dense(1, activation='sigmoid'))
model.summary()

model.compile(optimizer='adam', loss='binary_crossentropy',
metrics=['accuracy'])
model.fit(padded_x, classes, epochs=20)
print("\n Accuracy: %.4f" % (model.evaluate(padded_x, classes)[1]))
```

```
Model: "sequential"
_____
Layer (type)                 Output Shape              Param #
=================================================================
embedding (Embedding)        (None, 4, 8)              168

_____

flatten (Flatten)            (None, 32)                0

_____

dense (Dense)                (None, 1)                 33
=================================================================
Total params: 201
Trainable params: 201
Non-trainable params: 0
_____

Epoch 1/20
1/1 [==============================] - 0s 325ms/step - loss: 0.6903 -
accuracy: 0.5000
... (중략) ...
Epoch 20/20
```

```
1/1 [==============================] - 0s 997us/step - loss: 0.6596 -
accuracy: 1.0000
1/1 [==============================] - 0s 92ms/step - loss: 0.6579 -
accuracy: 1.0000
Accuracy: 1.0000
```

긍정적인 리뷰와 부정적인 리뷰의 학습이 진행되는 것을 확인할 수 있습니다.

18장 시퀀스 배열로 다루는 순환 신경망(RNN)

DEEP LEARNING FOR EVERYONE

◉ **예제 소스** https://github.com/taehojo/deeplearning → 18장. 시퀀스 배열로 다루는 순환 신경망(RNN) [구글 코랩 실행하기]
◉ **바로 가기** https://bit.ly/dl3-ch18

인공지능이 문장을 듣고 이해한다는 것은 많은 문장을 '이미 학습(train)해 놓았다'는 것입니다. 그런데 문장을 학습하는 것은 우리가 지금까지 공부한 내용과는 성질이 조금 다릅니다. 문장은 여러 개의 단어로 이루어져 있는데, 그 의미를 전달하려면 각 단어가 정해진 순서대로 입력되어야 하기 때문입니다. 즉, 여러 데이터가 순서와 관계없이 입력되던 것과는 다르게, 이번에는 과거에 입력된 데이터와 나중에 입력된 데이터 사이의 관계를 고려해야 하는 문제가 생기는 것입니다.

이를 해결하기 위해 **순환 신경망**(Recurrent Neural Network, RNN) 방법이 고안되었습니다. 순환 신경망은 여러 개의 데이터가 순서대로 입력되었을 때 앞서 입력받은 데이터를 잠시 기억해 놓는 방법입니다. 그리고 기억된 데이터가 얼마나 중요한지 판단하고 별도의 가중치를 주어 다음 데이터로 넘어갑니다. 모든 입력 값에 이 작업을 순서대로 실행하므로 다음 층으로 넘어가기 전에 같은 층을 맴도는 것처럼 보입니다. 이렇게 같은 층 안에서 맴도는 성질 때문에 순환 신경망(이하 RNN)이라고 합니다.

그림 18-1 | 일반 신경망과 순환 신경망(RNN)의 차이

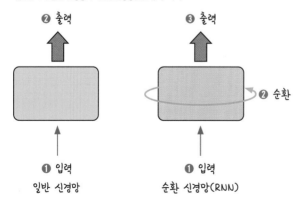

예를 들어 인공지능 비서에게 "오늘 주가가 몇이야?"라고 묻는다고 가정합시다. 그러면 그림 18-1의 '순환 신경망(RNN)' ❷에 해당하는 '순환' 부분에서는 단어를 하나 처리할 때마다 기억해 다음 입력 값의 출력을 결정합니다. 이를 그림으로 표현하면 그림 18-2와 같습니다.

그림 18-2 | "오늘 주가가 몇이야?"를 RNN이 처리하는 방식

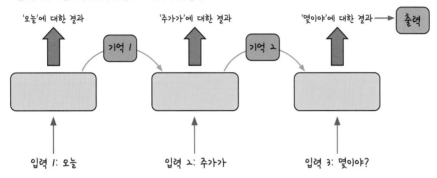

순환되는 중에 앞서 나온 입력에 대한 결과가 뒤에 나오는 입력 값에 영향을 주는 것을 알수 있습니다. 이렇게 해야 비슷한 두 문장이 입력되었을 때 그 차이를 구별해 출력 값에 반영할 수 있습니다. 예를 들어 그림 18-3에서 입력 2의 값은 양쪽 모두 '주가'이지만, 왼쪽은 '오늘'을 기준으로, 오른쪽은 '어제'를 기준으로 계산되어야 합니다.

그림 18-3 | RNN을 사용하는 이유

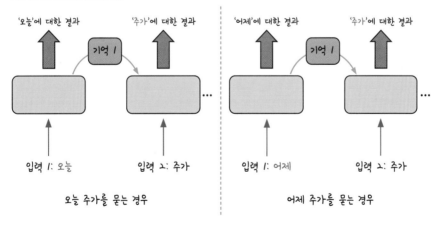

RNN이 처음 개발된 이후, RNN의 결과를 더욱 개선하기 위한 노력이 계속되어 왔습니다. 이 중에서 LSTM(Long Short Term Memory) 방법을 함께 사용하는 기법이 현재 가장 널리 사용되고 있습니다.

LSTM은 한 층 안에서 반복을 많이 해야 하는 RNN의 특성상 일반 신경망보다 기울기 소실 문제(9.2절. 활성화 함수와 고급 경사 하강법)가 더 많이 발생하고 이를 해결하기 어렵다는 단점을 보완한 방법입니다. 즉, 반복되기 직전에 다음 층으로 기억된 값을 넘길지 여부를 관리하는 단계를 하나 더 추가하는 것입니다.

그림 18-4 | LSTM은 기억 값의 가중치를 관리하는 장치

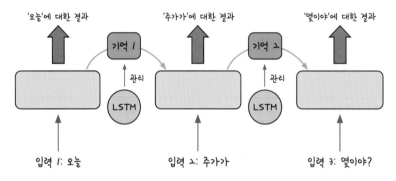

RNN 방식의 장점은 입력 값과 출력 값을 어떻게 설정하느냐에 따라 그림 18-5와 같이 여러 가지 상황에서 이를 적용할 수 있다는 것입니다.

그림 18-5 | RNN 방식의 다양한 활용

❶ 다수 입력 단일 출력
　예 문장을 읽고 뜻을 파악할 때 활용

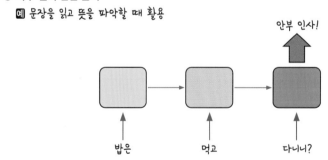

그림 18-5 | RNN 방식의 다양한 활용(계속)

❷ 단일 입력 다수 출력

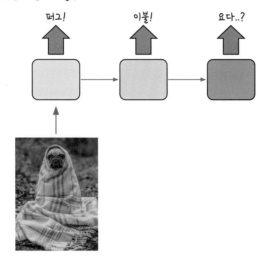

❸ 다수 입력 다수 출력

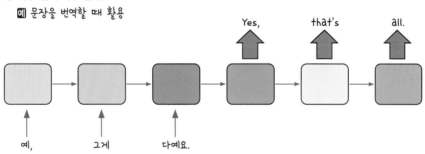

케라스는 딥러닝 학습에 필요한 데이터를 쉽게 내려받을 수 있게 load_data( ) 함수를 제공합니다. 앞서 살펴본 MNIST 데이터셋 외에도 RNN 학습에 적절한 텍스트 대용량 데이터를 제공합니다. 케라스가 제공하는 '로이터 뉴스 카테고리 분류'와 'IMDB 영화 리뷰'를 통해 지금부터 RNN을 학습해 보겠습니다.

1 | LSTM을 이용한 로이터 뉴스 카테고리 분류하기

입력된 문장 의미를 파악하는 것은 곧 모든 단어를 종합해 하나의 카테고리로 분류하는 작업이라고 할 수 있습니다. 예를 들어 "안녕, 오늘 날씨가 참 좋네."라는 말은 '인사' 카테고리에 분류해야 합니다. 그리고 다음과 같이 조금 더 길고 전문적인 말도 정확하게 분류해야 합니다.

중부 지방은 대체로 맑겠으나, 남부 지방은 구름이 많겠습니다. ⟶ 날씨

올 초부터 유동성의 힘으로 주가가 일정하게 상승했습니다. ⟶ 주식

이번 선거에서는 누가 이길 것 같아? ⟶ 정치

퍼셉트론의 한계를 극복한 신경망이 다시 뜨고 있대. ⟶ 딥러닝

이번에 실습할 내용은 이처럼 긴 텍스트를 읽고 이 데이터가 어떤 의미를 지니는지 카테고리로 분류하는 연습입니다. 실습을 위해 로이터 뉴스 데이터를 사용하겠습니다. 로이터 뉴스 데이터는 총 1만 1,228개의 뉴스 기사가 46개의 카테고리로 나누어진 대용량 텍스트 데이터입니다. 데이터는 케라스를 통해 다음과 같이 불러오겠습니다.

```
# 로이터 뉴스 데이터셋 불러오기
from tensorflow.keras.datasets import reuters
```

다음과 같이 불러온 데이터를 학습셋과 테스트셋으로 나누겠습니다.

```
# 불러온 데이터를 학습셋과 데이터셋으로 나누기
(X_train, y_train), (X_test, y_test) = reuters.load_data(num_words=1000,
test_split=0.2)
```

reuters.load_data( ) 함수를 이용해 기사를 불러왔습니다. test_split 옵션을 통해 20%
만 테스트셋으로 사용하겠다고 지정했습니다. 여기서 num_words 옵션은 무엇을 의미하는지
알아보고자 먼저 불러온 데이터에 대해 몇 가지를 출력해 보겠습니다.

```python
# 데이터를 확인한 후 출력해 보겠습니다.
category = np.max(y_train) + 1
print(category, '카테고리')
print(len(X_train), '학습용 뉴스 기사')
print(len(X_test), '테스트용 뉴스 기사')
print(X_train[0])
```

출력 결과는 다음과 같습니다.

실행 결과

```
46 카테고리
8982 학습용 뉴스 기사
2246 테스트용 뉴스 기사
[1, 2, 2, 8, 43, 10, 447, 5, 25, 207...]
```

먼저 np.max( ) 함수로 y_train의 종류를 구하니 46개의 카테고리로 구분되어 있음을 알
수 있었습니다(0부터 세기 때문에 1을 더해서 출력합니다). 이 중 8,982개는 학습용으로,
2,246개는 테스트용으로 준비되어 있습니다.

그런데 print(X_train[0])으로 기사를 출력해 보니 단어가 나오지 않고 [1, 2, 2, 8, 43…]
같은 숫자가 나옵니다. 이처럼 딥러닝은 단어를 그대로 사용하지 않고 숫자로 변환한 후 학
습할 수 있습니다. 여기서는 데이터 안에서 해당 단어가 몇 번이나 나타나는지 세어 빈도에
따라 번호를 붙였습니다. 예를 들어 3이라고 하면 세 번째로 빈도가 높은 단어라는 의미입니
다. 이러한 작업을 위해 tokenizer( ) 같은 함수를 사용하는데, 케라스는 이 작업을 이미 마
친 데이터를 불러올 수 있습니다.

기사 안의 단어 중에는 거의 사용되지 않는 것들도 있습니다. 모든 단어를 다 사용하는 것은 비효율적이므로 빈도가 높은 단어만 불러와 사용하겠습니다. 이때 사용하는 인자가 바로 테스트셋과 학습셋으로 나눌 때 함께 적용했던 num_words=1000의 의미입니다. 빈도가 1~1,000에 해당하는 단어만 선택해서 불러오는 것입니다.

또 하나 주의해야 할 점은 각 기사의 단어 수가 제각각 다르므로 이를 동일하게 맞추어야 한다는 것입니다. 이때는 다음과 같이 데이터 전처리 함수 sequence()를 이용합니다.

```
from tensorflow.keras.preprocessing import sequence

# 단어의 수를 맞추어 줍니다.
X_train = sequence.pad_sequences(X_train, maxlen=100)
X_test = sequence.pad_sequences(X_test, maxlen=100)
```

여기서 maxlen=100은 단어 수를 100개로 맞추라는 의미입니다. 만일 입력된 기사의 단어 수가 100보다 크면 100개째 단어만 선택하고 나머지는 버립니다. 100에서 모자랄 때는 모자라는 부분을 모두 0으로 채웁니다.

이제 y 데이터에 원-핫 인코딩 처리를 하여 데이터 전처리 과정을 마칩니다.

```
# 원-핫 인코딩 처리를 합니다.
y_train = to_categorical(y_train)
y_test = to_categorical(y_test)
```

데이터 전처리 과정이 끝났으므로 딥러닝의 구조를 만들 차례입니다.

```
# 모델의 구조를 설정합니다.
model = Sequential()
model.add(Embedding(1000, 100))
model.add(LSTM(100, activation='tanh'))
model.add(Dense(46, activation='softmax'))
```

Embedding 층과 LSTM 층을 새로 추가했습니다. Embedding 층은 데이터 전처리 과정을 통해 입력된 값을 받아 다음 층이 알 수 있는 형태로 변환하는 역할을 합니다. Embedding('불러온 단어의 총수', '기사당 단어 수') 형식으로 사용하며, 모델 설정 부분의 맨 처음에 있어야 합니다.

LSTM은 앞서 설명했듯이 RNN에서 기억 값에 대한 가중치를 제어하며, LSTM(기사당 단어 수, 기타 옵션) 형식으로 적용됩니다. LSTM의 활성화 함수로는 tanh를 주로 사용하므로 activation='tanh'로 지정했습니다.

이제 다음과 같이 ❶ 모델 실행의 옵션을 정하고 ❷ 조기 중단 설정과 함께 ❸ 학습을 실행합니다.

```
# 모델의 실행 옵션을 정합니다.
model.compile(loss='categorical_crossentropy', optimizer='adam',
metrics=['accuracy']) …… ❶

# 학습의 조기 중단을 설정합니다.
early_stopping_callback = EarlyStopping(monitor='val_loss', patience=5) …… ❷

# 모델을 실행합니다.
history = model.fit(X_train, y_train, batch_size=20, epochs=200, validation_
data=(X_test, y_test), callbacks=[early_stopping_callback]) …… ❸
```

앞서 MNIST에 사용되었던 그래프 코드 출력을 더한 전체 코드는 다음과 같습니다.

```python
from tensorflow.keras.models import Sequential
from tensorflow.keras.layers import Dense, LSTM, Embedding
from tensorflow.keras.utils import to_categorical
from tensorflow.keras.preprocessing import sequence
from tensorflow.keras.datasets import reuters
from tensorflow.keras.callbacks import EarlyStopping

import numpy as np
import matplotlib.pyplot as plt

# 데이터를 불러와 학습셋, 테스트셋으로 나눕니다.
(X_train, y_train), (X_test, y_test) = reuters.load_data(num_words=1000,
test_split=0.2)

# 데이터를 확인해 보겠습니다.
category = np.max(y_train) + 1
print(category, '카테고리')
print(len(X_train), '학습용 뉴스 기사')
print(len(X_test), '테스트용 뉴스 기사')
print(X_train[0])

# 단어의 수를 맞추어 줍니다.
X_train = sequence.pad_sequences(X_train, maxlen=100)
X_test = sequence.pad_sequences(X_test, maxlen=100)

# 원-핫 인코딩 처리를 합니다.
y_train = to_categorical(y_train)
y_test = to_categorical(y_test)

# 모델의 구조를 설정합니다.
```

```python
model = Sequential()
model.add(Embedding(1000, 100))
model.add(LSTM(100, activation='tanh'))
model.add(Dense(46, activation='softmax'))

# 모델의 실행 옵션을 정합니다.
model.compile(loss='categorical_crossentropy', optimizer='adam',
metrics=['accuracy'])

# 학습의 조기 중단을 설정합니다.
early_stopping_callback = EarlyStopping(monitor='val_loss', patience=5)

# 모델을 실행합니다.
history = model.fit(X_train, y_train, batch_size=20, epochs=200,
validation_data=(X_test, y_test), callbacks=[early_stopping_callback])

# 테스트 정확도를 출력합니다.
print("\n Test Accuracy: %.4f" % (model.evaluate(x_test, y_test)[1]))

# 검증셋과 학습셋의 오차를 저장합니다.
y_vloss = history.history['val_loss']
y_loss = history.history['loss']

# 그래프로 표현해 보겠습니다.
x_len = np.arange(len(y_loss))
plt.plot(x_len, y_vloss, marker='.', c="red", label='Testset_loss')
plt.plot(x_len, y_loss, marker='.', c="blue", label='Trainset_loss')

# 그래프에 그리드를 주고 레이블을 표시하겠습니다.
plt.legend(loc='upper right')
plt.grid()
plt.xlabel('epoch')
plt.ylabel('loss')
plt.show()
```

실행 결과

```
Epoch 1/200
450/450 [==============================] - 8s 11ms/step - loss: 2.2100 -
accuracy: 0.4390 - val_loss: 1.9456 - val_accuracy: 0.5116
... (중략) ...
Epoch 16/200
450/450 [==============================] - 5s 11ms/step - loss: 0.5121 -
accuracy: 0.8691 - val_loss: 1.2316 - val_accuracy: 0.7177
71/71 [==============================] - 0s 4ms/step - loss: 1.2316 -
accuracy: 0.7177


 Test Accuracy: 0.7177
```

그림 18-6 | 그래프로 확인하는 학습 결과

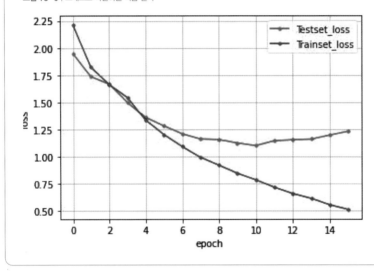

16번째 에포크에서 학습이 자동 중단되었으며, 71.7%의 정확도를 보였습니다. 그래프를 통해 테스트셋의 오차가 상승할 때 학습이 멈추었음을 알 수 있습니다.

2 ## LSTM과 CNN의 조합을 이용한 영화 리뷰 분류하기

이번에 사용할 인터넷 영화 데이터베이스(Internet Movie DataBase, IMDB)는 영화와 관련된 정보와 출연진 정보, 개봉 정보, 영화 후기, 평점까지 매우 폭넓은 데이터가 저장된 자료입니다. 영화에 관해 남긴 2만 5,000여 개의 영화 리뷰가 담겨 있으며, 해당 영화를 긍정적으로 평가했는지 혹은 부정적으로 평가했는지도 담겨 있습니다. 앞서 다루었던 로이터 뉴스 데이터와 마찬가지로 각 단어에 대한 전처리를 마친 상태입니다. 데이터셋에서 나타나는 빈도에 따라 번호가 정해지므로 빈도가 높은 데이터를 불러와 학습시킬 수 있습니다. 데이터 전처리 과정은 로이터 뉴스 데이터와 거의 같습니다. 다만 클래스가 긍정 또는 부정 두 가지뿐이라 원-핫 인코딩 과정이 없습니다.

```
# 테스트셋을 지정합니다.
(x_train, y_train), (x_test, y_test) = imdb.load_data(num_words=5000)

X_train = sequence.pad_sequences(x_train, maxlen=500)
X_test = sequence.pad_sequences(x_test, maxlen=500)
```

이제 모델을 다음과 같이 설정합니다. model.summary() 함수를 이용해 현재 설정된 모델의 구조를 살펴보겠습니다.

```
# 모델의 구조를 설정합니다.
model = Sequential()
model.add(Embedding(5000, 100))
model.add(Dropout(0.5))
model.add(Conv1D(64, 5, padding='valid', activation='relu', strides=1))
model.add(MaxPooling1D(pool_size=4))
model.add(LSTM(55))
model.add(Dense(1))
model.add(Activation('sigmoid'))
model.summary()
```

실행 결과는 다음과 같습니다.

```
Layer (type)                    Output Shape              Param #
=================================================================
embedding_1 (Embedding)         (None, None, 100)         500000

dropout_1 (Dropout)             (None, None, 100)         0

conv1d_1 (Conv1D)               (None, None, 64)          32064

max_pooling1d_1 (MaxPooling1    (None, None, 64)          0

lstm_1 (LSTM)                   (None, 55)                26400

dense_1 (Dense)                 (None, 1)                 56

activation_1 (Activation)       (None, 1)                 0
=================================================================
Total params: 558,520
Trainable params: 558,520
Non-trainable params: 0
```

출력 결과에서 우리가 아직 보지 못한 부분은 Conv1D와 MaxPooling1D입니다. 앞서 Conv2D와 MaxPooling2D는 16.3절과 16.4절에서 다루었습니다. 하지만 2차원 배열을 가진 이미지와는 다르게 지금 다루고 있는 데이터는 배열 형태로 이루어진 1차원이라는 차이가 있습니다. Conv1D는 Conv2D의 개념을 1차원으로 옮긴 것입니다. 컨볼루션 층이 1차원이고 이동하는 배열도 1차원입니다. 그림 18-7에 Conv1D를 나타냈습니다.

그림 18-7 | Conv1D의 개념

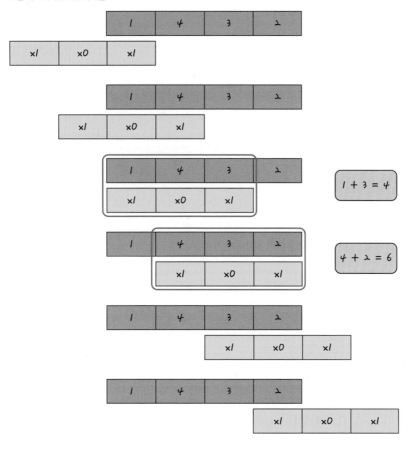

노란색으로 표시된 배열이 커널을 의미합니다. 이 커널이 지나가면서 원래의 1차원 배열에 가중치를 각각 곱해 새로운 층인 컨볼루션 층을 만듭니다.

MaxPooling1D 역시 마찬가지입니다. 2차원 배열을 1차원으로 바꾸어 정해진 구역 안에서 가장 큰 값을 다음 층으로 넘기고 나머지는 버립니다.

그림 18-8 | MaxPooling1D의 개념

전체 코드는 다음과 같습니다.

```python
from tensorflow.keras.models import Sequential
from tensorflow.keras.layers import Dense, Dropout, Activation, Embedding,
LSTM, Conv1D, MaxPooling1D
from tensorflow.keras.datasets import imdb
from tensorflow.keras.preprocessing import sequence
from tensorflow.keras.callbacks import EarlyStopping

import numpy as np
import matplotlib.pyplot as plt

# 데이터를 불러와 학습셋, 테스트셋으로 나눕니다.
(X_train, y_train), (X_test, y_test) = imdb.load_data(num_words=5000)

# 단어의 수를 맞춥니다.
X_train = sequence.pad_sequences(X_train, maxlen=500)
X_test = sequence.pad_sequences(X_test, maxlen=500)

# 모델의 구조를 설정합니다.
model = Sequential()
model.add(Embedding(5000, 100))
model.add(Dropout(0.5))
model.add(Conv1D(64, 5, padding='valid', activation='relu', strides=1))
model.add(MaxPooling1D(pool_size=4))
model.add(LSTM(55))
model.add(Dense(1))
model.add(Activation('sigmoid'))

# 모델의 실행 옵션을 정합니다.
model.compile(loss='binary_crossentropy', optimizer='adam',
metrics=['accuracy'])
```

```python
# 학습의 조기 중단을 설정합니다.
early_stopping_callback = EarlyStopping(monitor='val_loss', patience=3)

# 모델을 실행합니다.
history = model.fit(X_train, y_train, batch_size=40, epochs=100,
validation_split=0.25, callbacks=[early_stopping_callback])

# 테스트 정확도를 출력합니다.
print("\n Test Accuracy: %.4f" % (model.evaluate(X_test, y_test)[1]))

# 검증셋과 학습셋의 오차를 저장합니다.
y_vloss = history.history['val_loss']
y_loss = history.history['loss']

# 그래프로 표현해 보겠습니다.
x_len = np.arange(len(y_loss))
plt.plot(x_len, y_vloss, marker='.', c="red", label='Testset_loss')
plt.plot(x_len, y_loss, marker='.', c="blue", label='Trainset_loss')

# 그래프에 그리드를 주고 레이블을 표시하겠습니다.
plt.legend(loc='upper right')
plt.grid()
plt.xlabel('epoch')
plt.ylabel('loss')
plt.show()
```

실행 결과

```
Epoch 1/100
469/469 [==============================] - 18s 17ms/step - loss: 0.4083 -
accuracy: 0.7973 - val_loss: 0.2848 - val_accuracy: 0.8818
... (중략) ...
Epoch 5/100
```

```
469/469 [==============================] - 7s 16ms/step - loss: 0.1197 -
accuracy: 0.9581 - val_loss: 0.3106 - val_accuracy: 0.8896
782/782 [==============================] - 4s 6ms/step - loss: 0.3367 - ac
curacy: 0.8796


Test Accuracy: 0.8796
```

그림 18-9 | 그래프로 확인하는 학습 결과

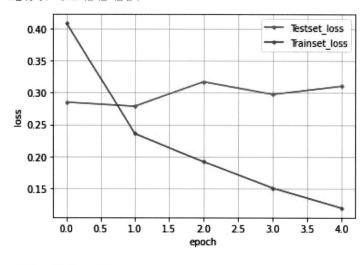

5번째 에포크에서 학습이 자동 중단되었고 그때의 테스트셋 정확도는 87.96%입니다. 그래프를 통해 학습 과정을 확인할 수 있습니다.

> **TIP**
> 학습이 중단되는 시점은 실행마다 달라질 수 있습니다.

3 어텐션을 사용한 신경망

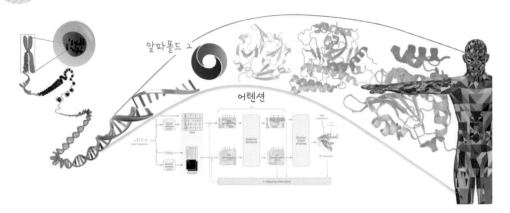

우리 몸은 단백질로 이루어져 있습니다. 생명 활동의 기본 단위인 단백질이 어떤 구조와 방식으로 움직이는지 이해하는 것은 생명 현상을 연구하는 데 필수적입니다. 특히 신약 개발 및 난치병 치료를 위해서는 단백질 구조를 알아야 하는데, 이 구조를 알아내기가 너무 어려웠습니다. 그래서 이 분야의 연구를 하는 사람들이 2년에 한 번씩 모여서 서로의 방법을 공유하고 평가하기로 했습니다. 이것이 세계 단백질 구조 예측 대회의 시작입니다.

그런데 2020년 12월, 제14회 세계 단백질 구조 예측 대회를 하던 날이었습니다. 대회에 참여한 모든 학자가 깜짝 놀랐습니다. 누구도 흉내 낼 수 없을 만큼 정확하게 단백질 구조를 예측한 알파폴드 2가 등장했기 때문입니다. 알파폴드는 알파고를 만든 구글의 딥마인드가 단백질 구조 예측을 위해 만든 툴입니다. 사람들은 알파폴드가 어떤 배경으로 작동하는지 궁금해 했습니다. 그리고 알파폴드의 중요한 축을 담당하고 있는 것이 바로 **어텐션**(attention) 알고리즘이었다는 것을 알게 되었습니다. 딥러닝의 성능을 한층 업그레이드시킨 어텐션은 어떤 배경으로 탄생했으며, 어떤 원리로 실행되는 것일까요?

그림 18-10 | RNN의 한계

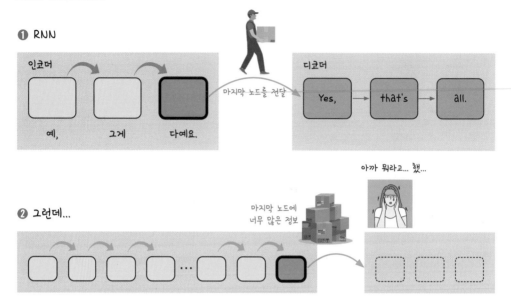

① RNN

인코더 — 디코더

마지막 노드를 전달

예, 그게 다예요.

Yes, that's all.

아까 뭐라고... 했...

② 그런데...

마지막 노드에 너무 많은 정보

그림 18-10은 RNN의 한계에 대해 설명하고 있습니다. RNN은 여러 개의 입력 값이 있을 때 이를 바로 처리하는 것이 아니라 잠시 가지고 있는 것이라고 했습니다. 입력된 값끼리 서로 관련이 있다면 이를 모두 받아 두어야 적절한 출력 값을 만들 수 있겠지요. 그림 18-10의 ①은 인코더에 입력된 각 셀 값을 하나씩 뒤로 보내다가, 맨 마지막 셀이 이 값을 디코더에 전달하는 것을 보여 줍니다. 이 마지막 셀에 담긴 값에 전체 문장의 뜻이 함축되어 있으므로 이를 **문맥 벡터**(context vector)라고 합니다.

그런데 이러한 구조에는 문제가 하나 있습니다. 그림 18-10의 ②와 같이 입력 값의 길이가 너무 길면 입력받은 셀의 결과들이 너무 많아진다는 것입니다. 입력이 길면 선두에서 전달받은 결괏값이 중간에 희미해지기도 하고, 문맥 벡터가 모든 값을 제대로 디코더에 전달하기 힘들어지는 문제들이 생기겠지요.

이를 처리하기 위해 사람들은 아이디어를 짜기 시작했습니다. 그리고 효과적인 방법을 찾았습니다.

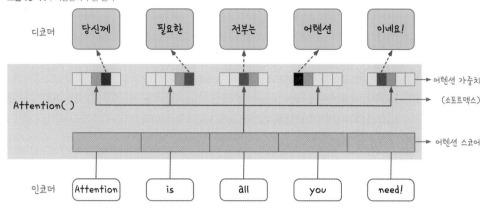

그림 18-11 | 어텐션의 구현 원리

그림 18-11은 어텐션이 어떤 원리로 구현되었는지 보여 줍니다. 먼저 인코더와 디코더 사이에 층이 하나 생깁니다. 새로 삽입된 층에는 각 셀로부터 계산된 스코어들이 모입니다. 이 스코어를 이용해 소프트맥스 함수를 사용해서 어텐션 가중치를 만듭니다. 이 가중치를 이용해 입력 값 중 어떤 셀을 중점적으로 볼지 결정합니다. 예를 들어 첫 번째 출력 단어인 '당신께' 자리에 가장 적절한 단어는 4번째 셀 'you'라는 것을 학습하는 것이지요. 이러한 방식으로 매 출력마다 모든 입력 값을 두루 활용하게 하는 것이 어텐션입니다. 마지막 셀에 모든 입력이 집중되던 RNN의 단점을 훌륭히 극복해 낸 알고리즘입니다.

어텐션의 개념은 어려워 보이지만, 그림 18-11에서 회색 사각형 부분을 Attention( ) 함수가 처리하기 때문에 실행하기 어렵지 않습니다. 이 실습에서는 어텐션을 실행하기 위해 어텐션(attention) 라이브러리가 필요합니다. 코랩에서 다음과 같이 어텐션 라이브러리를 설치합니다.

```
!pip install keras-self-attention
```

그리고 모델에 Attention( ) 함수가 들어갈 레이어를 다음과 같이 추가합니다.

```
model.add(SeqSelfAttention(attention_activation='sigmoid'))
```

전체 코드는 다음과 같습니다.

```
from tensorflow.keras.models import Sequential
from tensorflow.keras.layers import Dense, Dropout, Activation, Embedding,
LSTM, Conv1D, MaxPooling1D
from tensorflow.keras.datasets import imdb
from tensorflow.keras.preprocessing import sequence
from tensorflow.keras.callbacks import EarlyStopping
from keras_self_attention import SeqSelfAttention

import numpy as np
import matplotlib.pyplot as plt

# 데이터를 불러와 학습셋, 테스트셋으로 나눕니다.
(X_train, y_train), (X_test, y_test) = imdb.load_data(num_words=5000)

# 단어의 수를 맞춥니다.
X_train = sequence.pad_sequences(X_train, maxlen=500)
X_test = sequence.pad_sequences(X_test, maxlen=500)

# 모델의 구조를 설정합니다.
model = Sequential()
model.add(Embedding(5000, 500))
model.add(Dropout(0.5))
model.add(LSTM(64, return_sequences=True))
model.add(Attention())
model.add(Dropout(0.5))
model.add(Flatten())
model.add(Dense(1))
model.add(Activation('sigmoid'))

# 모델의 실행 옵션을 정합니다.
model.compile(loss='binary_crossentropy', optimizer='adam',
metrics=['accuracy'])

# 학습의 조기 중단을 설정합니다.
early_stopping_callback = EarlyStopping(monitor='val_loss', patience=3)
```

```python
# 모델을 실행합니다.
history = model.fit(X_train, y_train, batch_size=40, epochs=100,
validation_data=(X_test, y_test), callbacks=[early_stopping_callback])

# 테스트 정확도를 출력합니다.
print("\n Test Accuracy: %.4f" % (model.evaluate(X_test, y_test)[1]))

# 검증셋과 학습셋의 오차를 저장합니다.
y_vloss = history.history['val_loss']
y_loss = history.history['loss']

# 그래프로 표현해 보겠습니다.
x_len = np.arange(len(y_loss))
plt.plot(x_len, y_vloss, marker='.', c="red", label='Testset_loss')
plt.plot(x_len, y_loss, marker='.', c="blue", label='Trainset_loss')

# 그래프에 그리드를 주고 레이블을 표시하겠습니다.
plt.legend(loc='upper right')
plt.grid()
plt.xlabel('epoch')
plt.ylabel('loss')
plt.show()
```

실행 결과

```
Epoch 1/100
625/625 [==============================] - 32s 50ms/step - loss: 0.3872 -
accuracy: 0.8211 - val_loss: 0.2915 - val_accuracy: 0.8784
... (중략) ...
Epoch 5/100
625/625 [==============================] - 31s 49ms/step - loss: 0.0872 -
accuracy: 0.9676 - val_loss: 0.3980 - val_accuracy: 0.8808
782/782 [==============================] - 12s 14ms/step - loss: 0.3980 -
```

```
accuracy: 0.8808


Test Accuracy: 0.8808
```

그림 18-12 | 그래프로 확인하는 학습 결과

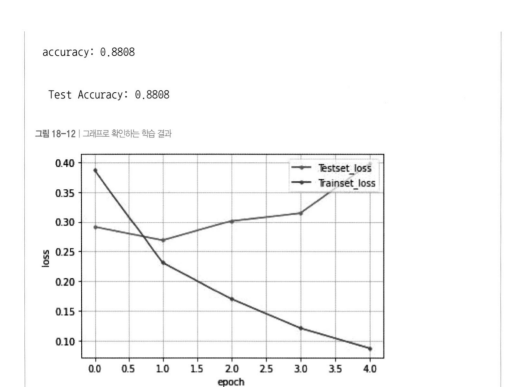

정확도가 88.08%가 나왔군요. 앞서 어텐션 없이 실행했던 모델의 84.54%보다 상승된 것을
알 수 있습니다.

19장

세상에 없는 얼굴 GAN, 오토인코더

DEEP LEARNING FOR EVERYONE

● **예제 소스** https://github.com/taehojo/deeplearning → 19장. 세상에 없는 얼굴 GAN, 오토인코더 [구글 코랩 실행하기]
● **바로 가기** https://bit.ly/dl3-ch19

위 사진[1]을 볼까요? 세계 각국에서 살아가는 인종과 성별이 다른 여러 사람들의 사진입니다.
그런데 아무도 위 사진 속 사람들을 직접 만난 적은 없습니다. 세상에 존재하는 이들이 아니
기 때문입니다. 모두 딥러닝이 만들어 낸 가상의 얼굴입니다.

---

1 출처: https://www.thispersondoesnotexist.com
   이것은 NVIDIA사의 엔지니어들이 만들어 누구나 GAN 기술을 테스트해 볼 수 있게끔 공개한 웹 사이트로, 방문할 때마다
   세상에 존재하지 않는 얼굴을 한 장씩 보여 줍니다.

생성적 적대 신경망(Generative Adversarial Networks), 줄여서 'GAN(간)'이라고 부르는 알고리즘을 이용해 만든 것들이지요. GAN은 딥러닝의 원리를 활용해 가상 이미지를 생성하는 알고리즘입니다. 예를 들어 얼굴을 만든다면, 이미지 픽셀들이 어떻게 조합되어야 우리가 생각하는 '얼굴'의 형상이 되는지 딥러닝 알고리즘이 예측한 결과가 앞에 나온 이미지들입니다.

GAN이라는 이름에는 적대적(adversarial, 서로 대립 관계에 있는)이란 단어가 들어 있는데, 이것은 GAN 알고리즘의 성격을 잘 말해 줍니다. 진짜 같은 가짜를 만들기 위해 GAN 알고리즘 내부에서는 '적대적' 경합을 진행하기 때문입니다. 이 적대적 경합을 쉽게 설명하기 위해 GAN의 아이디어를 처음으로 제안한 이안 굿펠로(Ian Goodfellow)는 그의 논문에서 위조지폐범과 경찰의 예를 들었습니다. 진짜 지폐와 똑같은 위조지폐를 만들기 위해 애쓰는 위조지폐범과 이를 가려내기 위해 노력하는 경찰 사이의 경합이 결국 더 정교한 위조지폐를 만들어 낸다는 것이지요. 한쪽은 가짜를 만들고, 한쪽은 진짜와 비교하는 경합 과정을 이용하는 것이 바로 GAN의 원리입니다. 그림 19-1은 GAN의 이러한 과정을 설명하고 있습니다.

그림 19-1 | 생성자는 판별자가 구별할 수 없을 만큼 정교한 가짜를 만드는 것이 목표!

가짜를 만들어 내는 파트를 '생성자(Generator)', 진위를 가려내는 파트를 '판별자(Discriminator)'라고 합니다. 이러한 기본 구조 위에 여러 아이디어를 더한 GAN의 변형 알고리즘들이 지금도 계속해서 발표되고 있습니다. 페이스북의 AI 연구 팀이 만들어 발표한 DCGAN(Deep Convolutional GAN)도 그중 하나입니다. DCGAN은 우리가 앞서 배운 컨볼루션 신경망(CNN, 228쪽 참조)을 GAN에 적용한 알고리즘인데, 지금의 GAN이 되게끔 해 주었다고 해도 과언이 아닐 만큼 불안정하던 초기의 GAN을 크게 보완해 주었습니다. 지금부터 이 DCGAN을 직접 만들고 그 원리를 공부해 보겠습니다.

1 가짜 제조 공장, 생성자

생성자(generator)는 가상의 이미지를 만들어 내는 공장입니다. 처음에는 랜덤한 픽셀 값으로 채워진 가짜 이미지로 시작해서 판별자의 판별 결과에 따라 지속적으로 업데이트하며 점차 원하는 이미지를 만들어 갑니다.

DCGAN은 생성자가 가짜 이미지를 만들 때 컨볼루션 신경망(CNN)을 이용한다고 했습니다. 우리는 컨볼루션 신경망을 이미 배웠는데(16장) DCGAN에서 사용되는 컨볼루션 신경망은 앞서 나온 것과 조금 차이가 있습니다. 먼저 옵티마이저(optimizer)를 사용하는 최적화 과정이나 컴파일하는 과정이 없다는 것입니다. 판별과 학습이 이곳 생성자에서 일어나는 것이 아니기 때문입니다. 이는 이 장에서 차차 다루게 될 것입니다.

또한, 일부 매개변수를 삭제하는 풀링(pooling) 과정이 없는 대신 앞 장에서 배운 패딩(padding) 과정이 포함됩니다. 빈 곳을 채워서 같은 크기로 맞추는 패딩 과정이 여기서 다시 등장하는 이유는 입력 크기와 출력 크기를 똑같이 맞추기 위해서입니다. 이것을 이해하기 위해 그림 19-2를 보기 바랍니다. 커널을 이동하며 컨볼루션 층을 만들 때 이미지의 크기가 처음보다 줄어든다는 것을 떠올려 보면 패딩 과정이 왜 필요한지 알 수 있습니다(255쪽 참조).

그림 19-2 | 생성자의 결과물이 실제 데이터와 같은 크기여야 하므로 차원 축소 문제를 해결해야 한다

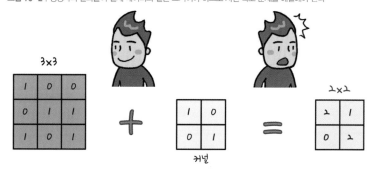

패딩 과정을 통해 생성자가 만들어 내는 이미지의 크기를 조절해야 하는 이유는 판별자가 비교할 '진짜'와 똑같은 크기가 되어야 하기 때문입니다. 예를 들어 MNIST 손글씨 인식을 사용한다면, 모든 손글씨 사진이 가로가 28픽셀이고 세로가 28픽셀의 크기로 되어 있으므로 생성자에서 만들어질 이미지 역시 28×28의 크기가 되어야 합니다.

케라스의 패딩 함수는 이러한 문제를 쉽게 처리할 수 있도록 도와줍니다. padding='same' 이라는 설정을 통해 입력과 출력의 크기가 다를 경우 자동으로 크기를 확장해 주고, 확장된 공간에 0을 채워 넣을 수 있습니다(그림 19-3 참조).

그림 19-3 | 패딩을 이용하면 커널을 거친 후에도 차원의 변동이 없게 만들 수 있다!

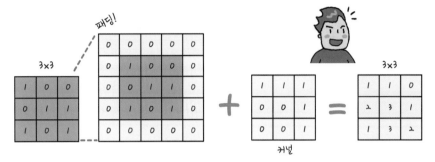

패딩 외에도 알아야 할 것들이 몇 가지 더 있습니다. DCGAN의 제안자들은 학습에 꼭 필요한 옵션들을 제시했는데, 그중 하나가 **배치 정규화**(Batch Normalization)라는 과정입니다. 배치 정규화란 입력 데이터의 평균이 0, 분산이 1이 되도록 재배치하는 것인데, 다음 층으로 입력될 값을 일정하게 재배치하는 역할을 합니다. 이 과정을 통해 층의 개수가 늘어나도 안정적인 학습을 진행할 수 있습니다. 케라스는 이를 쉽게 적용할 수 있게끔 BatchNormalization( ) 함수를 제공합니다.

또한, 생성자의 활성화 함수로는 ReLU( ) 함수를 쓰고 판별자로 넘겨주기 직전에는 tanh( ) 함수를 쓰고 있습니다. tanh( ) 함수를 쓰면 출력되는 값을 −1~1 사이로 맞출 수 있습니다. 판별자에 입력될 MNIST 손글씨의 픽셀 범위도 −1~1로 맞추면 판별 조건이 모두 갖추어집니다.

지금까지 설명한 내용을 코드로 정리하면 다음과 같습니다.

```
generator = Sequential() # 모델 이름을 generator로 정하고 Sequential() 함수를 호출
generator.add(Dense(128*7*7, input_dim=100, activation=LeakyReLU(0.2))) …… ❶
generator.add(BatchNormalization()) …… ❷
generator.add(Reshape((7, 7, 128))) …… ❸
generator.add(UpSampling2D()) …… ❹
generator.add(Conv2D(64, kernel_size=5, padding='same')) …… ❺
```

```
generator.add(BatchNormalization()) ····· ❻
generator.add(Activation(LeakyReLU(0.2))) ····· ❼
generator.add(UpSampling2D()) ····· ❽
generator.add(Conv2D(1, kernel_size=5, padding='same', activation='tanh'))
····· ❾
```

먼저 ❶부터 차례로 확인해 보겠습니다.

```
generator.add(Dense(128*7*7, input_dim=100, activation=LeakyReLU(0.2))) ····· ❶
```

여기서 128은 임의로 정한 노드의 수입니다. 128이 아니어도 충분한 노드를 마련해 주면 됩니다. input_dim=100은 100차원 크기의 랜덤 벡터를 준비해 집어넣으라는 의미입니다. 꼭 100이 아니어도 좋습니다. 적절한 숫자를 임의로 넣어 주면 됩니다.

여기서 주의할 부분은 7*7입니다. 이는 이미지의 최초 크기를 의미합니다. MNIST 손글씨 이미지의 크기는 28×28인데, 왜 7×7 크기의 이미지를 넣어 줄까요?

❹와 ❽을 보면 답이 있습니다. UpSampling2D() 함수를 사용했습니다. UpSampling2D() 함수는 이미지의 가로세로 크기를 두 배씩 늘려 줍니다. 7×7이 ❹ 레이어를 지나며 그 크기가 14×14가 되고, ❽ 레이어를 지나며 28×28이 되는 것입니다.

이렇게 작은 크기의 이미지를 점점 늘려 가면서 컨볼루션 층(❺, ❾)을 지나치게 하는 것이 DCGAN의 특징입니다.

> **TIP**
> 케라스는 Upsampling과 Conv2D를 합쳐 놓은 Conv2DTranspose() 함수도 제공합니다. ❹, ❺와 ❽, ❾를 각각 없애고 이 함수 하나만 써도 되는데, 여기서는 이해를 돕기 위해 두 개로 나누어 쓰고 설명합니다.

❸은 컨볼루션 레이어가 받아들일 수 있는 형태로 바꾸어 주는 코드입니다. Conv2D() 함수의 input_shape 부분에 들어갈 형태로 정해 줍니다(231쪽 참조).

```
generator.add(Reshape((7, 7, 128))) ····· ❸
```

❹, ❺ 그리고 ❽, ❾는 두 배씩 업(up)샘플링을 한 후 컨볼루션 과정을 처리합니다. 커널 크기를 5로 해서 5×5 크기의 커널을 썼습니다. 바로 앞서 설명했듯이 padding='same' 조건 때문에 모자라는 부분은 자동으로 0이 채워집니다.

```
generator.add(UpSampling2D()) ..... ❹
generator.add(Conv2D(64, kernel_size=5, padding='same')) ..... ❺
```

❶과 ❼에서 활성화 함수로 LeakyReLU(리키렐루)를 썼습니다. GAN에서는 기존에 사용하던 ReLU() 함수를 쓸 경우 학습이 불안정해지는 경우가 많아, ReLU()를 조금 변형한 LeakyReLU() 함수를 씁니다.

> **TIP**
> LeakyReLU() 함수는 ReLU() 함수에서 x 값이 음수이면 무조건 0이 되어 뉴런들이 일찍 소실되는 단점을 보완하기 위해, 0 이하에서도 작은 값을 갖게 만드는 활성화 함수입니다. 케라스 함수를 이용해 LeakyReLU(0.2) 형태로 설정하면 0보다 작을 경우 0.2를 곱하라는 의미입니다.

```
generator.add(Dense(128*7*7, input_dim=100, activation=LeakyReLU(0.2))) ..... ❶
generator.add(Activation(LeakyReLU(0.2))) ..... ❼
```

❷, ❻에서는 데이터의 배치를 정규 분포로 만드는 배치 정규화가 진행됩니다.

```
generator.add(BatchNormalization()) ..... ❷
generator.add(BatchNormalization()) ..... ❻
```

끝으로 ❾에서 한 번 더 컨볼루션 과정을 거친 후 판별자로 값을 넘길 준비를 마칩니다. 앞서 이야기한 대로 활성화 함수는 tanh() 함수를 썼습니다.

```
generator.add(Conv2D(1, kernel_size=5, padding='same', activation='tanh'))
    ..... ❾
```

2 진위를 가려내는 장치, 판별자

이제 생성자에서 넘어온 이미지가 가짜인지 진짜인지를 판별해 주는 장치인 **판별자** (discriminator)를 만들 차례입니다. 이 부분은 컨볼루션 신경망의 구조를 그대로 가지고 와서 만들면 됩니다. 컨볼루션 신경망이란 원래 무언가를(예를 들어 개와 고양이 사진을) 구별하는 데 최적화된 알고리즘이기 때문에 그 목적 그대로 사용하면 되는 것이지요.

진짜(1) 아니면 가짜(0), 둘 중 하나를 결정하는 문제이므로 컴파일 부분은 14장에서 사용된 이진 로스 함수(binary_crossentropy)와 최적화 함수(adam)를 그대로 쓰겠습니다. 16장에서 배웠던 드롭아웃(Dropout(0.3))도 다시 사용하고, 앞 절에서 다룬 배치 정규화와 패딩도 그대로 넣어 줍니다.

주의할 점은 이 판별자는 가짜인지 진짜인지를 판별만 해 줄 뿐, 자기 자신이 학습을 해서는 안 된다는 것입니다. 판별자가 얻은 가중치는 판별자 자신이 학습하는 데 쓰이는 것이 아니라 생성자로 넘겨주어 생성자가 업데이트된 이미지를 만들도록 해야 합니다. 따라서 판별자를 만들 때는 가중치를 저장하는 학습 기능을 꺼 주어야 합니다.

모든 과정을 코드로 정리해 보면 다음과 같습니다.

```
# 모델 이름을 discriminator로 정하고 Sequential() 함수를 호출합니다.
discriminator = Sequential()
discriminator.add(Conv2D(64, kernel_size=5, strides=2, input_shape=
(28,28,1), padding="same")) ⋯⋯ ❶
discriminator.add(Activation(LeakyReLU(0.2))) ⋯⋯ ❷
discriminator.add(Dropout(0.3)) ⋯⋯ ❸
discriminator.add(Conv2D(128, kernel_size=5, strides=2, padding="same")) ⋯⋯ ❹
discriminator.add(Activation(LeakyReLU(0.2))) ⋯⋯ ❺
discriminator.add(Dropout(0.3)) ⋯⋯ ❻
discriminator.add(Flatten()) ⋯⋯ ❼
discriminator.add(Dense(1, activation='sigmoid')) ⋯⋯ ❽
discriminator.compile(loss='binary_crossentropy', optimizer='adam') ⋯⋯ ❾
discriminator.trainable = False ⋯⋯ ❿
```

먼저 ❶, ❹를 살펴보면 노드의 수는 각각 64개, 128개로 정했고, 커널 크기는 5로 설정해 5×5 커널이 사용된다는 것을 알 수 있습니다.

```
discriminator.add(Conv2D(64, kernel_size=5, strides=2, input_shape=
(28,28,1), padding="same")) ····· ❶
discriminator.add(Conv2D(128, kernel_size=5, strides=2, padding="same")) ····· ❹
```

여기에 strides 옵션이 처음 등장했습니다. strides는 커널 윈도를 몇 칸씩 이동시킬지 정하는 옵션입니다. 특별한 설정이 없으면 커널 윈도는 한 칸씩 움직입니다. strides=2라고 설정했다는 것은 커널 윈도를 두 칸씩 움직이라는 뜻입니다.

strides를 써서 커널 윈도를 여러 칸 움직이게 하는 이유는 무엇일까요? 가로세로 크기가 더 줄어들어 새로운 특징을 뽑아 주는 효과가 생기기 때문입니다. 드롭아웃이나 풀링처럼 새로운 필터를 적용한 효과가 생기는 것입니다. 생성자에서는 출력 수를 28로 맞추어야 하기 때문에 오히려 업샘플링을 통해 가로세로의 수를 늘려 주었지만 판별자는 진짜와 가짜만 구분하면 되기 때문에 그럴 필요가 없습니다. strides나 드롭아웃(❸, ❻) 등 차원을 줄여 주는 기능을 적극적으로 사용하면서 컨볼루션 신경망 본래의 목적을 달성하면 됩니다.

❷, ❺는 활성화 함수로 LeakyReLU( ) 함수를 사용한 것을 보여 줍니다.

❼, ❽은 가로×세로의 2차원으로 진행된 과정을 1차원으로 바꾸어 주는 Flatten( ) 함수와 마지막 활성화 함수로 sigmoid( ) 함수를 사용하는 과정입니다. 판별의 결과가 진짜(1) 혹은 가짜(0), 둘 중에 하나가 되어야 하므로 sigmoid( ) 함수를 썼습니다.

❾에서는 이제 이진 로스 함수(binary_crossentropy)와 최적화 함수(adam)를 써서 판별자에 필요한 준비를 마무리합니다.

❿에서는 앞서 설명한 대로 판별이 끝나고 나면 판별자 자신이 학습되지 않게끔 학습 기능을 꺼 줍니다. discriminator.trainable = False라는 옵션으로 이를 설정할 수 있습니다.

3 적대적 신경망 실행하기

이제 생성자와 판별자를 연결시키고 학습을 진행하며 기타 여러 가지 옵션을 설정하는 순서입니다.

생성자와 판별자를 연결시킨다는 것은 생성자에서 나온 출력을 판별자에 넣어서 진위 여부를 판별하게 만든다는 의미입니다. 282쪽에 나온 그림에 생성자를 G( ), 판별자를 D( ), 실제 데이터를 x, 입력 값을 input이라고 하여 다시 나타내면 그림 19-4와 같습니다.

그림 19-4 | 생성자 모델이 G(), 판별자 모델이 D(), 실제 데이터가 x, 입력 값이 input일 때 GAN의 기본 구조

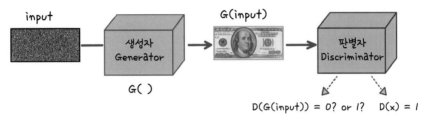

생성자 G( )에 입력 값 input을 넣은 결과는 G(input)입니다. 이것을 판별자 D( )에 넣은 결과는 D(G(input))이 됩니다. 생성자는 D(G(input))이 참(1)이라고 주장하지만, 판별자는 실제 데이터인 x로 만든 D(x)만이 참이라고 여깁니다. 그러다 학습이 진행될수록 생성자가 만든 G(input)이 실제와 너무나 가까워져서 이것으로 만든 D(G(input))과 실제 데이터로 만든 D(x)를 잘 구별하지 못하게 됩니다. 너무나 유사해진 D(G(input))과 D(x)를 판별자가 더는 구별하지 못하게 되어 정확도가 0.5에 가까워질 때, 비로소 생성자는 자신의 역할을 다하게 되어 학습은 종료됩니다.

이제 이것을 코드로 만들겠습니다.

```
ginput = Input(shape=(100,)) ····· ❶
dis_output = discriminator(generator(ginput)) ····· ❷
gan = Model(ginput, dis_output) ····· ❸
gan.compile(loss='binary_crossentropy', optimizer='adam') ····· ❹
```

❶은 랜덤한 100개의 벡터를 케라스의 Input( ) 함수에 집어넣어 생성자에 입력할 ginput을 만드는 과정입니다.

❷는 생성자 모델 generator( )에 ❶에서 만든 ginput을 입력합니다. 그 결과 출력되는 28×28 크기의 이미지가 그대로 판별자 모델 discriminator( )의 입력 값으로 들어갑니다. 판별자는 이 입력 값을 가지고 참과 거짓을 판별하는데, 그 결과를 dis_output이라고 하겠습니다.

❸에서는 케라스의 Model( ) 함수를 이용해 ginput 값과 ❷에서 구한 dis_output 값을 넣어 gan이라는 이름의 새로운 모델을 만듭니다.

❹에서는 참과 거짓을 구분하는 이진 로스 함수(binary_crossentropy)와 최적화 함수(adam)를 사용해 ❸에서 만든 gan 모델을 컴파일합니다.

드디어 생성자와 판별자를 연결하는 gan 모델까지 만들었습니다. 이제 지금까지 모든 과정을 실행할 함수를 만들 차례입니다.

gan_train( ) 함수를 사용해 학습이 진행되도록 하겠습니다. 이때 변수는 epoch, batch_size 그리고 중간 과정을 저장할 때 몇 번마다 한 번씩 저장할지 정하는 saving_interval 이렇게 세 가지로 정합니다. 판별자에서 사용할 MNIST 손글씨 데이터도 불러 줍니다. 앞서 생성자 편에서 tanh( ) 함수를 사용한 이유는 지금 불러올 이 데이터의 픽셀 값을 −1~1 사이의 값으로 지정하기 위해서였습니다. 0~255의 값으로 되어 있는 픽셀 값을 −1~1 사이의 값으로 바꾸려면 현재의 픽셀 값에서 127.5를 뺀 후 127.5로 나누면 됩니다.

```python
# 실행 함수를 선언합니다.
def gan_train(epoch, batch_size, saving_interval): # 세 가지 변수 지정

# MNIST 데이터 불러오기
    # MNIST 데이터를 다시 불러와 이용합니다. 단, 테스트 과정은 필요 없고
    # 이미지만 사용할 것이기 때문에 X_train만 호출합니다.
    (X_train, _), (_, _) = mnist.load_data()

    # 가로 28픽셀, 세로 28픽셀이고 흑백이므로 1을 설정합니다.
    X_train = X_train.reshape(X_train.shape[0], 28, 28, 1).astype('float32')

    # 0~255 사이 픽셀 값에서 127.5를 뺀 후 127.5로 나누면 −1~1 사이 값으로 바뀝니다.
    X_train = (X_train - 127.5) / 127.5
```

batch_size는 한 번에 몇 개의 실제 이미지와 몇 개의 가상 이미지를 판별자에 넣을지 결정하는 변수입니다. 먼저 batch_size만큼 MNIST 손글씨 이미지를 랜덤하게 불러와 판별자에 집어넣는 과정은 다음과 같습니다. 실제 이미지를 입력했으므로 '모두 참(1)'이라는 레이블을 붙입니다.

```
true = np.ones((batch_size, 1)) ····· ❶
idx = np.random.randint(0, X_train.shape[0], batch_size) ····· ❷
imgs = X_train[idx] ····· ❸
d_loss_real = discriminator.train_on_batch(imgs, true) ····· ❹
```

❶에서는 '모두 참(1)'이라는 레이블 값을 가진 배열을 만듭니다. batch_size 길이만큼 만들어 ❹에서 사용합니다.

❷에서는 넘파이 라이브러리의 random( ) 함수를 사용해서 실제 이미지를 랜덤하게 선택해 불러옵니다. np.random.randint(a, b, c)는 a부터 b까지 숫자 중 하나를 랜덤하게 선택해 가져오는 과정을 c번 반복하라는 의미입니다. 0부터 X_train 개수 사이의 숫자를 랜덤하게 선택해 batch_size만큼 반복해서 가져오게 했습니다.

❸에서는 ❷에서 선택된 숫자에 해당하는 이미지를 불러옵니다.

❹에서는 판별자 모델에 train_on_batch( ) 함수를 써서 판별을 시작합니다. train_on_batch(x, y) 함수는 입력 값(x)과 레이블(y)을 받아서 딱 한 번 학습을 실시해 모델을 업데이트합니다. ❸에서 만든 이미지를 x에 넣고 ❶에서 만든 배열을 y에 놓아 준비를 마칩니다. 실제 이미지에 이어서 이번에는 생성자에서 만든 가상의 이미지를 판별자에 넣겠습니다. 가상의 이미지는 '모두 거짓(0)'이라는 레이블을 준비해 붙입니다. 학습이 반복될수록 가짜라는 레이블을 붙인 이미지들에 대한 예측 결과가 거짓으로 나올 것입니다.

```
fake = np.zeros((batch_size, 1)) ····· ❶
noise = np.random.normal(0, 1, (batch_size, 100)) ····· ❷
gen_imgs = generator.predict(noise) ····· ❸
d_loss_fake = discriminator.train_on_batch(gen_imgs, fake) ····· ❹
```

①에서는 '모두 거짓(0)'이라는 레이블 값을 가진 열을 batch_size 길이만큼 만듭니다.

②에서는 생성자에 집어넣을 가상 이미지를 만듭니다. 정수가 아니기 때문에 np.random. normal() 함수를 사용했습니다. 조금 전과 마찬가지로 np.random.normal(a, b, c) 형태를 가지며 a부터 b까지 실수 중 c개를 랜덤으로 뽑으라는 의미입니다. 여기서 c 자리에 있는 (batch_size, 100)은 batch_size만큼 100열을 뽑으라는 의미입니다.

③에서는 ②에서 만들어진 값이 생성자에 들어가고 결괏값이 gen_imgs로 저장됩니다.

④에서는 ③에서 만든 값에 ①에서 만든 '모두 거짓(0)'이라는 레이블이 붙습니다. 이대로 판별자로 입력됩니다.

이제 실제 이미지를 넣은 d_loss_**real**과 가상 이미지를 입력한 d_loss_**fake**가 판별자 안에서 번갈아 가며 진위를 판단하기 시작합니다. 각각 계산되는 오차의 평균을 구하면 판별자의 오차 d_loss는 다음과 같이 정리됩니다.

```
# d_loss_real, d_loss_fake 값을 더해 둘로 나눈 평균이 바로 판별자의 오차
d_loss = 0.5 * np.add(d_loss_real, d_loss_fake)
```

이제 마지막 단계입니다. 판별자와 생성자를 연결해서 만든 gan 모델을 이용해 생성자의 오차, g_loss를 구하면 다음과 같습니다. 역시 train_on_batch() 함수와 앞서 만든 gen_imgs를 사용합니다. 생성자의 레이블은 무조건 참(1)이라 해놓고 판별자로 넘깁니다. 따라서 이번에도 앞서 만든 true 배열로 레이블을 붙입니다.

```
g_loss = gan.train_on_batch(noise, true)
```

그리고 학습이 진행되는 동안 생성자와 판별자의 오차가 출력되게 하겠습니다.

```
print('epoch:%d' % i, ' d_loss:%.4f' % d_loss, ' g_loss:%.4f' % g_loss)
```

이제 실행할 준비를 마쳤습니다. 앞서 배운 GAN의 모든 과정을 한곳에 모으면 다음과 같습니다.

```
from tensorflow.keras.datasets import mnist
from tensorflow.keras.layers import Input, Dense, Reshape,Flatten, Dropout
from tensorflow.keras.layers import BatchNormalization, Activation,
LeakyReLU, UpSampling2D, Conv2D
from tensorflow.keras.models import Sequential, Model

import numpy as np
import matplotlib.pyplot as plt

# 생성자 모델을 만듭니다.
generator = Sequential()
generator.add(Dense(128*7*7, input_dim=100, activation=LeakyReLU(0.2)))
generator.add(BatchNormalization())
generator.add(Reshape((7, 7, 128)))
generator.add(UpSampling2D())
generator.add(Conv2D(64, kernel_size=5, padding='same'))
generator.add(BatchNormalization())
generator.add(Activation(LeakyReLU(0.2)))
generator.add(UpSampling2D())
generator.add(Conv2D(1, kernel_size=5, padding='same', activation='tanh'))

# 판별자 모델을 만듭니다.
discriminator = Sequential()
discriminator.add(Conv2D(64, kernel_size=5, strides=2,
input_shape=(28,28,1), padding="same"))
discriminator.add(Activation(LeakyReLU(0.2)))
discriminator.add(Dropout(0.3))
discriminator.add(Conv2D(128, kernel_size=5, strides=2, padding="same"))
discriminator.add(Activation(LeakyReLU(0.2)))
discriminator.add(Dropout(0.3))
discriminator.add(Flatten())
```

```
discriminator.add(Dense(1, activation='sigmoid'))
discriminator.compile(loss='binary_crossentropy', optimizer='adam')
discriminator.trainable = False

# 생성자와 판별자 모델을 연결시키는 gan 모델을 만듭니다.
ginput = Input(shape=(100,))
dis_output = discriminator(generator(ginput))
gan = Model(ginput, dis_output)
gan.compile(loss='binary_crossentropy', optimizer='adam')
gan.summary()

# 신경망을 실행시키는 함수를 만듭니다.
def gan_train(epoch, batch_size, saving_interval):

# MNIST 데이터 불러오기
    # 앞서 불러온 MNIST를 다시 이용합니다. 테스트 과정은 필요 없고
    # 이미지만 사용할 것이기 때문에 X_train만 호출합니다.
    (X_train, _), (_, _) = mnist.load_data()
    X_train = X_train.reshape(X_train.shape[0], 28, 28, 1).astype('float32')

    # 127.5를 뺀 후 127.5로 나누어서 -1~1 사이의 값으로 바꿉니다.
    X_train = (X_train - 127.5) / 127.5

    true = np.ones((batch_size, 1))
    fake = np.zeros((batch_size, 1))

    for i in range(epoch):
        # 실제 데이터를 판별자에 입력하는 부분입니다.
        idx = np.random.randint(0, X_train.shape[0], batch_size)
        imgs = X_train[idx]
        d_loss_real = discriminator.train_on_batch(imgs, true)

        # 가상 이미지를 판별자에 입력하는 부분입니다.
```

```
noise = np.random.normal(0, 1, (batch_size, 100))
gen_imgs = generator.predict(noise)
d_loss_fake = discriminator.train_on_batch(gen_imgs, fake)

# 판별자와 생성자의 오차를 계산합니다.
d_loss = 0.5 * np.add(d_loss_real, d_loss_fake)
g_loss = gan.train_on_batch(noise, true)

print('epoch:%d' % i, ' d_loss:%.4f' % d_loss, ' g_loss:%.4f' % g_loss)

# 중간 과정을 이미지로 저장하는 부분입니다. 정해진 인터벌만큼 학습되면
# 그때 만든 이미지를 gan_images 폴더에 저장하라는 의미입니다.
# 이 코드는 이 장의 주된 목표와는 관계가 없어서 소스 코드만 소개합니다.
if i % saving_interval == 0:
# r, c = 5, 5
noise = np.random.normal(0, 1, (25, 100))
gen_imgs = generator.predict(noise)

# Rescale images 0 - 1
gen_imgs = 0.5 * gen_imgs + 0.5

fig, axs = plt.subplots(5, 5)
count = 0
for j in range(5):
    for k in range(5):
        axs[j, k].imshow(gen_imgs[count, :, :, 0], cmap='gray')
        axs[j, k].axis('off')
        count += 1
fig.savefig("gan_images/gan_mnist_%d.png" % i)

# 2000번 반복되고(+1을 하는 것에 주의),
# 배치 크기는 32, 200번마다 결과가 저장됩니다.
gan_train(2001, 32, 200)
```

```
Model: "model_1"
_____
Layer (type)              Output Shape            Param #
=================================================================
input_2 (InputLayer)      [(None, 100)]           0
_____
sequential_2 (Sequential) (None, 28, 28, 1)       865281
_____
sequential_3 (Sequential) (None, 1)               212865
=================================================================
Total params: 1,078,146
Trainable params: 852,609
Non-trainable params: 225,537
_____
epoch:0   d_loss:0.7238   g_loss:0.5319
... (중략) ...
epoch:2000   d_loss:0.4667   g_loss:2.1844
```

그림 19-5 | GAN 실행 결과

시작 이미지:

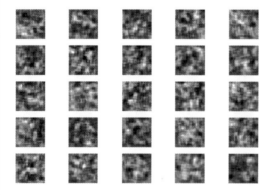

Epoch 1000:

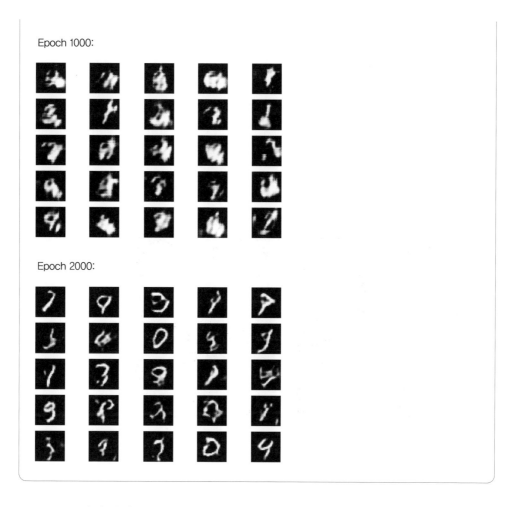

Epoch 2000:

Epoch 2000까지 진행했을 때의 결과입니다. 점점 숫자에 가까운 형태가 만들어집니다. 생성된 이미지들은 gan_images 폴더에 저장됩니다.

 4 **이미지의 특징을 추출하는 오토인코더**

딥러닝을 이용해 가상의 이미지를 만드는 또 하나의 유명한 알고리즘이 있습니다. 바로 **오토인코더**(Auto-Encoder, AE)입니다. 지금까지 설명한 GAN을 이해했다면 오토인코더의 핵심적인 부분은 이미 거의 이해한 셈입니다. 따라서 다음 장으로 넘어가기 전에 오토인코더 의미를 알아보고 실습해 보겠습니다.

오토인코더는 GAN과 비슷한 결과를 만들지만, 다른 성질을 지니고 있습니다. GAN이 세상에 존재하지 않는 완전한 가상의 것을 만들어 내는 반면에, 오토인코더는 입력 데이터의 특징을 효율적으로 담아낸 이미지를 만들어 냅니다.

예를 들어 GAN으로 사람의 얼굴을 만들면 진짜 같아 보여도 실제로는 존재하지 않는 완전한 가상 이미지가 만들어집니다. 하지만 오토인코더로 사람의 얼굴을 만들 경우 초점이 좀 흐릿하고 윤곽이 불명확하지만 사람의 특징을 유추할 수 있는 것들이 모여 이미지가 만들어집니다. 그림 19-6은 GAN과 오토인코더의 결과를 비교한 것입니다.

그림 19-6 | GAN으로 만든 이미지(왼쪽), 오토인코더로 만든 이미지(오른쪽)

 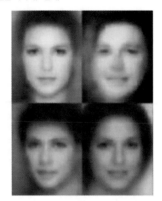

GAN으로 만든 결과　　　　　　　　　오토인코더로 만든 결과

그렇다면 오토인코더는 과연 어디에 활용할 수 있을까요? 영상 의학 분야 등 아직 데이터 수가 충분하지 않은 분야에서 사용될 수 있습니다. 학습 데이터는 현실 세계의 정보를 담고 있어야 하므로, 세상에 존재하지 않는 가상의 것을 집어넣으면 예상치 못한 결과를 가져올 수 있습니다. 하지만 데이터의 특징을 잘 담아내는 오토인코더라면 다릅니다. 부족한 학습 데이터 수를 효과적으로 늘려 주는 효과를 기대할 수 있지요.

오토인코더의 학습은 GAN의 학습보다 훨씬 쉽습니다. 이전 절에서 GAN의 원리를 이해했다면 매우 수월하게 익힐 수 있을 것입니다. 오토인코더의 원리를 그림으로 표현하면 그림 19-7과 같습니다.

그림 19-7 | 오토인코더의 구조. 입력 값(X)과 출력 값(X') 사이에 차원이 작은 노드가 포함됨

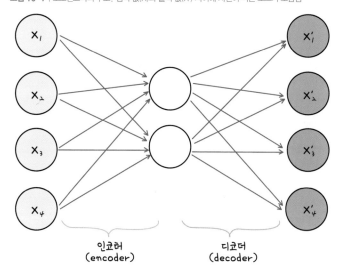

인코더
(encoder)

디코더
(decoder)

그림 19-7을 보면 입력한 이미지와 똑같은 크기로 출력층을 만들었습니다. 그리고 입력층
보다 적은 수의 노드를 가진 은닉층을 중간에 넣어서 차원을 줄여 줍니다. 이때 소실된 데이
터를 복원하기 위해 학습을 시작하고, 이 과정을 통해 입력 데이터의 특징을 효율적으로 응
축한 새로운 출력이 나오는 원리입니다.

가장 핵심이 되는 인코딩과 디코딩 과정을 코딩해 보면 다음과 같습니다.

```python
# 생성자 모델 만들기
autoencoder = Sequential()

# 인코딩 부분
autoencoder.add(Conv2D(16, kernel_size=3, padding='same', input_shape=(28,
28,1), activation='relu')) ····· ❶
autoencoder.add(MaxPooling2D(pool_size=2, padding='same')) ····· ❷
autoencoder.add(Conv2D(8, kernel_size=3, activation='relu', padding='same'))
····· ❸
autoencoder.add(MaxPooling2D(pool_size=2, padding='same')) ····· ❹
autoencoder.add(Conv2D(8, kernel_size=3, strides=2, padding='same',
activation='relu')) ····· ❺
```

```
# 디코딩 부분
autoencoder.add(Conv2D(8, kernel_size=3, padding='same',
activation='relu')) ······ ❻
autoencoder.add(UpSampling2D()) ······ ❼
autoencoder.add(Conv2D(8, kernel_size=3, padding='same',
activation='relu')) ······ ❽
autoencoder.add(UpSampling2D()) ······ ❾
autoencoder.add(Conv2D(16, kernel_size=3, activation='relu')) ······ ❿
autoencoder.add(UpSampling2D()) ······ ⓫
autoencoder.add(Conv2D(1, kernel_size=3, padding='same',
activation='sigmoid')) ······ ⓬

# 전체 구조 확인
autoencoder.summary() ······ ⓭
```

❶~❺는 입력된 값의 차원을 축소시키는 인코딩 부분이고 ❻~⓬는 다시 차원을 점차 늘려 입력 값과 똑같은 크기의 출력 값을 내보내는 디코딩 부분입니다. 두 부분이 하나의 Sequential( ) 함수로 쭉 이어져 오토인코더 모델을 만듭니다.

인코딩 파트에서 입력 크기를 줄이는 방법으로 맥스 풀링(16.4절 참조)을 사용했습니다(❷, ❹). 반대로 디코딩 부분에서는 크기를 늘리기 위해 앞에서 배운 UpSampling을 썼습니다(❼, ❾, ⓫).

여기서 놓치지 말아야 할 것은 ❶에서 입력된 28×28 크기가 층을 지나면서 어떻게 바뀌는지 파악하는 것입니다. 입력된 값은 MaxPooling 층 ❷, ❹를 지나면서 절반씩 줄어들 것이고, Upsampling 층 ❼, ❾, ⓫을 지나면서 두 배로 늘어납니다. 그렇다면 이상한 점이 하나 있습니다. 어째서 MaxPooling 층은 두 번이 나오고 Upsampling 층은 세 번이 나올까요? 이대로라면 처음 입력된 28×28보다 더 크게 출력되는 것은 아닐까요?

해답은 ❿에 있습니다. 잘 보면 padding 옵션이 없습니다. 크기를 유지시켜 주는 패딩 과정이 없으므로 커널이 적용되면서 크기가 줄어듭니다. 이를 다시 확인하기 위해 전체 구조를 확인해 보면(❸) 다음과 같습니다.

```
Layer (type)                      Output Shape              Param #
=================================================================

conv2d (Conv2D)                   (None, 28, 28, 16)        160

max_pooling2d (MaxPooling2D)      (None, 14, 14, 16)        0

conv2d_1 (Conv2D)                 (None, 14, 14, 8)         1160

max_pooling2d_1 (MaxPooling2D)    (None, 7, 7, 8)           0

conv2d_2 (Conv2D)                 (None, 4, 4, 8)           584

conv2d_3 (Conv2D)                 (None, 4, 4, 8)           584

up_sampling2d (UpSampling2D)      (None, 8, 8, 8)           0

conv2d_4 (Conv2D)                 (None, 8, 8, 8)           584

up_sampling2d_1 (UpSampling2D)    (None, 16, 16, 8) ⓮      0

conv2d_5 (Conv2D)                 (None, 14, 14, 16) ⓯     1168

up_sampling2d_2 (UpSampling2D)    (None, 28, 28, 16)        0

conv2d_6 (Conv2D)                 (None, 28, 28, 1)         145
=================================================================
```

전체 구조에서 ⓮에서 ⓯로 넘어갈 때 다른 Conv2D 층과 달리 벡터 값이 줄어들었음에 주의해야 합니다. ⓯의 Conv2D 층에는 padding이 적용되지 않았고 kernel_size=3이 설정되었으므로 3×3 커널이 훑고 지나가면서 벡터의 차원을 2만큼 줄였습니다.

마지막 층의 벡터 값이 처음 입력 값과 같은 28×28 크기가 되는 것을 확인하면 모든 준비가 된 것입니다.

이제 이를 사용해 오토인코더를 완성하면 다음과 같습니다.

실습 | 오토인코더 실습하기

```python
from tensorflow.keras.datasets import mnist
from tensorflow.keras.models import Sequential, Model
from tensorflow.keras.layers import Input, Dense, Conv2D, MaxPooling2D,
UpSampling2D, Flatten, Reshape

import matplotlib.pyplot as plt
import numpy as np

# MNIST 데이터셋을 불러옵니다.
(X_train, _), (X_test, _) = mnist.load_data()
X_train = X_train.reshape(X_train.shape[0], 28, 28, 1).astype('float32') / 255
X_test = X_test.reshape(X_test.shape[0], 28, 28, 1).astype('float32') / 255

# 생성자 모델을 만듭니다.
autoencoder = Sequential()

# 인코딩 부분입니다.
autoencoder.add(Conv2D(16, kernel_size=3, padding='same', input_shape=(28,
28,1), activation='relu'))
autoencoder.add(MaxPooling2D(pool_size=2, padding='same'))
autoencoder.add(Conv2D(8, kernel_size=3, activation='relu', padding='same'))
```

```
autoencoder.add(MaxPooling2D(pool_size=2, padding='same'))
autoencoder.add(Conv2D(8, kernel_size=3, strides=2, padding='same',
activation='relu'))

# 디코딩 부분입니다.
autoencoder.add(Conv2D(8, kernel_size=3, padding='same',
activation='relu'))
autoencoder.add(UpSampling2D())
autoencoder.add(Conv2D(8, kernel_size=3, padding='same',
activation='relu'))
autoencoder.add(UpSampling2D())
autoencoder.add(Conv2D(16, kernel_size=3, activation='relu'))
autoencoder.add(UpSampling2D())
autoencoder.add(Conv2D(1, kernel_size=3, padding='same',
activation='sigmoid'))

# 컴파일 및 학습을 하는 부분입니다.
autoencoder.compile(optimizer='adam', loss='binary_crossentropy')
autoencoder.fit(X_train, X_train, epochs=50, batch_size=128, validation_
data=(X_test, X_test))

# 학습된 결과를 출력하는 부분입니다.
random_test = np.random.randint(X_test.shape[0], size=5)

# 테스트할 이미지를 랜덤으로 호출합니다.
ae_imgs = autoencoder.predict(X_test) # 앞서 만든 오토인코더 모델에 넣습니다.

plt.figure(figsize=(7,2)) # 출력 이미지의 크기를 정합니다.

for i, image_idx in enumerate(random_test):
    # 랜덤으로 뽑은 이미지를 차례로 나열합니다.
    ax = plt.subplot(2, 7, i+1)
    # 테스트할 이미지를 먼저 그대로 보여 줍니다.
```

```
        plt.imshow(X_test[image_idx].reshape(28, 28))
        ax.axis('off')
        ax = plt.subplot(2, 7, 7+i+1)
        # 오토인코딩 결과를 다음 열에 입력합니다.
        plt.imshow(ae_imgs[image_idx].reshape(28, 28))
        ax.axis('off')
    plt.show()
```

```
Epoch 1/50
469/469 [==============================] - 4s 8ms/step - loss: 0.2041 -
val_loss: 0.1329
... (중략) ...
Epoch 50/50
469/469 [==============================] - 3s 7ms/step - loss: 0.0822 -
val_loss: 0.0813
```

그림 19-8 | 원본 이미지와 오토인코더 이미지

원본:

오토인코더:

실행 결과에서 첫 번째 줄이 테스트로 사용된 원본 이미지, 두 번째 줄이 원본의 특징을 고스란히 담은 채 만들어진 오토인코더 이미지입니다.

20장 전이 학습을 통해 딥러닝의 성능 극대화하기

DEEP LEARNING FOR EVERYONE

◉ **예제 소스** https://github.com/taehojo/deeplearning → 20장. 전이 학습을 통해 딥러닝의 성능 극대화하기 [구글 코랩 실행하기]

◉ **바로 가기** https://bit.ly/dl3-ch20

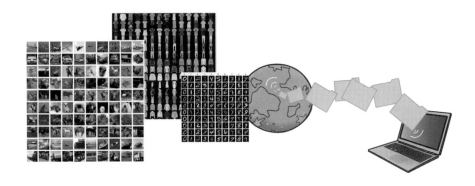

딥러닝으로 좋은 성과를 내려면 딥러닝 프로그램을 잘 짜는 것도 중요하지만, 딥러닝에 입력할 데이터를 모으는 것이 더 중요합니다. 기존 머신 러닝과 달리 딥러닝은 스스로 중요한 속성을 뽑아 학습하기 때문에 비교적 많은 양의 데이터가 필요합니다.

하지만 데이터가 충분하지 않은 상황도 발생합니다. 이 장에서는 나만의 프로젝트를 기획하고 실습하는 과정을 따라해 보며, 딥러닝의 데이터양이 충분하지 않을 때 활용할 수 있는 방법들을 배우겠습니다. 여러 방법 중에서 수만 장에 달하는 기존의 이미지에서 학습한 정보를 가져와 내 프로젝트에 활용하는 것을 **전이 학습**(transfer learning)이라고 합니다. 방대한 자료를 통해 미리 학습한 가중치(weight) 값을 가져와 내 프로젝트에 사용하는 방법으로 컴퓨터 비전, 자연어 처리 등 다양한 분야에서 전이 학습을 적용해 예측률을 높이고 있습니다.

1 소규모 데이터셋으로 만드는 강력한 학습 모델

딥러닝을 이용한 프로젝트는 어떤 데이터를 가지고 있는지, 어떤 목적을 가지고 있는지 잘 살펴보는 것부터 시작합니다. 내가 가진 데이터에 따라 딥러닝 알고리즘을 결정해야 하는데, 딥러닝 및 머신 러닝 알고리즘은 크게 두 가지 유형으로 나뉩니다. 정답을 알려 주고 시작하는가 아닌가에 따라 **지도 학습**(supervised learning) 방식과 **비지도 학습**(unsupervised learning) 방식으로 구분되지요. 지금까지 이 책에서 살펴본 폐암 수술 환자의 생존율 예측, 피마 인디언의 당뇨병 예측, CNN을 이용한 MNIST 분류 등은 각 데이터 또는 사진마다 '클래스'라는 정답을 주고 시작했습니다. 따라서 모두 '지도 학습'의 예가 됩니다. 반면 19장에서 배운 GAN이나 오토인코더는 정답을 예측하는 것이 아니라 주어진 데이터의 특성을 찾았기 때문에 '비지도 학습'의 예가 됩니다.

이번에 진행할 프로젝트는 MRI 뇌 사진을 보고 치매 환자의 뇌인지, 일반인의 뇌인지 예측하는 것입니다. 각 사진마다 치매 혹은 일반인으로 클래스가 주어지므로 지도 학습의 예라고 할 수 있겠지요. 이미지를 분류할 것이므로 이미지 분류의 대표적인 알고리즘인 컨볼루션 신경망(CNN)을 선택해 진행하겠습니다.

먼저 주어진 데이터를 살펴보면 그림 20-1과 같습니다.

그림 20-1 | MRI 뇌 사진 데이터의 구성

❶ MRI 단면 이미지 습득

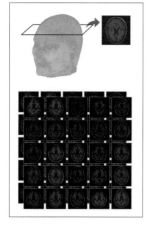

❷ 일반인인지 치매인지 유형 감별[1]

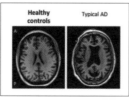

❸ 일반인 혹은 치매 클래스로 분류

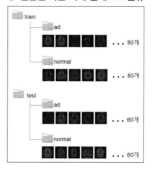

---

1 그림 20-1의 ❶: IADC에서 이미지 습득 후 FSLeyes로 재처리한 결과
  그림 20-1의 ❷: Ekman et al, Scientific reports 8,1 (2018): 8431 참조

총 280장으로 이루어진 뇌의 단면 사진입니다. 치매 환자의 특성을 보이는 뇌 사진 140장과 일반인의 뇌 사진 140장으로 구성되어 있습니다. 280개의 이미지 중 160개는 train 폴더에, 120개는 test 폴더에 넣어 두었습니다. 각 폴더 밑에는 ad와 normal이라는 두 개의 폴더가 있는데, 치매 환자의 뇌 사진은 ad 폴더에, 일반인의 뇌 사진은 normal 폴더에 저장했습니다. 데이터의 습득 과정과 구성을 잘 보여 주는 그림이라고 할 수 있습니다.

앞서 MNIST 손글씨나 로이터 뉴스, 영화 리뷰의 예제들과는 다르게 케라스에서 제공하는 데이터를 불러오는 것이 아니라, 내 데이터를 읽어 오는 것이므로 새로운 함수가 필요합니다. 데이터의 수를 늘리는 ImageDataGenerator( ) 함수와 폴더에 저장된 데이터를 불러오는 flow_from_directory( ) 함수를 사용하겠습니다.

ImageDataGenerator( ) 함수는 주어진 데이터를 이용해 변형된 이미지를 만들어 학습셋에 포함시키는 편리한 기능을 제공합니다. 이미지 데이터의 수를 확장할 때 효과적으로 사용할 수 있습니다. 다음은 함수를 사용한 예입니다.

```
train_datagen = ImageDataGenerator(rescale=1./255,
                                   horizontal_flip=True,
                                   width_shift_range=0.1,
                                   height_shift_range=0.1,
                                   rotation_range=5,
                                   shear_range=0.7,
                                   zoom_range=1.2,
                                   vertical_flip=True,
                                   fill_mode='nearest')
```

각각 인자에 대한 설명은 다음과 같습니다(그림 20-2에도 정리되어 있습니다).

* rescale: 주어진 이미지의 크기를 바꾸어 줍니다. 예를 들어 원본 영상이 0~255의 RGB 값을 가지고 있으므로 255로 나누면 0~1의 값으로 변환되어 학습이 좀 더 빠르고 쉬워집니다. 앞서 배운 정규화 과정과 같습니다.
* horizontal_flip, vertical_flip: 주어진 이미지를 수평 또는 수직으로 뒤집습니다.
* zoom_range: 정해진 범위 안에서 축소 또는 확대합니다.

- width_shift_range, height_shift_range: 정해진 범위 안에서 그림을 수평 또는 수직으로 랜덤하게 평행 이동시킵니다.
- rotation_range: 정해진 각도만큼 이미지를 회전시킵니다.
- shear_range: 좌표 하나를 고정시키고 다른 몇 개의 좌표를 이동시키는 변환을 합니다.
- fill_mode: 이미지를 축소 또는 회전하거나 이동할 때 생기는 빈 공간을 어떻게 채울지 결정합니다. nearest 옵션을 선택하면 가장 비슷한 색으로 채워집니다.

그림 20-2 | ImageDataGenerator 옵션의 결과

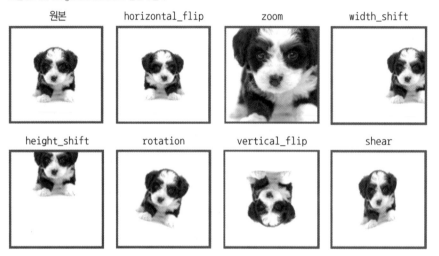

단, 이 모든 인자를 다 적용하면 불필요한 데이터를 만들게 되어 오히려 학습 시간이 늘어난다는 것에 주의해야 합니다. 주어진 데이터의 특성을 잘 파악한 후 이에 맞게 사용하는 것이 좋습니다. 우리는 좌우의 차이가 그다지 중요하지 않은 뇌 사진을 이용할 것이므로 수평으로 대칭시키는 horizontal_flip 인자를 사용하겠습니다. 그리고 width_shift, height_shift 인자를 이용해 조금씩 좌우로 수평 이동시킨 이미지도 만들어 사용하겠습니다. 참고로 데이터 부풀리기는 학습셋에만 적용하는 것이 좋습니다. 테스트셋은 실제 정보를 그대로 유지하게 하는 편이 과적합의 위험을 줄일 수 있기 때문입니다. 테스트셋은 다음과 같이 정규화만 진행해 줍니다.

```
test_datagen = ImageDataGenerator(rescale=1./255)
```

이미지 생성 옵션을 정하고 나면 실제 데이터가 있는 곳을 알려 주고 이미지를 불러오는 작업을 해야 합니다. 이를 위해 flow_from_directory( ) 함수를 사용하겠습니다.

```
train_generator = train_datagen.flow_from_directory(
    './data-ch20/train',   # 학습셋이 있는 폴더 위치
    target_size=(150,150),  # 이미지 크기
    batch_size=5,
    class_mode='binary')    # 치매/정상 이진 분류이므로 바이너리 모드로 실행
```

같은 과정을 거쳐서 테스트셋도 생성해 줍니다.

```
test_generator = test_datagen.flow_from_directory(
    './data-ch20/test'      # 테스트셋이 있는 폴더 위치
    target_size=(150,150),
    batch_size=5,
    class_mode='binary')
```

모델 실행을 위한 옵션을 만들어 줍니다. 옵티마이저로 Adam을 선택하는데, 이번에는 케라스 API의 ❶ optimizers 클래스를 이용해 학습률을 따로 지정해 보았습니다. 조기 중단을 설정하고 model.fit()을 실행하는데, 이때 학습셋과 검증셋을 조금 전 만들어 준 ❷ train_generator와 ❸ test_generator로 지정합니다.

```
# 모델의 실행 옵션을 설정합니다.
model.compile(loss='binary_crossentropy', optimizer=optimizers.Adam
(learning_rate=0.0002), metrics=['accuracy']) ·····❶

# 학습의 조기 중단을 설정합니다.
early_stopping_callback = EarlyStopping(monitor='val_loss', patience=5)

# 모델을 실행합니다.
history = model.fit(train_generator, ·····❷
```

```
            epochs=100,
            validation_data=test_generator, ····· ❸
            validation_steps=10,
            callbacks=[early_stopping_callback])
```

이제 CNN을 이용해 모델을 만들겠습니다.

잠깐만요

이 실습에는 사이파이(SciPy) 라이브러리가 필요합니다. 코랩의 경우에는 기본으로 제공하지만, 주피터 노트북을 이용해 실습 중이라면 다음 명령으로 라이브러리를 설치해야 합니다.

```
!pip install Scipy
```

실습 I 치매 환자의 뇌인지 일반인의 뇌인지 예측하기

```
from tensorflow.keras.models import Sequential
from tensorflow.keras.layers import Dense, Activation, Dropout, Flatten,
Conv2D, MaxPooling2D
from tensorflow.keras.preprocessing.image import ImageDataGenerator
from tensorflow.keras.callbacks import EarlyStopping
from tensorflow.keras import optimizers

import numpy as np
import matplotlib.pyplot as plt

# 깃허브에 준비된 데이터를 가져옵니다.
!git clone https://github.com/taehojo/data-ch20.git

# 학습셋의 변형을 설정하는 부분입니다.
train_datagen = ImageDataGenerator(rescale=1./255, # 주어진 이미지 크기를 설정
```

```python
    horizontal_flip=True,       # 수평 대칭 이미지를 50% 확률로 만들어 추가합니다.
    width_shift_range=0.1,      # 전체 크기의 15% 범위에서 좌우로 이동합니다.
    height_shift_range=0.1,     # 마찬가지로 위아래로 이동합니다.
    #rotation_range=5,          # 정해진 각도만큼 회전시킵니다.
    #shear_range=0.7,           # 좌표 하나를 고정시키고 나머지를 이동시킵니다.
    #zoom_range=[0.9, 2.2],     # 확대 또는 축소시킵니다.
    #vertical_flip=True,        # 수직 대칭 이미지를 만듭니다.
    #fill_mode='nearest'        # 빈 공간을 채우는 방법입니다.
                                # nearest 옵션은 가장 비슷한 색으로 채우게 됩니다.

    )


train_generator = train_datagen.flow_from_directory(
    './data-ch20/train',        # 학습셋이 있는 폴더의 위치입니다.
    target_size=(150,150),
    batch_size=5,
    class_mode='binary')


# 테스트셋은 이미지 부풀리기 과정을 진행하지 않습니다.
test_datagen = ImageDataGenerator(rescale=1./255)


test_generator = test_datagen.flow_from_directory(
    './data-ch20/test',         # 테스트셋이 있는 폴더의 위치입니다.
    target_size=(150,150),
    batch_size=5,
    class_mode='binary')


# 앞서 배운 CNN 모델을 만들어 적용해 보겠습니다.
model = Sequential()
model.add(Conv2D(32, (3, 3), input_shape=(150,150,3)))
model.add(Activation('relu'))
model.add(MaxPooling2D(pool_size=(2,2)))

model.add(Conv2D(32, (3, 3)))
model.add(Activation('relu'))
```

```python
model.add(MaxPooling2D(pool_size=(2,2)))

model.add(Conv2D(64, (3, 3)))
model.add(Activation('relu'))
model.add(MaxPooling2D(pool_size=(2,2)))

model.add(Flatten())
model.add(Dense(64))
model.add(Activation('relu'))
model.add(Dropout(0.5))
model.add(Dense(1))
model.add(Activation('sigmoid'))

# 모델 실행의 옵션을 설정합니다.
model.compile(loss='binary_crossentropy', optimizer=optimizers.Adam
(learning_rate=0.0002), metrics=['accuracy'])

# 학습의 조기 중단을 설정합니다.
early_stopping_callback = EarlyStopping(monitor='val_loss', patience=5)

# 모델을 실행합니다.
history = model.fit(
    train_generator,
    epochs=100,
    validation_data=test_generator,
    validation_steps=10,
    callbacks=[early_stopping_callback])

# 검증셋과 학습셋의 오차를 저장합니다.
y_vloss = history.history['val_loss']
y_loss = history.history['loss']

# 그래프로 표현해 봅니다.
```

```
x_len = np.arange(len(y_loss))
plt.plot(x_len, y_vloss, marker='.', c="red", label='Testset_loss')
plt.plot(x_len, y_loss, marker='.', c="blue", label='Trainset_loss')

# 그래프에 그리드를 주고 레이블을 표시하겠습니다.
plt.legend(loc='upper right')
plt.grid()
plt.xlabel('epoch')
plt.ylabel('loss')
plt.show()
```

```
Epoch 1/100
32/32 [==============================] - 3s 68ms/step - loss: 0.7053 -
accuracy: 0.5063 - val_loss: 0.6896 - val_accuracy: 0.5000
... (중략) ...
Epoch 32/100
32/32 [==============================] - 2s 65ms/step - loss: 0.1099 -
accuracy: 0.9563 - val_loss: 0.0388 - val_accuracy: 1.0000
```

그림 20-3 | 그림으로 확인하는 학습 결과

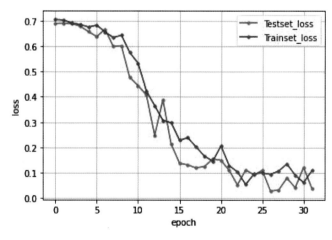

첫 정확도 50%에서 출발해 32번째 에포크에서 100%의 정확도를 보이며 멈추었습니다. 그 래프를 통해 완만하게 하강하는 오차 곡선들을 볼 수 있습니다.

2 전이 학습으로 모델 성능 극대화하기

그림 20-4 | 이미지넷 데이터셋에서 추출한 사진들[2]

사진은 이미지넷(ImageNet) 데이터셋에서 추출한 사진들로 구성된 것입니다. 이미지넷은 1,000가지 종류로 나뉜 120만 개가 넘는 이미지를 놓고 어떤 물체인지 맞히는 '이미지넷 이 미지 인식 대회(ILSVRC)'에 사용되는 데이터셋입니다. MNIST와 더불어 가장 유명한 데이 터셋 중 하나이지요. 전체 크기가 200GB에 이를 만큼 커다란 이 데이터를 놓고 그동안 수많 은 그룹이 경쟁하며 최고의 분류기를 만들기 위해 노력해 왔습니다.

치매/일반인 뇌 사진 분류 프로젝트를 하고 있는 우리에게도 이 자료가 중요한 이유는 지금 부터 이 방대한 양의 데이터셋에서 추출한 정보를 가져와서 우리 예측률을 극대화하는 '전이 학습'을 할 것이기 때문입니다.

전이 학습은 앞서 잠깐 언급한 대로 '기존의 학습 결과를 가져와서 유사한 프로젝트에 사용 하는 방법'을 의미합니다. 뇌 사진만 다루는 치매 분류기를 만드는데, 뇌 사진과 관련 없는 수백만 장의 이미지넷 학습 정보가 큰 역할을 하는 이유는 '형태'를 구분하는 기본적인 학습 이 되어 있기 때문입니다. 예를 들어 딥러닝은 학습이 시작되면 어떤 픽셀의 조합이 '선'이고

---

2 출처: https://www.analyticsvidhya.com

어떤 형태의 그룹이 '면'이 되는지부터 파악해야 합니다. 아무런 정보도 없이 MRI 사진 판별을 시작한다면 이러한 기본적인 정보를 얻어 내는 데도 많은 시간을 쏟아야 합니다. 전이 학습이 해결해 주는 것이 바로 이 부분입니다. 대용량의 데이터를 이용해 학습한 가중치 정보를 가져와 내 모델에 적용한 후 프로젝트를 계속해서 진행할 수 있는 것입니다.

전이 학습을 적용하는 방법은 그림 20-5와 같습니다. 먼저 대규모 데이터셋에서 학습된 기존의 네트워크를 불러옵니다. CNN 모델의 앞쪽을 이 네트워크로 채웁니다. 그리고 뒤쪽 레이어에서 내 프로젝트와 연결합니다. 그리고 이 두 네트워크가 잘 맞물리게끔 미세 조정(fine tuning)을 하면 됩니다. 그림 20-5는 전이 학습의 구조를 보여 줍니다.

그림 20-5 | 전이 학습의 구조

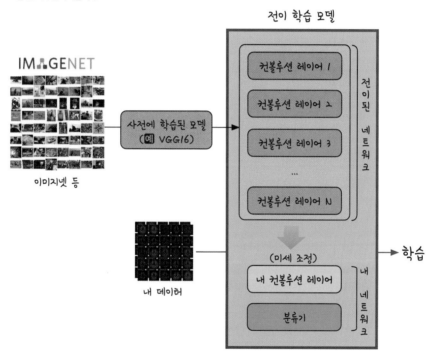

이제 앞서 우리가 만든 모델에 이미지넷 데이터셋에서 미리 학습된 모델인 VGGNet을 가지고 오는 예제를 실행해 보겠습니다. VGGNet은 옥스포드 대학의 연구 팀 VGG에 의해 개발된 모델로, 2014년 이미지넷 이미지 인식 대회에서 2위를 차지한 모델입니다. 학습 구조에 따라 VGG16, VGG19 등 이름이 주어졌는데, 우리는 VGG16을 사용하겠습니다.

다음은 모델 이름을 transfer_model로 정하고 VGG16을 불러온 모습입니다. include_ top은 전체 VGG16의 마지막 층, 즉 분류를 담당하는 곳을 불러올지 말지를 정하는 옵션입 니다. 우리가 만든 로컬 네트워크를 연결할 것이므로 False로 설정합니다. 또한, 불러올 부 분은 새롭게 학습되는 것이 아니므로 학습되지 않도록 transfer_model.trainable 옵션 역시 False로 설정합니다.

```
transfer_model = VGG16(weights='imagenet', include_top=False, input_
shape=(150,150,3))
transfer_model.trainable = False
transfer_model.summary()
```

transfer_model.summary( ) 함수를 통해 학습 구조를 보면 다음과 같습니다.

실행 결과

```
Model: "vgg16"
_____
Layer (type)                 Output Shape              Param #
=================================================================
input_1 (InputLayer)         [(None, 150, 150, 3)]     0
_____
block1_conv1 (Conv2D)        (None, 150, 150, 64)      1792
_____
block1_conv2 (Conv2D)        (None, 150, 150, 64)      36928
_____
block1_pool (MaxPooling2D)   (None, 75, 75, 64)        0
_____
block2_conv1 (Conv2D)        (None, 75, 75, 128)       73856
_____
block2_conv2 (Conv2D)        (None, 75, 75, 128)       147584
```

block2_pool (MaxPooling2D)	(None, 37, 37, 128)	0
block3_conv1 (Conv2D)	(None, 37, 37, 256)	295168
block3_conv2 (Conv2D)	(None, 37, 37, 256)	590080
block3_conv3 (Conv2D)	(None, 37, 37, 256)	590080
block3_pool (MaxPooling2D)	(None, 18, 18, 256)	0
block4_conv1 (Conv2D)	(None, 18, 18, 512)	1180160
block4_conv2 (Conv2D)	(None, 18, 18, 512)	2359808
block4_conv3 (Conv2D)	(None, 18, 18, 512)	2359808
block4_pool (MaxPooling2D)	(None, 9, 9, 512)	0
block5_conv1 (Conv2D)	(None, 9, 9, 512)	2359808
block5_conv2 (Conv2D)	(None, 9, 9, 512)	2359808
block5_conv3 (Conv2D)	(None, 9, 9, 512)	2359808
block5_pool (MaxPooling2D)	(None, 4, 4, 512)	0

```
=============================================================
Total params: 14,714,688
Trainable params: 0
Non-trainable params: 14,714,688
```

학습 가능한 파라미터(Trainable params)가 없음을 확인합니다. 이제 우리의 로컬 네트워크를 다음과 같이 만들어 줍니다.

```
finetune_model = models.Sequential()
finetune_model.add(transfer_model)
finetune_model.add(Flatten())
finetune_model.add(Dense(64))
finetune_model.add(Activation('relu'))
finetune_model.add(Dropout(0.5))
finetune_model.add(Dense(1))
finetune_model.add(Activation('sigmoid'))
finetune_model.summary()
```

finetune_model이라는 이름의 모델을 만들었습니다. 위와 같이 첫 번째 층은 앞서 불러온 transfer_model을 그대로 불러온 후 최종 예측하는 층을 추가하면 됩니다. 다음은 finetune_model.summary() 함수를 통해 학습 구조를 살펴본 결과입니다.

```
Layer (type)                 Output Shape              Param #
=================================================================
vgg16 (Functional)           (None, 4, 4, 512)         14714688

flatten (Flatten)            (None, 8192)              0

dense (Dense)                (None, 64)                524352

activation (Activation)      (None, 64)                0

dropout (Dropout)            (None, 64)                0

dense_1 (Dense)              (None, 1)                 65

activation_1 (Activation)    (None, 1)                 0
=================================================================
```

```
Total params: 15,239,105
Trainable params: 524,417
Non-trainable params: 14,714,688
```

앞서 넘겨받은 파라미터들(14,714,688)을 그대로 유지한 채 최종 분류를 위해서만 새롭게
학습하는 것을 알 수 있습니다. 코드를 종합하면 다음과 같습니다.

실습 | 전이 학습 실습하기

```python
from tensorflow.keras.preprocessing.image import ImageDataGenerator
from tensorflow.keras import Input, models, layers, optimizers, metrics
from tensorflow.keras.layers import Dense, Flatten, Activation, Dropout
from tensorflow.keras.applications import VGG16
from tensorflow.keras.callbacks import EarlyStopping

import numpy as np
import matplotlib.pyplot as plt

# 깃허브에 준비된 데이터를 가져옵니다.
!git clone https://github.com/taehojo/data-ch20.git

# 학습셋의 변형을 설정하는 부분입니다.
train_datagen = ImageDataGenerator(rescale=1./255,
                                   horizontal_flip=True,
                                   width_shift_range=0.1,
                                   height_shift_range=0.1,
                                   )
```

```python
train_generator = train_datagen.flow_from_directory(
    './data-ch20/train',
    target_size=(150,150),
    batch_size=5,
    class_mode='binary')

# 테스트셋의 정규화를 설정합니다.
test_datagen = ImageDataGenerator(rescale=1./255)

test_generator = test_datagen.flow_from_directory(
    './data-ch20/test',
    target_size=(150,150),
    batch_size=5,
    class_mode='binary')

# VGG16 모델을 불러옵니다.
transfer_model = VGG16(weights='imagenet', include_top=False, input_shape=(150,150,3))
transfer_model.trainable = False

# 우리의 모델을 설정합니다.
finetune_model = models.Sequential()
finetune_model.add(transfer_model)
finetune_model.add(Flatten())
finetune_model.add(Dense(64))
finetune_model.add(Activation('relu'))
finetune_model.add(Dropout(0.5))
finetune_model.add(Dense(1))
finetune_model.add(Activation('sigmoid'))
finetune_model.summary()
```

```python
# 모델의 실행 옵션을 설정합니다.
finetune_model.compile(loss='binary_crossentropy', optimizer=optimizers.
Adam(learning_rate=0.0002), metrics=['accuracy'])

# 학습의 조기 중단을 설정합니다.
early_stopping_callback = EarlyStopping(monitor='val_loss', patience=5)

# 모델을 실행합니다.
history = finetune_model.fit(
        train_generator,
        epochs=20,
        validation_data=test_generator,
        validation_steps=10,
        callbacks=[early_stopping_callback])

# 검증셋과 학습셋의 오차를 저장합니다.
y_vloss = history.history['val_loss']
y_loss = history.history['loss']

# 그래프로 표현해 봅니다.
x_len = np.arange(len(y_loss))
plt.plot(x_len, y_vloss, marker='.', c="red", label='Testset_loss')
plt.plot(x_len, y_loss, marker='.', c="blue", label='Trainset_loss')

# 그래프에 그리드를 주고 레이블을 표시하겠습니다.
plt.legend(loc='upper right')
plt.grid()
plt.xlabel('epoch')
plt.ylabel('loss')
plt.show()
```

```
Epoch 1/20
32/32 [==============================] - 7s 217ms/step - loss: 0.7590 -
accuracy: 0.5688 - val_loss: 0.5409 - val_accuracy: 0.7800
... (중략) ...
Epoch 15/20
32/32 [==============================] - 10s 300ms/step - loss: 0.1693 -
accuracy: 0.9563 - val_loss: 0.2223 - val_accuracy: 0.9200
```

그림 20-6 | 그림으로 확인하는 학습 결과

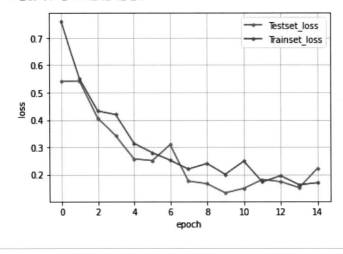

첫 정확도 78%에서 학습이 시작되었습니다. 전이 학습을 사용하지 않았던 이전보다 더 높은 정확도로 출발하는 것을 볼 수 있고, 학습 속도도 빨라진 것이 확인됩니다. 또 그래프의 변화 추이가 안정적임을 확인할 수 있습니다.

21장

설명 가능한
딥러닝 모델 만들기

DEEP LEARNING FOR EVERYONE

◉ **예제 소스** https://github.com/taehojo/deeplearning → 21장. 설명 가능한 딥러닝 모델 만들기 [구글 코랩 실행하기]
◉ **바로 가기** https://bit.ly/dl3-ch21

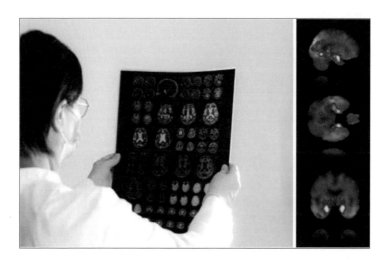

딥러닝으로 알츠하이머형 치매 여부를 판단하는 실험은 상당히 높은 정확도를 보입니다.[1] 치매에 걸릴 확률이 몇 년 후에 몇 퍼센트인지까지도 예측하기도 하지요. 그런데 이렇게 만든 모델을 실제 의료 현장에서 사용하는 것은 쉽지 않습니다. 꼭 필요한 단계가 있기 때문입니다. 왜 그런 결과가 나왔는지 설명해 주는 단계입니다. 자신의 건강과 생명에 관한 일인데, '그냥 딥러닝이 그러더군요'라는 설명을 듣고 싶은 환자는 없을 테지요.

그런데 딥러닝이 왜 그런 판단을 했는지 설명하는 것은 어렵습니다. 다차원 입력으로 인한 계산의 복잡성, 드러나지 않는 은닉층 등 그 중간 과정을 유추해 내기 어렵게 만드는 여러 요소가 있기 때문이지요. 만일 딥러닝이 왜 그런 예측과 판단을 했는지, 그 정확한 근거를 알 수 있다면 환자나 사용자들에게 설명할 수 있을 뿐 아니라, 더 나은 모델을 만들고 더 좋

---

1   출처: Taeho Jo et al., Frontiers in Aging Neuroscience (2019)

은 데이터를 준비하는 데 도움이 많이 될 것입니다. 이 장에서는 설명 가능한 딥러닝 모델에 대해서 공부해 보겠습니다.

1 딥러닝의 결과를 설명하는 방법

설명이 가능한 딥러닝을 XAI(Explainable AI)라고도 합니다. 예측의 근거를 설명해 주는 기술이지요. 이미지를 사용해 이름이나 물건의 종류를 맞히는 모델을 만들었다면, 이미지의 어디를 보고 왜 그런 판단을 했는지 설명해 내는 또 다른 그림을 그려 내는 것입니다. 예를 들어 그림 21-1은 잠시 후 우리가 다룰 설명 가능한 딥러닝 방법 중 하나의 결과입니다. 원본 이미지(❶)는 말티즈였습니다. 말티즈를 말티즈로 구분해 내는 근거를 ❷번 그림이 보여 주고 있습니다. 색이 밝을수록 예측에 많은 기여를 했다는 것이고 파란색에 가까울수록 기여가 적다는 것인데, 두 눈과 코가 밝고 나머지는 대부분 푸른색 계열로 보이고 있군요. 이것으로 미루어 보건대, 이 모델은 말티즈를 구분할 때 주로 눈과 코를 본다는 것을 알 수 있습니다. 이 덕분에 사용자에게 이 사진을 말티즈로 예측한 근거가 눈과 코라고 말할 수 있습니다.

그림 21-1 | 설명 가능한 딥러닝을 통해 알아본 '말티즈' 예측의 근거

이렇게 딥러닝의 결과를 설명해 주는 방법 중 현재 널리 사용되는 것은 크게 두 가지입니다. 첫째는 딥러닝의 중간 과정에서 나온 특징 맵을 이용하는 방법입니다. 이러한 방법의 대표적인 사례가 CAM(Class Activation Map)입니다. 그림 21-2는 CAM의 기본 원리를 보여 줍니다.

그림 21-2 | 특징 맵을 만드는 CAM의 기본 원리

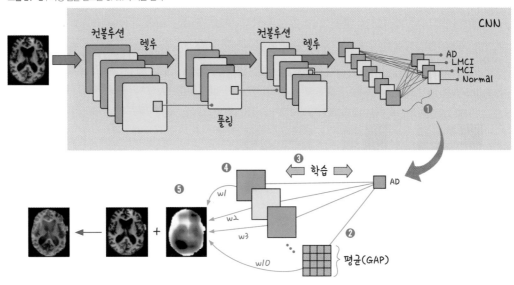

CAM의 원리를 살펴보기 위해 컨볼루션 신경망(CNN)에 대해 조금 더 생각해 보겠습니다. 15장에서 데이터가 입력되면 컨볼루션 레이어, 풀링 레이어에 통과시키는 것이 컨볼루션 신경망이라고 배웠지요. 그런데 이러한 레이어들을 통과시키는 이유가 뭘까요? 신경망 학습을 위해서는 입력된 2D 이미지들을 1차원 배열로 축소해야 하기 때문입니다. 차원을 줄이는 과정에서 공간 정보의 손실이 발생할 수밖에 없고, 이를 해소하기 위해 컨볼루션 신경망이 만들어진 것입니다. 이를 바꾸어 말하면, 컨볼루션 신경망 내부의 레이어들을 하나씩 거쳐 마지막 예측을 위한 단계까지 온 데이터들(이를 중간 맵이라고 함)은 입력 데이터의 속성을 잘 간직하고 있다는 의미가 됩니다.

CAM은 여기서 아이디어를 얻었습니다. 이 데이터를 1차원으로 축소시키는 Flatten 단계 직전에 개입해서 그때까지 만들어진 중간 맵들을 따로 모읍니다(❶). 그리고 그 중간 맵들 각각으로부터 평균값(Global Max Pooling, GAP)(중간 맵 안에 들어 있는 모든 값의 평균)을 뽑은 후(❷), 이 평균값과 최종 예측 사이에서 한 번 더 학습합니다(❸). 그러면 어떤 중간 맵이 최종 결정에 큰 역할을 하는지 알려 주는 가중치(❹)를 얻게 되겠지요. 이 가중치를 각 중간 맵에 곱해 중요한 중간 맵은 가중하고 불필요한 중간 맵은 자연스럽게 없애면서 특징 맵(❺)을 만들어 내는 것이 바로 CAM입니다. 같은 원리이지만, 평균값을 계산하기 위해 모델의 구조를 바꾸어야 하는 번거로움을 피하고자 평균값 대신 기울기를 이용하는 방법도 개발되었습니다. 이를 그레이디언트 CAM(Gradient CAM)이라고 합니다.

설명 가능한 딥러닝의 나머지 한 계열은 일부를 가리면서 가려진 부분이 결과에 얼마나 영향을 미치는지 계산하는 방식입니다(그림 21-3 참조). 이를 마스크 방식 또는 오클루전(폐쇄성 민감도(Occlusion Sensitivity)) 방식이라고 합니다. 이어지는 실습을 통해 그레이디언트 CAM 방식, 오클루전 방식의 실행 방법과 그 결과를 살펴보겠습니다.

그림 21-3 | 일부를 가리는 방식으로 가장 중요한 부위를 판별

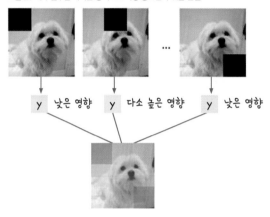

2 설명 가능한 딥러닝의 실행

이제 CAM과 폐쇄성 민감도 방식을 어떻게 실행할 수 있는지 알아보겠습니다. 실습을 위해 설명 가능한 딥러닝 방식을 구현하게 해 주는 tf-explain 라이브러리와 이를 돕는 OpenCV 라이브러리가 필요합니다. 코랩에서는 OpenCV 라이브러리를 기본으로 제공하므로 tf-explain 라이브러리만 설치합니다.

```
!pip install tf-explain
```

잠깐만요

주피터 노트북을 이용해 실습 중이라면 OpenCV 라이브러리도 추가로 설치합니다.

```
!pip install opencv
```

설치 후 다음과 같이 우리가 실행하고자 하는 Gradient CAM, 폐쇄성 민감도 방식 함수를 불러옵니다.

```
from tf_explain.core.grad_cam import GradCAM
from tf_explain.core.occlusion_sensitivity import OcclusionSensitivity
```

앞서 다룬 바 있는 imagenet 학습 모델을 다시 한 번 불러와 우리의 모델로 사용하겠습니다.

```
model = VGG16(weights="imagenet", include_top=True)
```

이제 그레이디언트 CAM을 실행하는 방법은 다음과 같습니다.

```
explainer = GradCAM()                         # 그레이디언트 CAM 알고리즘 선택
output = explainer.explain(데이터, 모델, 클래스) # 그레이디언트 CAM 실행
explainer.save(output, 저장될 폴더, 저장될 이름) # 실행 후 저장될 위치와 이름
```

먼저 GradCAM() 함수를 explainer 인스턴스에 할당했습니다. 이 안에는 XAI를 실행하는 explain() 함수와 이를 저장하는 save() 함수가 있습니다. explain() 함수 안에는 데이터, 모델, 이미지넷의 클래스 번호가 들어갑니다. save() 함수 안에는 XAI를 실행한 결과, 저장될 폴더, 그리고 저장될 이름이 들어갑니다.

오클루전 방식은 다음과 같이 실행합니다.

```
explainer = OcclusionSensitivity() # 오클루전 알고리즘 선택
# 패치 크기 설정이 추가됨
output = explainer.explain(데이터, 모델, 클래스, 패치 크기)
explainer.save(output, 저장될 폴더, 저장될 이름)
```

여기서 달라진 점은 explain() 함수 안의 인자로 패치 크기가 들어간다는 것입니다. 패치 크기란 그림 21-3에서 사진을 가리며 움직이는 검은색 사각형의 크기를 의미합니다. 이를

크게 잡으면 조금 더 넓은 범위의 결과가 나오고, 작게 잡으면 조금 더 세밀한 부분을 가리키는 결과가 나옵니다.

이러한 기본 위에 이미지를 불러와 하나씩 집어넣고 XAI 결과를 보여 주는 파이썬 코드를 만들어 보면 다음과 같습니다.

실습 I 설명 가능한 딥러닝

```python
from tensorflow.keras.preprocessing.image import load_img, img_to_array
from tensorflow.keras.applications import VGG16

# XAI 알고리즘을 불러오는 부분입니다.
from tf_explain.core.grad_cam import GradCAM
from tf_explain.core.occlusion_sensitivity import OcclusionSensitivity

# 이미지를 불러와 보여 주는 데 쓰는 라이브러리를 불러옵니다.
import glob
import matplotlib.pyplot as plt
import matplotlib.image as mpimg

# 깃허브에 준비된 데이터를 가져옵니다.
!git clone https://github.com/taehojo/data.git

# 원본 이미지가 들어갈 리스트를 만듭니다.
images_originals = []

# 원본 이미지가 저장된 폴더에서 하나씩 불러와 리스트에 넣습니다.
for img_path in glob.glob('./data/img/*_0.jpg'):
    images_originals.append(mpimg.imread(img_path))

# 코랩에서 보여 줄 이미지의 크기
plt.figure(figsize=(20,20))
```

```python
# 원본 이미지를 코랩에서 보이게 하기
for i, image_o in enumerate(images_originals):
    plt.subplot(5, 5, i+1)
    plt.imshow(image_o)


# 사전에 학습된 딥러닝 모델 불러오기
model = VGG16(weights="imagenet", include_top=True)


# 원본 이미지 이름과 Imagenet에서의 해당 이미지 인덱스
input_list = ["maltese", "persian_cat", "squirrel_monkey", "grand_piano",
"yawl"]
imagenet_index = ["153", "283", "382", "579", "914"]


# 그레이디언트 CAM 알고리즘 선택
explainer = GradCAM()


# 그레이디언트 CAM 알고리즘이 적용된 이미지가 들어갈 빈 리스트 만들기
images_cams = []


# 그레이디언트 CAM 알고리즘 실행
for l, i in zip(input_list, imagenet_index):
    # 이미지를 불러오고 내부에서 처리될 이미지의 크기를 설정합니다.
    img = load_img('./data/img/{}_0.jpg'.format(l), target_size=(224,224))
    img = img_to_array(img) # 이미지를 넘파이 배열로 바꿉니다.
    data = ([img], None)
    # 그레이디언트 CAM이 실행되는 부분입니다.
    grid = explainer.explain(data, model, int(i))
    # 실행 후 저장되는 이름입니다.
    explainer.save(grid, ".", './data/img/{}_cam.jpg'.format(l))


# 그레이디언트 CAM 알고리즘이 적용된 이미지를 불러오는 부분의 시작입니다.
plt.figure(figsize=(20,20))


for img_path in glob.glob('./data/img/*_cam.jpg'):
```

```
            images_cams.append(mpimg.imread(img_path))


for i, image_c in enumerate(images_cams):
    plt.subplot(5, 5, i+1)
    plt.imshow(image_c)


# 오클루전 알고리즘 선택
explainer = OcclusionSensitivity()


# 알고리즘이 적용된 이미지가 들어갈 빈 리스트 만들기
images_occ1s = []


# 패치 크기를 정합니다.
patch_size = 40


# 오클루전 알고리즘 실행
for l, i in zip(input_list, imagenet_index):
    img = load_img('./data/img/{}_0.jpg'.format(l), target_size=(224,224))
    img = img_to_array(img)
    data = ([img], None)
    # 패치 크기 설정이 추가됩니다.
    grid = explainer.explain(data, model, int(i), patch_size)
    explainer.save(grid, ".", './data/img/{}_occ1.jpg'.format(l))


# 오클루전 알고리즘이 적용된 이미지를 불러오는 부분의 시작입니다.
plt.figure(figsize=(20,20))


for img_path in glob.glob('./data/img/*_occ1.jpg'):
    images_occ1s.append(mpimg.imread(img_path))


for i, image in enumerate(images_occ1s):
    plt.subplot(5, 5, i+1)
    plt.imshow(image)
```

코드를 실행한 결과는 그림 21-4와 같습니다.

그림 21-4 | 설명 가능한 딥러닝 실행 결과

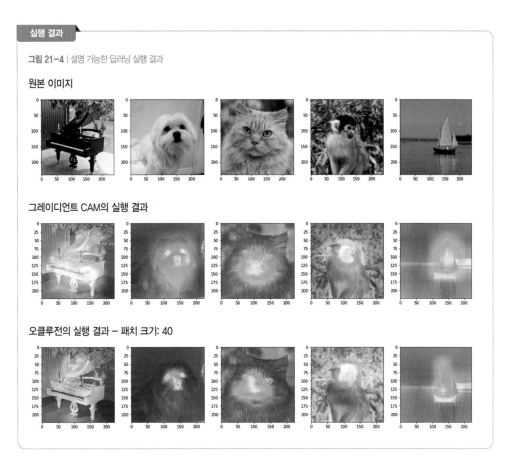

이 코드에서 patch_size = 40 부분을 다른 크기로 조절하면 결과가 조금씩 달라집니다. 다음은 patch_size = 20으로 설정해 실행한 예입니다.

그림 21-5 | 오클루전 실행 결과

오클루전의 실행 결과 – 패치 크기: 20

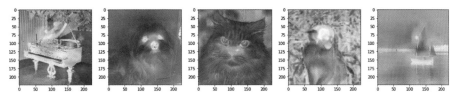

캐글로 시작하는 새로운 도전

DEEP LEARNING FOR EVERYONE

◉ 예제 소스 https://github.com/taehojo/deeplearning → 22장. 캐글로 시작하는 새로운 도전 [구글 코랩 실행하기]
◉ 바로 가기 https://bit.ly/dl3-ch22

캐글은 2010년 4월부터 지금까지 전 세계 데이터 과학자 15만 명 이상이 참가해 온 데이터 분석 경진대회입니다. '데이터 사이언스를 스포츠처럼!'이라는 구호 아래 데이터 분석 기술을 스포츠와 같이 경쟁할 수 있게 만든 것이 특징입니다. 대회는 상금과 함께 상시 열리고 있으며, 각 경쟁마다 풀어야 할 과제와 평가 지표 그리고 실제 데이터가 주어집니다. 주어진 데이터를 사용해 정해진 시간 안에 가장 높은 정확도로 예측하는 것이 목표이지요. 분석 결과를 업로드하면 보통 몇 분 안에 채점이 끝나며, 평가 지표에 근거해 참가자 간의 순위가 매겨집니다. 실제 데이터를 사용해 다양한 기술을 구현하므로 자신의 데이터 과학 수준을 확인할 수 있을 뿐만 아니라 최신 기술과 트렌드를 배울 수 있는 기회를 제공합니다.

이 장에서 우리는 캐글에 가입하는 방법과 캐글에 예측된 결과를 업로드하는 방법을 배울 것입니다. 앞서 '15장. 실제 데이터로 만들어 보는 모델'에서 사용한 데이터가 실은 캐글에서 배포하는 유명 벤치마크 학습셋이었습니다. 이제 우리가 실행한 학습의 결과를 캐글에 업로드하고 평가 지표에 따른 순위를 확인해 보겠습니다.

캐글에 참여하는 순서는 다음과 같습니다.

먼저 캐글 웹 사이트에 방문해 회원 가입을 합니다. 구글 계정이 있으면 간단히 회원에 가입할 수 있습니다.

캐글 가입 및 대회 선택하기

먼저 캐글 웹 사이트에 방문해 회원 가입을 합니다. 구글 계정이 있으면 간단히 회원에 가입할 수 있습니다.

그림 22-1 | 캐글 웹 사이트

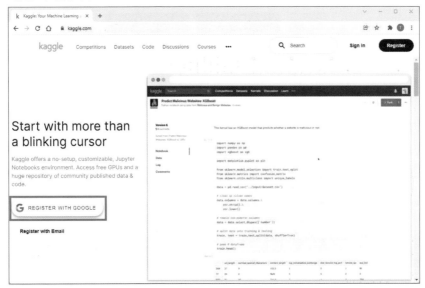

가입이 완료되면, 캐글에 공지된 대회 중 참가할 만한 대회를 선택합니다. 메인 화면에서 Competitions를 클릭하면 현재 진행 중인 경진대회의 목록이 보입니다.

그림 22-2 | 경진대회 목록 확인하기

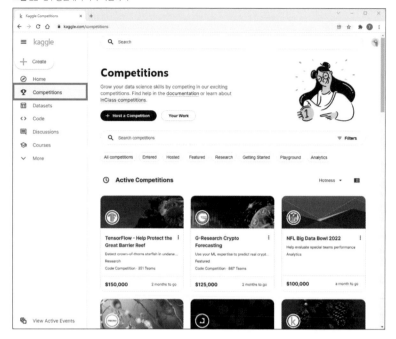

우리는 스터디를 목적으로 하므로 캐글에서 누구나 테스트할 수 있게끔 준비한 House Prices – Advanced Regression Techniques를 클릭합니다. 해당 대회로 바로 이동하는 주소는 https://www.kaggle.com/c/house-prices-advanced-regression-techniques입니다.

그림 22-3 | House Prices 폴더로 이동

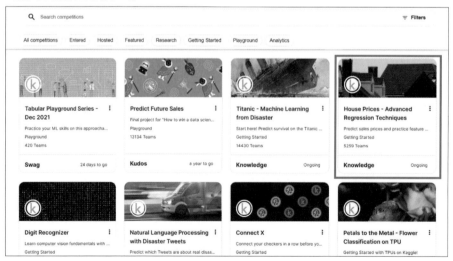

2 데이터 획득하기

해당 경진대회에 접속을 완료하면 대회에 대한 내용을 숙지하고 **Data**를 클릭해 데이터에 접근합니다.

그림 22-4 | 데이터에 접근하기

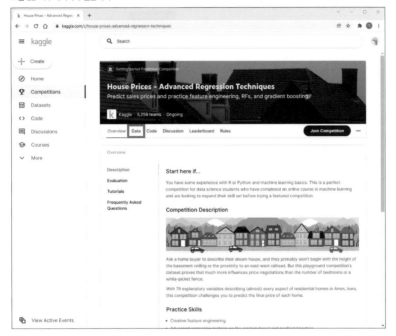

데이터 화면이 나오면 **I understand and agree**를 클릭해 데이터를 내려받을 준비를 합니다.

그림 22-5 | 데이터를 내려받을 준비

데이터 화면이 바뀌고 해당 데이터에 대한 설명이 나옵니다. Download All을 클릭합니다.

그림 22-6 | 데이터 내려받기

내려받은 데이터를 확인해 보겠습니다.

그림 22-7 | 데이터 확인하기

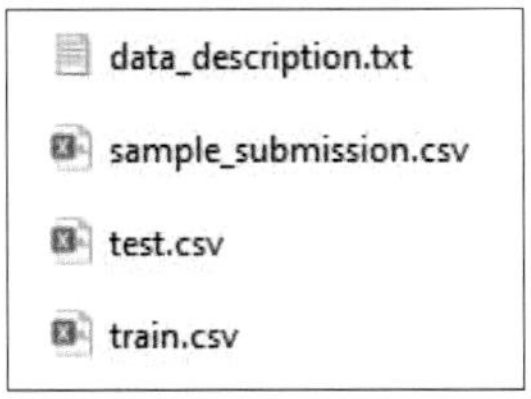

📄 data_description.txt

📊 sample_submission.csv

📊 test.csv

📊 train.csv

data_description.txt 파일은 내려받은 데이터의 각 속성이 무엇을 의미하는지 설명하고 있습니다. train.csv 파일은 집 값과 해당 집이 어떤 속성을 가졌는지 정리된 파일입니다. 우리는 15장에서 이미 이 데이터를 다루었습니다.

test.csv 파일은 이 train.csv 파일을 이용해 학습한 결과를 테스트하기 위한 데이터입니다. train.csv 파일과 모든 항목이 같지만 맨 마지막 집 값(SalePrice) 항목만 빠져 있습니다. 이 항목을 예측하는 것이 우리의 과제입니다.

sample_submission.csv 파일은 Id와 SalePrice 두 개의 열만 존재하는 파일입니다. 각 Id별로 우리가 예측한 SalePrice를 채워 넣어 캐글에 업로드하면 됩니다.

3 학습하기

데이터를 확인했으면 이제 딥러닝 또는 머신 러닝 기법을 활용해 모델을 만들고 학습을 시작하면 됩니다. 여기서는 15장에서 실시한 학습 모델을 가져와 어떻게 테스트셋에 적용하는지 공부해 보겠습니다.

먼저 필요한 라이브러리를 불러옵니다. 케라스의 load_model과 판다스를 불러오겠습니다.

```
from tensorflow.keras.models import load_model
import pandas as pd
```

캐글에서 배포하는 house_test.csv 파일은 data 폴더에 이미 저장되어 있습니다. 해당 테스트 셋을 불러오겠습니다.

```
kaggle_test = pd.read_csv("./data/house_test.csv")
```

kaggle_test를 입력해 파일 내용을 보면 그림 22-8과 같습니다.

그림 22-8 | kaggle_test 파일 내용 미리 보기

	Id	MSSubClass	MSZoning	LotFrontage	LotArea	Street	Alley	LotShape	LandContour	Utilities
0	1461	20	RH	80.0	11622	Pave	NaN	Reg	Lvl	AllPub
1	1462	20	RL	81.0	14267	Pave	NaN	IR1	Lvl	AllPub
2	1463	60	RL	74.0	13830	Pave	NaN	IR1	Lvl	AllPub
3	1464	60	RL	78.0	9978	Pave	NaN	IR1	Lvl	AllPub
4	1465	120	RL	43.0	5005	Pave	NaN	IR1	HLS	AllPub
...	...	...	...	...	...	...	...	...	...	...
1454	2915	160	RM	21.0	1936	Pave	NaN	Reg	Lvl	AllPub
1455	2916	160	RM	21.0	1894	Pave	NaN	Reg	Lvl	AllPub
1456	2917	20	RL	160.0	20000	Pave	NaN	Reg	Lvl	AllPub
1457	2918	85	RL	62.0	10441	Pave	NaN	Reg	Lvl	AllPub

테스트셋의 속성은 학습셋과 동일한 상태로 변형되어야 해당 모델을 적용할 수 있습니다. 이를 위해 학습셋과 동일하게 전처리되어야 합니다(15.2절 참조). 먼저 카테고리형 변수를 0과 1로 이루어진 변수로 바꾸어 주겠습니다.

```
kaggle_test = pd.get_dummies(kaggle_test)
```

그리고 결측치를 전체 칼럼의 평균으로 대체해 채워 줍니다.

```
kaggle_test = kaggle_test.fillna(kaggle_test.mean())
```

업데이트된 데이터 프레임을 출력해 보면 그림 22-9와 같습니다.

그림 22-9 | 수정된 데이터 프레임 보기

	Id	MSSubClass	LotFrontage	LotArea	OverallQual	OverallCond	YearBuilt	YearRemodAdd
0	1461	20	80.0	11622	5	6	1961	1961
1	1462	20	81.0	14267	6	6	1958	1958
2	1463	60	74.0	13830	5	5	1997	1998
3	1464	60	78.0	9978	6	6	1998	1998
4	1465	120	43.0	5005	8	5	1992	1992
...	...	...	...	...	...	...	...	...
1454	2915	160	21.0	1936	4	7	1970	1970
1455	2916	160	21.0	1894	4	5	1970	1970
1456	2917	20	160.0	20000	5	7	1960	1996
1457	2918	85	62.0	10441	5	5	1992	1992
1458	2919	60	74.0	9627	7	5	1993	1994

이제 학습에 사용된 열을 K_test로 저장합니다.

```
cols_kaggle = ['OverallQual','GrLivArea','GarageCars','GarageArea',
'TotalBsmtSF']
K_test = kaggle_test[cols_kaggle]
```

앞서 15장에서 만든 모델을 불러옵니다.

```
model = load_model("./data/model/Ch15-house.keras")
```

model.predict()를 이용해 불러온 모델에 조금 전 만든 K_test를 적용하고 예측 값을 만들어 봅니다.

```
ids = [] # ID와 예측 값이 들어갈 빈 리스트를 만듭니다.
Y_prediction = model.predict(K_test).flatten()
for i in range(len(K_test)):
    id = kaggle_test['Id'][i]
    prediction = Y_prediction[i]
    ids.append([id, prediction])
```

테스트 결과의 저장 환경을 설정합니다. 앞서 만든 내용과 중복되지 않도록 현재 시간을 이용해 파일명을 만들어 저장하겠습니다. 파일은 별도 폴더에 저장되도록 하겠습니다.[1]

```
import time

timestr = time.strftime("%Y%m%d-%H%M%S")
filename = str(timestr) # 파일명을 연월일-시분초로 정합니다.
outdir = './'           # 파일이 저장될 위치를 지정합니다.
```

앞서 만들어진 실행 번호와 예측 값을 새로운 데이터 프레임에 넣고 이를 csv 파일로 저장합니다.

```
df = pd.DataFrame(ids, columns=["Id", "SalePrice"])
df.to_csv(str(outdir + filename + '_submission.csv'), index=False)
```

모든 내용을 한 번에 정리하면 다음과 같습니다.

실습 | 캐글에 제출할 결과 만들기

```
from tensorflow.keras.models import load_model

import pandas as pd
import time

# 깃허브에 준비된 데이터를 가져옵니다.
!git clone https://github.com/taehojo/data.git

# 캐글에서 내려받은 테스트셋을 불러옵니다.
```

---

1 주피터 노트북의 경우 data/kaggle 폴더에 저장되도록 했습니다.

```python
kaggle_test = pd.read_csv("./data/house_test.csv")

# 카테고리형 변수를 0과 1로 이루어진 변수로 바꿉니다.
kaggle_test = pd.get_dummies(kaggle_test)

# 결측치를 전체 칼럼의 평균으로 대체해 채워 줍니다.
kaggle_test = kaggle_test.fillna(kaggle_test.mean())

# 집 값을 제외한 나머지 열을 저장합니다.
cols_kaggle = ['OverallQual','GrLivArea','GarageCars','GarageArea','TotalB
smtSF']
K_test = kaggle_test[cols_kaggle]

# 앞서 15장에서 만든 모델을 불러옵니다.
model = load_model("./data/model/Ch15-house.keras")

# ID와 예측 값이 들어갈 빈 리스트를 만듭니다.
ids = []

# 불러온 모델에 K_test를 적용하고 예측 값을 만듭니다.
Y_prediction = model.predict(K_test).flatten()
for i in range(len(K_test)):
    id = kaggle_test['Id'][i]
    prediction = Y_prediction[i]
    ids.append([id, prediction])

# 테스트 결과의 저장 환경을 설정합니다.
timestr = time.strftime("%Y%m%d-%H%M%S")
filename = str(timestr) # 파일명을 연월일-시분초로 정합니다.
outdir = './'            # 파일이 저장될 위치를 지정합니다.

# Id와 집 값을 csv 파일로 저장합니다.
df = pd.DataFrame(ids, columns=["Id", "SalePrice"])
df.to_csv(str(outdir + filename + '_submission.csv'), index=False)
```

이 코드를 실행해 구글 코랩 폴더에 (연도)(월)(일)-(시)(분)(초)_submission.csv 파일이 만들어졌다면 결과를 캐글에 제출할 준비가 되었습니다.[2]

4 결과 제출하기

다시 경진대회 웹 페이지로 돌아가서 이번에는 Submit Predictions를 클릭합니다.

그림 22-10 | 결과 제출하기

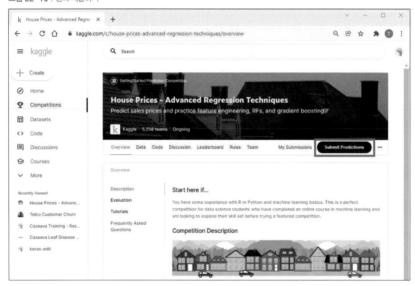

그러면 ❶ 하루에 몇 번의 제출이 가능한지, 제출 횟수는 언제 리셋되는지에 대한 설명과 함께 예측 결과를 요약하고 업로드할 수 있는 페이지가 나옵니다. ❷를 눌러 조금 전 예측한 csv 파일을 선택합니다. ❸ 해당 제출본이 어떤 모델이었는지 차후에 확인할 수 있도록 제출 전 간단히 모델에 대한 설명을 추가합니다. 그리고 ❹ Make Submission을 클릭해 제출을 마칩니다.

---

2 주피터 노트북의 경우라면 data/kaggle 폴더에 생성됩니다.

그림 22-11 | 결과 업로드하기

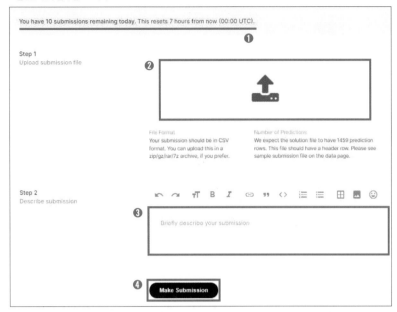

모든 과정을 무사히 마쳤다면 그림 22-12와 같이 작업이 완료되었다는 안내가 나옵니다. Jump to your position on the leaderboard를 클릭하면 내가 만든 예측 정확도와 순위가 표시됩니다.

그림 22-12 | 내 예측 순위 보기

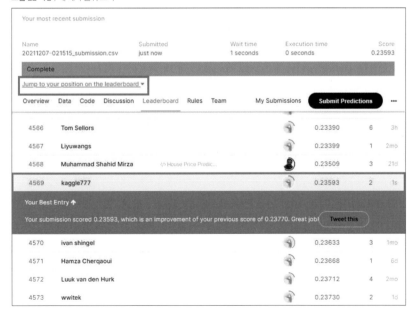

순위와 함께 이것이 내 몇 번째 제출인지, 이전 결과와 비교해서 어떤 차이가 있는지 알려
줍니다. 결과를 이전 결과와 비교하고 또 다른 참가자들과 비교해 가면서, 모델을 지속적으
로 업데이트합니다. Code나 Discussion 메뉴를 선택하면 타 참가자들이 제출한 코드나 토론
내용 등이 나타납니다. 이를 읽어 보면 이전에 발견하지 못한 것들을 찾고 내 구현 방법을
업데이트하는 데 도움이 될 만한 기술적 조언들을 얻을 수 있습니다. 실제 대회라면 수정 후
제출을 대회 종료일까지 반복합니다. 하루에 결과를 제출할 수 있는 횟수에 제한이 있으므
로 전략을 잘 수립하는 것이 중요합니다.

5 최종 예측 값 제출하기

우리가 제출한 대회는 상금이 걸린 실제 대회가 아니므로 최종 예측 값 제출의 개념이 없습
니다. 하지만 상금과 마감일이 정해진 대회라면 마감 전에 그동안 제출했던 결과 중 하나를
최종 예측 값으로 결정해 제출하게 됩니다. My Submissions를 클릭하면 그동안 제출한 결과
를 한눈에 볼 수 있는데 학습용 대회는 'Public Score' 열 하나만 보이지만, 실제 대회에서는
'Use for Final Score' 열이 있습니다. 여기에 체크하면 내 최종 결과가 제출됩니다.

그림 22-13 | 학습용 대회

그림 22-14 | 실제 대회

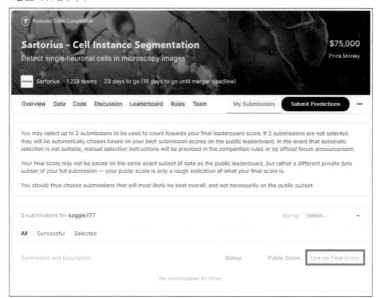

최종 결과를 제출하면 며칠 후 모든 참가자의 결과를 합산해서 계산한 최종 순위가 발표됩니다.

맺음말

딥러닝을 처음 만난 후 얼마나 지나 여기까지 오셨는지 모르겠습니다. 그동안 우리는 기초 수학부터 시작해 딥러닝의 이론적 배경을 지나 당뇨를 예측하고 꽃과 돌과 와인의 종류를 구별해 보았습니다. 이어서 주택 가격과 손글씨, 영화 리뷰, MRI 사진들을 다루었고, 오랜 시간 학습해 놓은 학습 모델을 불러오는 방법과 그 결과를 설명해 내는 방법도 배웠습니다. 끝으로 지금까지 공부한 것을 세계 무대에서 발휘하는 방법까지 알아보았군요. 이 책과 함께 많은 것을 이루신 여러분께 축하의 인사를 전합니다.

이제부터는 지금까지 배운 것에 여러분만의 것들을 추가할 차례입니다. 데이터가 충분하지 않아서 딥러닝으로 부족한 부분이 있다면, 별책 부록에 정리된 또 다른 머신 러닝 알고리즘들을 공부해 보기 바랍니다. 데이터를 다룰 때 필요한 판다스 공식들이 정리되어 있으니 곁에 두고 그때그때 써먹는 치트키로 활용해도 좋습니다. 역전파 과정을 조금 더 살펴보아야 한다면 다음에 이어지는 '심화 학습'을 학습하기 바라고, 케라스나 텐서플로 도움 없이 파이썬만으로 역전파를 실습해 보는 부분도 참고해 보기 바랍니다.

AI의 시대는 이미 찾아왔습니다. AI에 끌려다니지 않고, AI의 어깨 위에 올라타는 방법을 배운 여러분이 더 많은 발전과 함께 AI의 시대를 주도하는 역량을 갖게 되길 기원합니다. 또한, 이를 통해 여러분의 비전이 실현되는 즐거운 경험이 끊임없이 찾아오길 바랍니다.

수고하셨습니다.

– 모두의 딥러닝 저자 조태호 드림

심화 학습

심화 학습 1   오차 역전파의 계산법

DEEP LEARNING FOR EVERYONE

케라스, 텐서플로 같은 딥러닝 라이브러리를 적극적으로 활용하면 연구 및 산업 현장에서 만나는 대부분 프로젝트를 해낼 수 있습니다. 하지만 더 나은 결과를 얻고 싶거나 딥러닝 알고리즘 자체를 공부한다면 신경망의 핵심인 오차 역전파의 계산법을 완전히 이해하고 이를 통해 신경망을 더욱 깊이 통찰할 수 있어야 합니다. '심화 학습 1'에서는 오차 역전파의 개념을 설명하고 그 계산 과정을 살펴보겠습니다.

 출력층의 오차 업데이트

이제 실제로 오차 역전파를 실행해 보겠습니다. 이해를 돕고자 노드 하나 안에서 일어나는 일을 좀 더 세분화해서 표시하겠습니다. 각 노드 내부에서는 입력 값을 이용해 가중합을 만드는 단계와 이 가중합을 활성화 함수를 적용해 출력하는 단계로 구분됩니다. 이 두 단계를 각 노드 내부에 표시하고 각 가중치(w) 값과 은닉층의 출력 값(Y_h)을 포함해 표현하면 다음 그림과 같습니다.

그림 1 | 출력층의 오차 업데이트

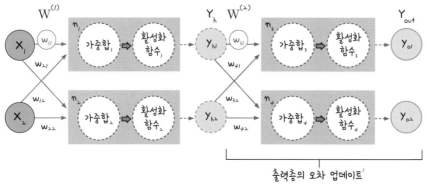

---

1   W는 가중치(w) 집합, Y는 출력층의 출력 값(y) 집합을 의미합니다.

오차 역전파는 Y_{out} 값에서 거꾸로 거슬러 올라가며 가중치 $W^{(2)}$와 가중치 $W^{(1)}$이 더는 업데이트되지 않을 때까지 반복해 계산하는 것입니다.

먼저 $W^{(2)}$의 값 중 하나인 w_{31}을 업데이트하는 과정을 알아보겠습니다. 오차 역전파의 공식을 이용해 w_{31}을 업데이트하려면 다음 공식으로 계산해야 합니다.

$$w_{31}(t+1) = w_{31}t - \frac{\partial \, \text{오차} \, Y_{out}}{\partial w_{31}}$$

여기서 t는 한 단계 앞, $t+1$은 현재 단계의 계산을 의미합니다. $w_{31}t$는 한 단계 앞에서 이미 계산된 값을 의미하므로 여기서는 구할 필요가 없습니다. 따라서 우리가 실제로 구해야 하는 값은 $\frac{\partial \, \text{오차} \, Y_{out}}{\partial w_{31}}$ 입니다. 이는 오차 Y_{out}을 구하고 이를 w_{31}에 대해 편미분하라는 의미입니다. 먼저 오차 Y_{out}을 구해 보겠습니다.

2 오차 공식

오차 Y_{out} 안에는 두 개(y_{o1}, y_{o2})의 출력 값이 있습니다. 즉, 오차 Y_{out} = 오차 y_{o1} + 오차 y_{o2}입니다. 여기서 오차 y_{o1}과 오차 y_{o2}는 각각 앞서 배운 평균 제곱 오차를 이용해 구합니다. y_{o1}, y_{o2}의 실제 값을 y_{t1}, y_{t2}라고 할 때, 다음과 같이 계산합니다.

$$\text{오차} \, y_{o1} = \frac{1}{2}(y_{t1} - y_{o1})^2$$
$$\text{오차} \, y_{o2} = \frac{1}{2}(y_{t2} - y_{o2})^2$$

그런데 여기서 y_{t1}, y_{t2}에 해당하는 '실제 값'이란 무엇일까요? 바로 데이터에서 얻어 낸 y_{o1}과 y_{o2} 자리의 실제 값, 즉 도출해야 하는 정답 값을 의미합니다. 이는 계산해서 나오는 것이 아니라, 주어진 데이터를 통해 알 수 있는 상수입니다. 결국 우리가 해야 할 일은 계산해서 나오는 '출력 값'이 실제 세상을 통해 알아낸 '실제 값'과 같아지도록 가중치를 조절해 주는 것이지요. 실제 값은 우리의 목표(target)이므로 Y_{target}, y_{t1}, y_{t2}라고 표현한 것입니다. y_{t1}, y_{t2}에서의 t는 target, 즉 우리가 구해야 할 목표를 의미합니다.

이제 오차 Y_{out}은 다음과 같이 구할 수 있습니다.

$$오차\ Y_{out} = \frac{1}{2}(y_{t1} - y_{o1})^2 + \frac{1}{2}(y_{t2} - y_{o2})^2$$

3 체인 룰

이제 이 값을 w_{31}에 대해 편미분해 보겠습니다. $\dfrac{\partial 오차 Y_{out}}{\partial w_{31}}$의 계산은 합성 함수 미분 공식을 따릅니다. 즉, 체인 룰(chain rule)에 의해 다음과 같이 계산할 수 있습니다.

$$\frac{\partial 오차 Y_{out}}{\partial w_{31}} = \frac{\partial 오차 Y_{out}}{\partial y_{o1}} \cdot \frac{\partial y_{o1}}{\partial 가중합_3} \cdot \frac{\partial 가중합_3}{\partial w_{31}}$$

체인 룰은 연쇄 법칙이라고도 하며, '합성 함수'를 미분할 때의 계산 공식입니다. 여기서 합성 함수란 함수 안에 또 다른 함수가 들어 있는 것을 의미합니다. $f(x)$ 함수에 들어 있는 x 값이 또 다른 함수 $g(x)$의 결과일 때를 의미하지요.

예를 들어 우리는 지금 오차 Y_{out}을 미분하려고 합니다. 그런데 오차 Y_{out}은 또 다른 식의 오차 y_{o1} + 오차 y_{o2}의 결과입니다. 따라서 합성 함수가 되었습니다. 그래서 이는 합성 함수의 미분이 되는 것이지요.

합성 함수는 $f(g(x))$처럼 표시합니다. 그리고 이를 미분하면 안에 있는 $g(x)$를 x로 대체해 계산한 값과 $g(x)$를 미분한 값을 서로 곱해 주면 됩니다. 식으로 표현하면 다음과 같습니다.

$$[f(g(x))]' = f'(g(x))g'(x)$$

그리고 이는 다음과 같이 표현할 수도 있습니다.

$$\frac{df}{dx} = \frac{df}{dg} \cdot \frac{dg}{dx}$$

여기서 체인 룰, 즉 연쇄 법칙이라고 하는 이유가 나옵니다. 앞의 식에서 dg라고 하는 항이 분모와 분자로 고리처럼 연속적으로 이어져 나오기 때문입니다.

우리가 구하려는 합성 함수처럼 만일 합성 함수식이 세 개라면, 즉 $f(g(h(x)))'$일 때 이를 미분하면 다음과 같습니다.

$$\frac{df}{dx} = \frac{df}{dg} \cdot \frac{dg}{dh} \cdot \frac{dh}{dx}$$

4 체인 룰 계산하기

이제 체인 룰을 사용해서 주어진 식이 의미하는 것을 하나씩 알아보면서 직접 계산해 보겠습니다.

$$\frac{\partial \text{오차}\,Y_{\text{out}}}{\partial w_{31}} = \underbrace{\frac{\partial \text{오차}\,Y_{\text{out}}}{\partial y_{o1}}}_{①} \cdot \underbrace{\frac{\partial y_{o1}}{\partial \text{가중합}_3}}_{②} \cdot \underbrace{\frac{\partial \text{가중합}_3}{\partial w_{31}}}_{③}$$

① $\dfrac{\partial \text{오차}\,Y_{\text{out}}}{\partial y_{o1}}$

앞서 6.3절에서 설명했듯이 오차 Y_{out} = 오차 y_{o1} + 오차 y_{o2}입니다. 이를 y_{o1}에 의해 편미분하면 y_{o1}과 관계없는 y_{o2} 부분은 상수가 되어 사라지고, 남는 것은 $\dfrac{\partial \text{오차}\,y_{o1}}{\partial y_{o1}}$입니다. 여기서 오차 y_{o1}은 $\dfrac{1}{2}\left(y_{t1} - y_{o1}\right)^2$이지요. 이제 $\dfrac{1}{2}\left(y_{t1} - y_{o1}\right)^2$을 y_{o1}로 편미분하면 결괏값은 $y_{o1} - y_{t1}$이 됩니다.

> **잠깐만요**
>
> **편미분 과정 유도**
>
> $y_{o1} - y_{t1}$로 편미분되는 과정을 유도하면 다음과 같습니다.
>
> $$\begin{aligned}\frac{\partial \text{오차}\,Y_{\text{out}}}{\partial y_{o1}} &= \frac{\partial \text{오차}\,y_{o1} + \partial \text{오차}\,y_{o2}}{\partial y_{o1}} \\ &= \frac{\partial \frac{1}{2}\left(y_{t1} - y_{o1}\right)^2}{\partial y_{o1}} + \frac{\partial \frac{1}{2}\left(y_{t2} - y_{o2}\right)^2}{\partial y_{o1}} \\ &= \frac{1}{2}\left(y_{t1} - y_{o1}\right)^2 + \left(y_{t2} - y_{o2}\right)' \\ &= \left(y_{t1} - y_{o1}\right)(-1) \\ &= y_{o1} - y_{t1}\end{aligned}$$

따라서 다음과 같이 정리할 수 있습니다.

$$\frac{\partial 오차 Y_{out}}{\partial y_{o1}} = y_{o1} - y_{t1} \cdots \text{ⓐ}$$

② $\frac{\partial y_{o1}}{\partial 가중합_3}$

이 부분을 보기 앞서 다음 그림을 한 번 더 보겠습니다.

그림 2 | 가중합과 활성화 함수

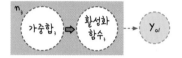

여기서 가중합$_3$이 y_{o1}로 바뀌는 과정에는 활성화 함수$_3$을 거치는 것을 알 수 있습니다. 가중합$_3$이 활성화 함수$_3$을 통해 y_{o1}이 됩니다. 그러면 y_{o1}을 가중합$_3$에 대해 미분하라는 것은 y_{o1}을 배출한 활성화 함수$_3$을 미분하라는 의미가 됩니다.

$$\frac{\partial y_{o1}}{\partial 가중합_3} = \text{활성화 함수}_3\text{의 미분}$$

활성화 함수에는 여러 가지가 있지만, 그중에서 시그모이드 함수를 사용하겠습니다. 그러면 이제 시그모이드 함수를 미분하는 방법을 알아볼 차례입니다.

함수 $\sigma(x)$를 시그모이드 함수 $\frac{1}{1+e^{-x}}$로 정의할 때 이를 미분한 $\frac{d\sigma(x)}{dx}$ 값은 다음과 같습니다.

$$\frac{d\sigma(x)}{dx} = \sigma(x)\cdot(1-\sigma(x))$$

다시 말해 시그모이드 함수의 미분은 시그모이드 값과 그 값을 1에서 뺀 값을 곱하면 됩니다.

시그모이드 함수를 미분하는 과정

다음은 시그모이드 함수의 미분을 유도하는 과정입니다. 궁금하다면 다음 증명을 참고하세요.

$$\sigma(x) = \frac{1}{1+e^{-x}} \text{일 때}$$

$$\frac{d}{dx}\sigma(x) = \frac{d}{dx}\left[\frac{1}{1+e^{-x}}\right]$$

$$= \frac{d}{dx}(1+e^{-x})^{-1}$$

$$= -(1+e^{-x})^{-2}(-e^{-x}) \longleftarrow \text{연쇄 법칙 적용}$$

1. $f(x) = x^a$ $(a = \text{자연수})$일 때, 미분 값은 ax^{a-1}
2. e^{-x}의 미분 값은 $-e^{-x}$

$$= \frac{e^{-x}}{(1+e^{-x})^2}$$

$$= \frac{1}{1+e^{-x}} \cdot \frac{e^{-x}}{1+e^{-x}}$$

증명: $\dfrac{d}{dx}[e^{-x}]$

$$= \frac{1}{1+e^{-x}} \cdot \frac{(1+e^{-x})-1}{1+e^{-x}}$$

$$= e^{-x} \cdot \frac{d}{dx}[-x]$$

$$= \frac{1}{1+e^{-x}} \cdot \left(1 - \frac{1}{1+e^{-x}}\right)$$

$$= \left(-\frac{d}{dx}[x]\right)e^{-x}$$

$$= \sigma(x) \cdot (1-\sigma(x))$$

$$= -1e^{-x}$$

$$= -e^{-x}$$

여기서 활성화 함수$_3$의 값은 y_{o1}입니다. 따라서 활성화 함수$_3$의 미분은 다음과 같이 구할 수 있습니다.

$$\text{활성화 함수}_3\text{의 미분} = y_{o1} \cdot (1-y_{o1})$$

이제 주어진 $\dfrac{\partial y_{o1}}{\partial \text{가중합}_3}$ 식을 정리하면 다음과 같습니다.

$$\frac{\partial y_{o1}}{\partial \text{가중합}_3} = y_{o1} \cdot (1-y_{o1}) \cdots \text{ⓑ}$$

③ $\dfrac{\partial \text{가중합}_3}{\partial w_{31}}$

여기서 가중합$_3$은 n_1과 n_2 노드로부터 전달된 y_h 값과 $w_{(2)}$ 값을 통해 만들어집니다.

$$\text{가중합}_3 = w_{31}y_{h1} + w_{32}y_{h2} + 1\,(\text{바이어스})$$

그런데 책에서 다루었던 바이어스가 여기서는 1로 대체되어 사용됩니다. 신경망에서는 바이어스를 항상 1로 설정해 놓는데 왜 그럴까요? 바이어스는 그래프를 좌표에서 좌우로 움직이는 역할을 하는데, 활성화 함수로 사용되는 시그모이드 함수가 가장 안정된 예측을 하게 하는 바이어스 값이 1이기 때문입니다. 따라서 바이어스 값을 따로 계산하지 않고 1로 처리해 연산 속도를 높입니다.

이를 w_{31}에 대해 편미분하므로 w_{31}과 관계없는 $w_{32}y_{h2}$와 바이어스 항은 모두 상수로 처리되어 사라집니다. 따라서 남은 $w_{31}y_{h1}$ 항을 미분하면 다음과 같이 정리됩니다.

$$\frac{\partial \text{가중합}_3}{\partial w_{31}} = y_{h1} \cdots \text{ⓒ}$$

이제 ⓐ, ⓑ, ⓒ를 이용해 주어진 식을 다시 한 번 정리하면 다음과 같습니다.

$$\frac{\partial \text{오차}Y_{\text{out}}}{\partial w_{31}} = \frac{\partial \text{오차}Y_{\text{out}}}{\partial y_{o1}} \cdot \frac{\partial y_{o1}}{\partial \text{가중합}} \cdot \frac{\partial \text{가중합}_3}{\partial w_{31}}$$
$$= (y_{o1} - y_{t1}) \cdot y_{o1}(1 - y_{o1}) \cdot y_{h1}$$

⑤ 가중치 수정하기

앞서 구한 값을 w_{31}에서 빼 주면 새로운 w_{31} 값을 구할 수 있습니다. 따라서 출력층의 가중치를 업데이트하는 방법을 다음과 같이 정리할 수 있습니다.

$$w_{31}(t+1) = w_{31}t - (y_{o1} - y_{t1}) \cdot y_{o1}(1 - y_{o1}) \cdot y_{h1}$$

이제 다음으로 넘어가기 전 앞의 식에서 y_{h1} 앞에 나오는 부분의 형태를 잘 기억해 둡시다.

$$(y_{o1} - y_{t1}) \cdot y_{o1}(1 - y_{o1})$$

다음 장에서 배우겠지만, 이 형태는 다음 오차 업데이트 때도 반복해서 나타납니다. 따라서 이 식을 한 번 구해 놓으면 이후는 그대로 사용해서 오차를 구할 수 있습니다. 이를 node3의 **델타**(delta)**식**이라고 합니다.

이 델타식을 δy라고 하면 우리가 해내야 하는 오차의 업데이트는 다음 식으로도 구할 수 있습니다.

$$w_{31}(t+1) = w_{31}t - \delta y \cdot y_{h1}$$

 6 **은닉층의 오차 수정하기**

이제 출력층을 거쳐 은닉층의 오차가 업데이트되는 과정을 살펴보겠습니다. 마찬가지로 은닉층의 오차 $W^{(1)}$ 중 하나인 w_{11} 값을 업데이트하는 방법을 설명하겠습니다.

그림 3 | 은닉층의 오차 업데이트

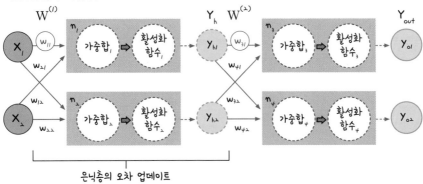

마찬가지로 가중치에 기울기를 뺀 값을 구해야 합니다. 이때 우리가 구하려는 값이 w_{11}이므로 다음과 같이 계산합니다.

$$w_{11}(t+1) = w_{11}t - \frac{\partial \text{오차} Y_{\text{out}}}{\partial w_{11}}$$

여기서 $\frac{\partial \text{오차} Y_h}{\partial w_{11}}$가 아니라 $\frac{\partial \text{오차} Y_{\text{out}}}{\partial w_{11}}$이라는 점을 주목하기 바랍니다. 그 이유는 Y_h가 은닉층 안에 위치해 있으므로 겉으로 드러나지 않기 때문입니다. 따라서 그 값을 알 수 없습니다. 우리가 알 수 있는 출력 값은 Y_{out}뿐이므로 은닉층의 오차 업데이트를 위한 기울기를 구할 때도 Y_{out}에서 출발해야 합니다.

이제 앞서 계산했던 바와 마찬가지로 기울기에 해당하는 $\dfrac{\partial 오차 Y_{\text{out}}}{\partial w_{11}}$을 구해 보겠습니다. 체인 룰을 적용해 다음과 같이 계산합니다.

$$\frac{\partial 오차 Y_{\text{out}}}{\partial w_{11}} = \underset{\textbf{1}}{\frac{\partial 오차 Y_{\text{out}}}{\partial y_{h1}}} \cdot \underset{\textbf{2}}{\frac{\partial y_{h1}}{\partial 가중합_1}} \cdot \underset{\textbf{3}}{\frac{\partial 가중합_1}{\partial w_{11}}}$$

여기서 ❷항과 ❸항은 이전과 같은 방법으로 계산됩니다. 따라서 다음과 같이 바꾸어 줄 수 있습니다.

$$\frac{\partial y_{h1}}{\partial 가중합_1} \cdot \frac{\partial 가중합_1}{\partial w_{11}} = y_{h1}(1 - y_{h1}) \cdot x_1$$

7 은닉층의 오차 계산법

그런데 은닉층에서 ❶항은 계산이 조금 다릅니다. 오차 Y_{out} 안에는 오차 y_{o1}과 오차 y_{o2}가 포함되어 있습니다. 이전에는 오차 Y_{out}을 y_{o1}에 의해 편미분할 때 y_{o1}과 관계없는 항인 오차 y_{o2}는 상수가 되어 사라졌습니다. 따라서 남는 것은 $\dfrac{\partial 오차 y_{o1}}{\partial y_{o1}}$뿐이었습니다. 하지만 이번에는 y_{h1}에 대해 미분해야 합니다. y_{h1}은 오차 y_{o1}과 오차 y_{o2}의 형성에 모두 관계가 있습니다. 따라서 $\dfrac{\partial 오차 y_{o1}}{\partial y_{h1}}$과 $\dfrac{\partial 오차 y_{o2}}{\partial y_{h1}}$가 모두 계산되어야 하므로 계산이 다음과 같이 조금 복잡해집니다.

$$\textbf{1} \quad \frac{\partial 오차 Y_{\text{out}}}{\partial h_1} = \frac{\partial (오차 y_{o1} + 오차 y_{o2})}{\partial y_{h1}} = \underset{\textbf{a}}{\frac{\partial 오차 y_{o1}}{\partial y_{h1}}} + \underset{\textbf{b}}{\frac{\partial 오차 y_{o2}}{\partial y_{h1}}}$$

먼저 ⓐ 부분을 보겠습니다. 체인 룰에 의해 다음과 같이 바뀝니다.

$$\frac{\partial 오차 y_{o1}}{\partial y_{h1}} = \underset{\textbf{a}\text{-1}}{\frac{\partial 오차 y_{o1}}{\partial 가중합_3}} \cdot \underset{\textbf{a}\text{-2}}{\frac{\partial 가중합_3}{\partial y_{h1}}}$$

이 중 ⓐ-1 부분을 다시 미분하면 역시 체인 룰에 의해 다음과 같이 바뀝니다.

$$\frac{\partial 오차\, y_{o1}}{\partial 가중합_3} = \frac{\partial 오차\, y_{o1}}{\partial y_{o1}} \cdot \frac{\partial y_{o1}}{\partial 가중합_3}$$

이 중 먼저 $\frac{\partial 오차\, y_{o1}}{\partial y_{o1}}$에 포함된 오차 y_{o1}은 $\frac{1}{2}\left(y_{t1} - y_{o1}\right)^2$이므로 $\frac{\partial 오차\, y_{o1}}{\partial y_{o1}}$을 y_{o1}로 편미분하면 $y_{o1} - y_{t1}$이 됩니다. 그리고 $\frac{\partial y_{o1}}{\partial 가중합_3}$은 앞서 설명한 대로 시그모이드 함수의 미분입니다. 따라서 $y_{o1} \cdot (1 - y_{o1})$로 계산됩니다.

이제 나머지 ⓐ-2를 미분하면 w_{31}이 남습니다.

따라서 ⓐ-1, ⓐ-2를 정리하면 ⓐ는 다음과 같습니다.

$$\frac{\partial 오차\, y_{o1}}{\partial y_{h1}} = \left(y_{o1} - y_{t1}\right) \cdot y_{o1}\left(1 - y_{o1}\right) \cdot w_{31}$$

그런데 여기서 $\left(y_{o1} - y_{t1}\right) \cdot y_{o1}\left(1 - y_{o1}\right)$ 부분이 눈에 익지 않은가요? 앞서 기억해 두었던 델타식(δy)의 형식입니다. 지금 우리는 y_{o1}을 구해야 하므로 델타식을 δy_{o1}이라고 할 때, 앞의 값은 다음과 같이 간단하게 표시할 수도 있습니다.

$$\frac{\partial 오차\, y_{o1}}{\partial y_{h1}} = \delta y_{o1} \cdot w_{31} \cdots ⓐ'$$

이제 ⓑ 부분을 볼까요? 역시 체인 룰에 의해 다음과 같이 변형됩니다.

$$\frac{\partial 오차\, y_{o2}}{\partial y_{h1}} = \frac{\partial 오차\, y_{o2}}{\partial 가중합_4} \cdot w_{41}$$

이 중 $\frac{\partial 오차\, y_{o2}}{\partial 가중합_4}$ 부분은 체인 룰에 의해 $\frac{\partial 오차\, y_{o2}}{\partial y_{o2}} \cdot \frac{\partial y_{o2}}{\partial 가중합_4}$로 바뀝니다.

앞서 식 ⓐ 풀이에서 설명한 방식과 똑같이 적용되므로 답은 바로 나옵니다.

$$\frac{\partial 오차\, y_{o2}}{\partial y_{o2}} = \left(y_{o2} - y_{t2}\right) \cdot y_{o2}\left(1 - y_{o2}\right) \cdot w_{41}$$

여기서 $(y_{o2} - y_{t2}) \cdot y_{o2}(1 - y_{o2})$ 부분은 델타식 형식이지요. 이 델타식을 δy_{o2}라고 할 때 주어진 식은 다음과 같이 표시할 수 있습니다.

$$\frac{\partial 오차\, y_{o2}}{\partial y_{h1}} = \delta y_{o2} \cdot w_{41} \cdots ⓑ'$$

이제 ⓐ'와 ⓑ'를 이용해 ❶을 다시 정리하면 다음과 같습니다.

$$\frac{\partial 오차\, Y_{out}}{\partial h_1} = \frac{\partial 오차\, y_{o1}}{\partial y_{h1}} + \frac{\partial 오차\, y_{o2}}{\partial y_{h1}} = \delta y_{o1} \cdot w_{31} + \delta y_{o2} \cdot w_{41}$$

이제 이 값을 이용해 6절에 나온 은닉층의 오차 업데이트 식을 완성하면 다음과 같습니다.

$$\frac{\partial 오차\, Y_{out}}{\partial w_{11}} = \frac{\partial 오차\, Y_{out}}{\partial y_{h1}} \cdot \frac{\partial y_{h1}}{\partial 가중합_1} \cdot \frac{\partial 가중합_1}{\partial w_{11}}$$
$$= (\delta y_{o1} \cdot w_{31} + \delta y_{o2} \cdot w_{41}) y_{h1}(1 - y_{h1}) \cdot x_1$$

8 델타식

이제 출력층과 은닉층의 업데이트를 위해 도출된 두 개의 식을 비교해 보겠습니다.

- 출력층의 오차 업데이트 $= \boxed{(y_{o1} - y_{t1}) \cdot y_{o1}(1 - y_{o1})} \cdot y_{h1}$
- 은닉층의 오차 업데이트 $= \boxed{(\delta y_{o1} \cdot w_{31} + \delta y_{o2} \cdot w_{41}) y_{h1}(1 - y_{h1})} \cdot x_1$

여기서 박스로 표시한 두 부분을 비교해 보겠습니다. $(y_{o1} - y_{t1})$이 $(\delta y_{o1} \cdot w_{31} + \delta y_{o2} \cdot w_{41})$로 바뀌었지만, 나머지 부분은 out(1 − out) 형태를 띠고 있습니다.

여기서 $(y_{o1} - y_{t1})$은 오차 값입니다. 하지만 은닉층에서는 이렇게 오차를 계산할 수 없습니다. 은닉층에서 일어나는 일은 우리 눈으로 볼 때는 알 수 없으므로 출력층에서 y_o 값을 가져와서 계산해야 합니다. 그러므로 앞 식의 $(\delta y_{o1} \cdot w_{31} + \delta y_{o2} \cdot w_{41})$처럼 형태가 복잡해졌을 뿐 결국 오차를 나타냅니다. 따라서 두 식 모두 '오차 · out(1 − out)' 형태, 즉 델타식의 형태로 단순화할 수 있습니다.

델타식이 중요한 이유는 이렇게 한 층을 거슬러 올라갈 때마다 같은 형태가 계속 나타나기 때문입니다. 따라서 델타식을 파악하고 나면 이를 코딩으로 설계하는 것도 어렵지 않습니다.

은닉층의 델타식이므로 이것을 δh라고 할 때, 은닉층의 가중치 업데이트를 식으로 표현하면 다음과 같습니다.

$$w_{11}(t+1) = w_{11}t - \delta h \cdot x_1$$

이렇게 해서 모든 출력층과 은닉층의 가중치가 각각 업데이트되는 과정을 수식을 통해 살펴보았습니다.

파이썬 코딩으로
짜 보는 신경망

DEEP LEARNING FOR EVERYONE

◎ **예제 소스** https://github.com/taehojo/deeplearning → 심화 학습 2. 파이썬 코딩으로 짜 보는 신경망 [구글 코랩 실행하기]
◎ **바로 가기** https://bit.ly/dl3-s2

이번에는 XOR 문제를 사용해 '심화 학습 1'에서 배운 오차 역전파를 파이썬 코드로 확인해
보겠습니다.

 환경 변수 설정하기

먼저 실제 값이 될 XOR 진리표는 다음과 같습니다.

표 1 | 진리표

x₁	x₂	결괏값
0	0	0
0	1	1
1	0	1
1	1	0

이를 두 개의 입력 값과 한 개의 타깃 값으로 먼저 설정하겠습니다. 더불어 실행 횟수, 학습
률, 모멘텀 계수도 설정하겠습니다.

```python
# 입력 값 및 타깃 값
data = [
    [[0, 0], [0]],
    [[0, 1], [1]],
    [[1, 0], [1]],
    [[1, 1], [0]]
]
```

```
# 실행 횟수(iterations), 학습률(lr), 모멘텀 계수(mo) 설정
iterations = 5000
lr = 0.1
mo = 0.9
```

그 밖에 환경 변수에는 활성화 함수와 초기 가중치도 지정되어야 합니다. 다음 코드는 활성화 함수를 지정하는 예입니다. 시그모이드 함수와 하이퍼볼릭 탄젠트 함수를 각각 따로 만들어 줍니다. 함수마다 미분 적용 여부를 결정할 수 있게 합니다. 하이퍼볼릭 탄젠트 함수는 미분할 경우 1 − (출력의 제곱)입니다(9.1절 참조). 이와 함께 가중치가 들어갈 배열을 만들어 줍니다.

```
# 활성화 함수 - 1. 시그모이드
# 미분할 때와 아닐 때 각각의 값
def sigmoid(x, derivative=False):
    if (derivative==True):
        return x * (1 - x)
    return 1 / (1 + np.exp(-x))


# 활성화 함수 - 2. tanh
# tanh 함수의 미분은 1 - (활성화 함수 출력의 제곱)
def tanh(x, derivative=False):
    if (derivative==True):
        return 1 - x ** 2
    return np.tanh(x)


# 가중치 배열을 만드는 함수
def makeMatrix(i, j, fill=0.0):
    mat = []
    for i in range(i):
        mat.append([fill] * j)
    return mat
```

2 파이썬 코드로 실행하는 신경망

신경망을 실행하는 클래스는 초깃값의 지정, 업데이트 함수, 역전파 함수로 구성됩니다.
먼저 초깃값을 다음과 같이 지정합니다. 입력 값, 은닉층의 초깃값, 출력층의 초깃값, 바이
어스 그리고 활성화 함수와 가중치 초깃값이 필요합니다.

```python
# 신경망의 실행
class NeuralNetwork:

    # 초깃값 지정
    def __init__(self, num_x, num_yh, num_yo, bias=1):

        # 입력 값(num_x), 은닉층의 초깃값(num_yh), 출력층의 초깃값(num_yo), 바이어스
        self.num_x = num_x + bias # 바이어스는 1로 설정
        self.num_yh = num_yh
        self.num_yo = num_yo

        # 활성화 함수 초깃값
        self.activation_input = [1.0] * self.num_x
        self.activation_hidden = [1.0] * self.num_yh
        self.activation_out = [1.0] * self.num_yo

        # 가중치 입력 초깃값
        self.weight_in = makeMatrix(self.num_x, self.num_yh)
        for i in range(self.num_x):
            for j in range(self.num_yh):
                self.weight_in[i][j] = random.random()

        # 가중치 출력 초깃값
        self.weight_out = makeMatrix(self.num_yh, self.num_yo)
        for j in range(self.num_yh):
            for k in range(self.num_yo):
```

```
                    self.weight_out[j][k] = random.random()


        # 모멘텀 SGD를 위한 이전 가중치 초깃값
        self.gradient_in = makeMatrix(self.num_x, self.num_yh)
        self.gradient_out = makeMatrix(self.num_yh, self.num_yo)
```

각 층의 업데이트는 다음과 같이 실행합니다(https://goo.gl/f6khsU 참조).

```
# 업데이트 함수
def update(self, inputs):

    # 입력층의 활성화 함수
    for i in range(self.num_x - 1):
        self.activation_input[i] = inputs[i]

    # 은닉층의 활성화 함수
    for j in range(self.num_yh):
        sum = 0.0
        for i in range(self.num_x):
            sum = sum + self.activation_input[i] * self.weight_in[i][j]

        # 시그모이드와 tanh 중에서 활성화 함수 선택
        self.activation_hidden[j] = tanh(sum, False)

    # 출력층의 활성화 함수
    for k in range(self.num_yo):
        sum = 0.0
        for j in range(self.num_yh):
            sum = sum + self.activation_hidden[j] * self.weight_out[j][k]
```

```
        # 시그모이드와 tanh 중에서 활성화 함수 선택
        self.activation_out[k] = tanh(sum, False)


    return self.activation_out[:]
```

역전파를 다음과 같이 실행합니다. 예를 들어 가중치를 업데이트하는 부분에서 최적화 함수로 모멘텀 SGD를 사용했다면, 앞에서 배운 내용을 토대로 다음과 같이 만들 수 있습니다.

```
# 역전파 실행
def backPropagate(self, targets):

    # 델타 출력 계산
    output_deltas = [0.0] * self.num_yo
    for k in range(self.num_yo):
        error = targets[k] - self.activation_out[k]
        # 시그모이드와 tanh 중에서 활성화 함수 선택, 미분 적용
        output_deltas[k] = tanh(self.activation_out[k], True) * error

    # 은닉 노드의 오차 함수
    hidden_deltas = [0.0] * self.num_yh
    for j in range(self.num_yh):
        error = 0.0
        for k in range(self.num_yo):
            error = error + output_deltas[k] * self.weight_out[j][k]
        # 시그모이드와 tanh 중에서 활성화 함수 선택, 미분 적용
        hidden_deltas[j] = tanh(self.activation_hidden[j], True) * error

    # 출력 가중치 업데이트
    for j in range(self.num_yh):
        for k in range(self.num_yo):
            gradient = output_deltas[k] * self.activation_hidden[j]
            v = mo * self.gradient_out[j][k] - lr * gradient
```

```
                self.weight_out[j][k] += v
                self.gradient_out[j][k] = gradient

        # 입력 가중치 업데이트
        for i in range(self.num_x):
            for j in range(self.num_yh):
                gradient = hidden_deltas[j] * self.activation_input[i]
                v = mo*self.gradient_in[i][j] - lr * gradient
                self.weight_in[i][j] += v
                self.gradient_in[i][j] = gradient

        # 오차 계산(최소 제곱법)
        error = 0.0
        for k in range(len(targets)):
            error = error + 0.5 * (targets[k] - self.activation_out[k]) ** 2
        return error
```

이제 학습을 실행시키고 결괏값을 출력합니다.

```
# 학습 실행
def train(self, patterns):
    for i in range(iterations):
        error = 0.0
        for p in patterns:
            inputs = p[0]
            targets = p[1]
            self.update(inputs)
            error = error + self.backPropagate(targets)
        if i % 500 == 0:
            print('error: %-.5f' % error)

# 결괏값 출력
def result(self, patterns):
```

```
        for p in patterns:
            print('Input: %s, Predict: %s' % (p[0], self.update(p[0])))

if __name__ == '__main__':
    # 두 개의 입력 값, 두 개의 레이어, 하나의 출력 값을 갖도록 설정
    n = NeuralNetwork(2, 2, 1)

    # 학습 실행
    n.train(data)

    # 결과값 출력
    n.result(data)
```

전체 코드를 실행하면 다음과 같이 출력됩니다.

실행 결과

```
error: 0.62254
error: 0.00252
error: 0.00086
error: 0.00051
error: 0.00035
error: 0.00027
error: 0.00022
error: 0.00018
error: 0.00016
error: 0.00014
Input: [0, 0], Predict: [0.0006144304139946882]
Input: [0, 1], Predict: [0.9889839668493684]
Input: [1, 0], Predict: [0.9890107465762079]
Input: [1, 1], Predict: [0.002142246553483729]
```

데이터 입력 값 변경

데이터 입력 값을 OR, AND 등 다른 원하는 값으로 바꿔도 잘 작동되는 것을 확인할 수 있습니다.

입력
```
data = [
    [[0, 0], [1]],
    [[0, 1], [1]],
    [[1, 0], [1]],
    [[1, 1], [0]]
]
```

출력
```
error: 0.48333
error: 0.00603
error: 0.00493
error: 0.00451
error: 0.00431
error: 0.00423
error: 0.00424
error: 0.00426
error: 0.00428
error: 0.00428
Input: [0, 0], Predict: [0.94995129868385664]
Input: [0, 1], Predict: [0.94139897011046336]
Input: [1, 0], Predict: [0.94985697346818365]
Input: [1, 1], Predict: [-0.010809448175456336]
```

⊙ 계속

```
data = [
    [[0, 0], [0]],
    [[0, 1], [0]],
    [[1, 0], [0]],
    [[1, 1], [1]]
]
```

출력

```
error: 0.93594
error: 0.00380
error: 0.00274
error: 0.00237
error: 0.00218
error: 0.00207
error: 0.00199
error: 0.00194
error: 0.00189
error: 0.00186
Input: [0, 0], Predict: [-0.01589708785343125]
Input: [0, 1], Predict: [-2.9932909582916816 e-05]
Input: [1, 0], Predict: [0.012671615364187769]
Input: [1, 1], Predict: [0.94290749550821351]
```

부록

내 컴퓨터에서 아나콘다로 딥러닝 실행하기

DEEP LEARNING FOR EVERYONE

앞서 우리는 구글 코랩을 이용해 딥러닝을 실행했습니다. 구글 코랩을 사용하면 쉽고 빠른 실행이 가능하지만, 이용 시간에 제약이 있고 이로 인해 실행이 중단되면 데이터를 잃어버릴 위험성도 있습니다. 하지만 내 컴퓨터에서 실행하면 시간 제약 없이 실행할 수 있고 구글 계정 로그인 등이 필요 없다는 장점이 있습니다.

■ 아나콘다 설치하기

내 컴퓨터에서 딥러닝을 실행하려면 먼저 아나콘다(Anaconda) 프로그램을 설치해야 합니다. 아나콘다는 데이터 분석에 필요한 여러 가지 패키지를 포함하고 있는 파이썬 배포판입니다.

1. 아나콘다를 내려받기 위해 https://repo.anaconda.com/archive로 이동합니다. 그리고 자신의 운영 체제에 맞는 링크를 클릭해 내려받습니다. 이 책은 윈도 환경에서 Anaconda3-2021.11 버전으로 실습하고 있습니다. 자신의 컴퓨터가 윈도 64비트 컴퓨터라면 Anaconda3-2021.11-Windows-x86_64.exe를 선택하면 됩니다.[1]

---

1 macOS나 리눅스도 설치 순서는 거의 같습니다.

그림 A-1 | 아나콘다 내려받기 페이지 접속

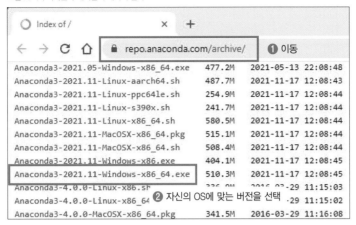

잠깐만요

일반적으로 아나콘다는 공식 사이트(https://www.anaconda.com)에서 내려받을 수 있습니다.

https://www.anaconda.com/products/individual

아나콘다는 1년에 여러 차례 업데이트되기 때문에 설치 시점에 따라 기본적으로 설치되는 패키지들의 버전
도 달라집니다. 이에 따라 예기치 않은 오류가 생길 수도 있습니다. 따라서 책에서는 독자 여러분의 혼란을
최소화하고자 집필 시점의 버전과 동일한 설치 파일을 내려받을 수 있게 안내합니다. 집필 시점의 최신 버
전은 2021.11 버전이며, 책에서는 이를 기준으로 설명합니다. 가능하면 책과 같은 버전으로 설치하길 권장
합니다.

2. 내려받은 Anaconda3-2021.11-Windows-x86_64.exe를 클릭하면 다음과 같은 설치 화
   면이 나옵니다. Next를 눌러 라이선스 동의 화면이 나오면 I Agree를 누릅니다.

그림 A-2 | 아나콘다 설치 1

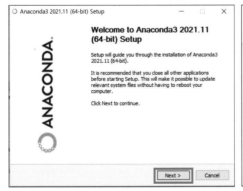
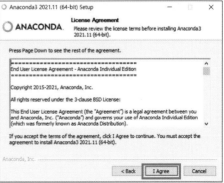

3. 설치 타입과 설치 경로를 묻는 화면이 나오면 모두 기본값으로 두고 Next를 누릅니다.

그림 A-3 | 아나콘다 설치 2

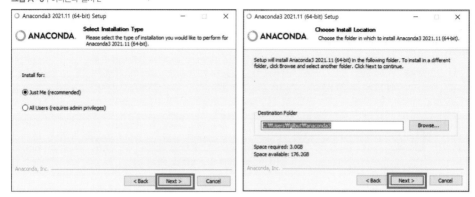

4. 다음 화면이 나오면 Add Anaconda3 to my PATH environment variable에 체크하고 Register Anaconda3 as my default Python 3.9 체크를 해제한 후 Install을 눌러 설치를 계속합니다.

그림 A-4 | 아나콘다 설치 3

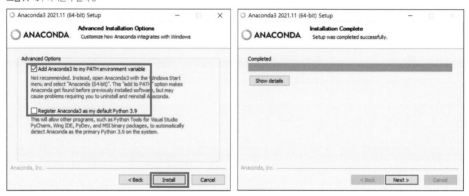

5. 아나콘다 버전을 확인한 후 설치 종료 화면이 나오면 Finish를 눌러 설치를 종료합니다.

그림 A-5 | 아나콘다 설치 4

 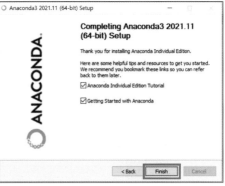

■ 아나콘다 내비게이터로 실습 환경 설정하기

1. 설치가 완료되면 윈도의 돋보기(🔍) 메뉴를 클릭합니다. 검색란에 'Anaconda Navigator'를 입력해 실행합니다.

그림 A-6 | 아나콘다 내비게이터 실행

2. 그림 A-7과 같이 아나콘다 내비게이터 창이 열리면 딥러닝을 위한 작업 환경을 만들기 위해 ❶ Environments를 선택한 후 ❷ Create를 클릭합니다.

그림 A-7 | 아나콘다 내비게이터 화면

3. Create new environment 창의 ❶ Name에 새로운 작업 환경의 이름을 넣어 줍니다(여기서는 deep_learning으로 지정하겠습니다). ❷ **파이썬 3.9.7**을 선택한 후 ❸ Create를 누릅니다.

그림 A-8 | 새로운 작업 환경 생성

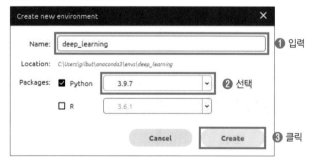

4. deep_learning이라는 이름의 작업 환경이 만들어졌습니다. 이제 새로 만든 작업 환경에서 ▶를 클릭합니다.

그림 A-9 | 새로 만든 작업 환경 확인

5. 메뉴에서 **Open Terminal**을 선택합니다.

그림 A-10 | 터미널 열기

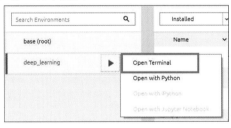

6. 그러면 다음과 같은 명령 프롬프트가 나타납니다.[2]

그림 A-11 | 명령 프롬프트 실행

7. 이제 다음 명령어를 입력해 주피터 노트북을 설치합니다. 중간에 Proceed ([y]/n)?라는 질문이 나오면 y를 입력해 설치를 계속합니다.

```
(deep_learning) > conda install jupyter==1.0.0
```

---

2 첫 실행에서 명령 프롬프트에 검은색만 뜬다면 [ENTER] 키를 한 번 눌러 주세요.

8. 설치가 끝나고 다시 deep_learning 작업 환경의 ▶를 클릭해 Open with Jupyter Notebook
   을 선택합니다.

그림 A-12 | 주피터 노트북 실행 메뉴의 활성화

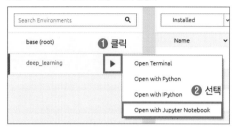

9. 그러면 다음과 같이 기본 웹 브라우저가 실행되고 주피터 노트북이 열립니다.

그림 A-13 | 주피터 노트북 실행

■ 새 주피터 노트북 파일 생성하기

1. 실행된 주피터 노트북에서 작업할 폴더를 선택합니다. 여기서는 Documents 폴더를 선택
   하겠습니다.

그림 A-14 | 작업 폴더 선택

2. 새 노트북 파일을 만들기 위해 ❶ New를 클릭하고 ❷ Python 3을 선택합니다.

그림 A-15 | 새로운 노트북 파일의 파이썬 버전 지정

3. 그러면 다음과 같이 파이썬 3 기반의 새로운 노트북 파일이 열립니다.

그림 A-16 | 새 노트북 파일 확인

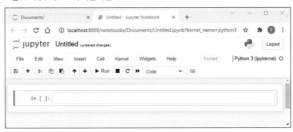

■ **코드 실행하기**

4. 이제 간단한 코드를 입력해 보겠습니다. 새 노트북 파일의 셀은 기본적으로 'Code'로 설정되어 있습니다. ❶ 이를 확인한 후 ❷ 다음과 같이 입력합니다.

```
print("Hello, Deeplearning!")
```

그리고 ❸ 실행 버튼(▶ Run)을 클릭한 후 ❹ 출력을 확인해 봅니다.

그림 A-17 | 코드 실행

■ **텍스트 입력하기**

5. 아래쪽 빈 셀을 선택하고 속성을 ❶ Markdown으로 바꾸어 줍니다. 그리고 ❷ '모두의 딥
러닝'이라는 텍스트를 입력합니다. ❸ 실행 버튼(▶ Run)을 클릭하면 ❹ 그림 A-18의
하단과 같이 텍스트가 생성됩니다.

그림 A-18 | 텍스트 입력

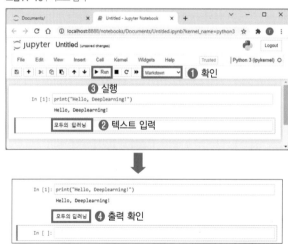

주피터 노트북의 텍스트는 #이나 * 등 기호를 붙여 크기나 굵기, 기울기 등을 간단히 조정할 수 있습니다. 이것을 마크다운 언어라고 하며, 제목을 달거나 코드에 대한 설명 등을 표시할 때 유용하게 사용됩니다.

표 A-1 | 텍스트 셀에서 마크다운 사용

사용 예	실행 결과
# 모두의 딥러닝	**모두의 딥러닝**
## 모두의 딥러닝	모두의 딥러닝
### 모두의 딥러닝	모두의 딥러닝
** 모두의 딥러닝 **	**모두의 딥러닝**
모두의 딥러닝	*모두의 딥러닝*

■ 텐서플로 설치하기

6. 책의 예제를 실행하기 위해 필요한 파이썬 기반 라이브러리인 텐서플로와 케라스를 설치해 보겠습니다.

❶ 새로운 셀에 다음과 같이 입력합니다.

```
!pip install tensorflow==2.6.1
```

잠깐만요

아나콘다에서 라이브러리를 설치하는 방법에는 아나콘다의 독자적인 명령어인 conda를 사용하는 방법과 파이썬의 pip를 이용하는 방법이 있습니다. 그런데 conda 명령어로는 잘 설치되지 않는 경우가 종종 있습니다. 이로 인해 conda와 pip를 혼용하면 나중에 라이브러리 관리가 복잡해질 수 있지요. 따라서 내 컴퓨터에서 직접 실행하는 경우에는 주피터 노트북을 제외한 모든 라이브러리의 설치에 pip를 사용하는 것을 추천합니다.

주피터 노트북에서는 다음과 같이 설치할 수 있습니다.

```
!pip install 라이브러리명==버전
```

또는 아나콘다 프롬프트 창을 이용해 설치할 수 있습니다.

아나콘다 프롬프트 창에서 라이브러리 설치하기

1. 아나콘다 내비게이터에서 우리가 만든 deep-learning 환경을 선택합니다.

2. 메뉴에서 Open Terminal을 선택합니다.

그림 A-19 | [Open Terminal] 메뉴 선택

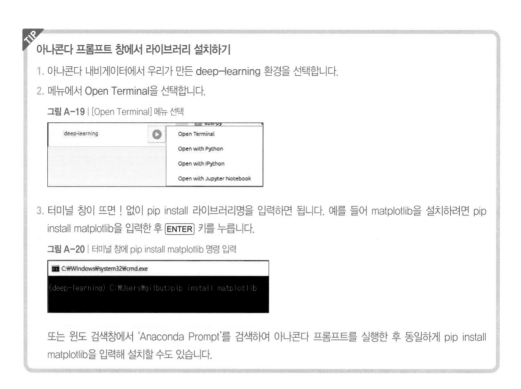

3. 터미널 창이 뜨면 ! 없이 pip install 라이브러리명을 입력하면 됩니다. 예를 들어 matplotlib을 설치하려면 pip install matplotlib을 입력한 후 ENTER 키를 누릅니다.

그림 A-20 | 터미널 창에 pip install matplotlib 명령 입력

```
C:\Windows\system32\cmd.exe

(deep-learning) C:\Users\gilbut>pip install matplotlib
```

또는 윈도 검색창에서 'Anaconda Prompt'를 검색하여 아나콘다 프롬프트를 실행한 후 동일하게 pip install matplotlib을 입력해 설치할 수도 있습니다.

❷ 실행 버튼(▶ Run)을 클릭하면 설치가 진행됩니다. 컴퓨터 환경에 따라 다소 시간이 걸릴 수 있습니다.

그림 A-21 | 텐서플로 설치

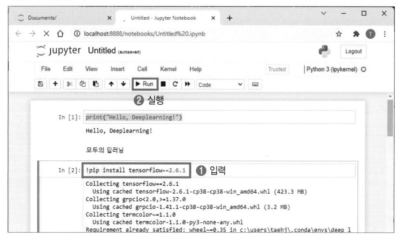

7. 설치가 끝나면 텐서플로를 불러와 실행합니다. 다음과 같이 입력한 후 각각 실행 버튼 (▶ Run)을 클릭합니다. 조금 전 설치한 텐서플로의 버전이 출력되면 설치가 잘된 것입니다.

```
import tensorflow
print(tensorflow.__version__)
```

그림 A-22 | 텐서플로 버전 확인

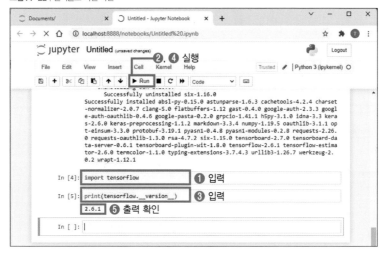

8. 이제 다음과 같이 케라스 2.6 버전을 함께 설치해 줍니다.

```
!pip install keras==2.6
```

그림 A-23 | 텐서플로 버전 확인

```
In [6]:  !pip install keras==2.6

         Collecting keras==2.6
           Using cached keras-2.6.0-py2.py3-none-any.whl (1.3 MB)
         Installing collected packages: keras
         Successfully installed keras-2.6.0
```

■ **노트북 파일 저장하기**

9. 작성한 노트북 파일명을 정하려면 위쪽 ❶ Untitled를 클릭하고 ❷ 새로운 파일명을 입력한 후 ❸ Rename을 누릅니다.

그림 A-24 | 노트북 파일명 변경 및 저장

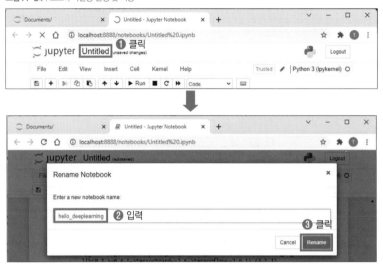

10. 다음과 같이 작업 폴더에 hello_deeplearning.ipynb 파일이 보이면 새 노트북 파일을 작성한 것입니다.

그림 A-25 | 새로운 노트북 파일 저장 확인

지금까지 새 노트북 파일을 만들고, 텐서플로를 설치한 후 잘 설치되었는지 확인했습니다.

■ **딥러닝 코드 실행해 보기**

1. 저자 깃허브(https://github.com/taehojo/deeplearning)에 접속해 Code > Download ZIP을 클릭해 예제 파일을 내려받습니다.[3] 내려받은 파일의 압축을 풀면 다음과 같은 파일들이 나옵니다.

그림 A-26 | 내려받은 예제 파일

```
colab
data
ch02
ch04
ch05
```

2. 주피터 노트북을 실행합니다. 윈도의 돋보기(🔍) 메뉴에서 'Anaconda Navigator'를 검색해 실행하고 ❶ Environments를 선택합니다. 그리고 미리 만들어 둔 작업 환경(deep_learning)의 ❷ ▶를 클릭한 후 ❸ Open with Jupyter Notebook을 선택해 실행합니다.

그림 A-27 | 아나콘다 내비게이터에서 주피터 노트북 열기

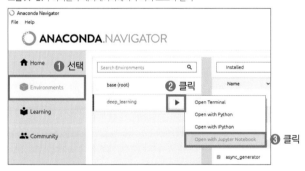

---

3 책에서는 기본 설정인 Downloads 폴더에 예제 파일을 내려받았다고 생각하고 진행하겠습니다. 독자 여러분이 원하는 곳에 내려받아도 상관없습니다.

주피터 노트북을 실행하는 또 다른 방법

윈도 돋보기(🔍) 메뉴에서 'Anaconda Prompt'를 검색해 실행합니다. 터미널이 열리면 다음과 같이 차례로 입력합니다. 그러면 아나콘다 내비게이터와 마찬가지로 deep_learning 작업 환경에서 주피터 노트북이 열립니다.

```
> conda activate deep learning
> jupyter notebook
```

그림 A-28 | 아나콘다 프롬프트에서 주피터 노트북 열기

3. 내려받은 예제가 담긴 폴더로 이동합니다. 예를 들어 Downloads 폴더에 압축이 해제되어 있다면 노트북 화면에 보이는 링크를 클릭해 ❶ Downloads 〉 deeplearning-master 폴더로 이동합니다. ❷ ch02.ipynb 파일을 찾아 클릭합니다.

그림 A-29 | 예제 파일 선택

4. ch02.ipynb 파일이 열리면 ❶ Cell > ❷ Run All을 선택합니다.

그림 A-30 | 주피터 노트북 실행하기

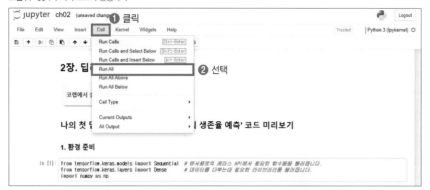

5. 화면 맨 아래에 그림 A-31의 ❶과 같이 loss와 accuracy가 각각 다섯 번씩 출력되면 무사히 실행된 것입니다.

그림 A-31 | 실행 결과 출력

찾아보기

모두의 딥러닝

별책부록

누구나 쉽게 이해하는 딥러닝

조태호 지음

즐거운
프로그래밍
경험

개정3판

● 딥러닝 기초부터 설명 가능한 인공지능 XAI까지! ● 생소한 개념도 쉽게 이해할 수 있다!
● 기초 수학, 심화 학습, 별책 부록으로 부족한 부분 없이 익힐 수 있다!

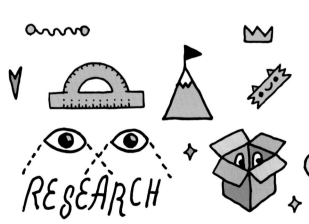

RESEARCH

길벗

즐거운
프로그래밍
경 험

개정3판

RESEARCH

모두의
딥러닝

조태호 지음

길벗

목차

1. 결정 트리

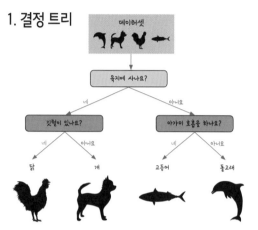

2. 랜덤 포레스트

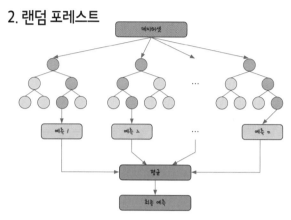

5. 에이다 부스트

6. 이차 판별 분석

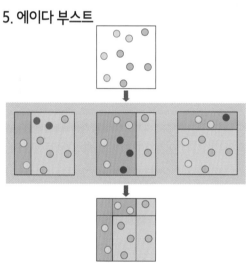

7. 서포트 벡터 머신

9. 보팅

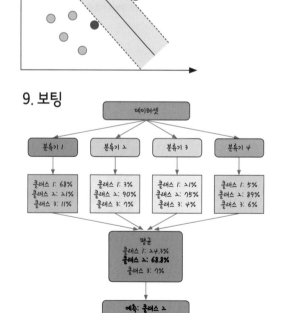

3. 가우시안 나이브 베이즈

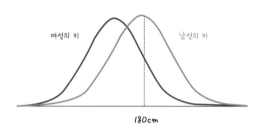

4. k-최근접 이웃

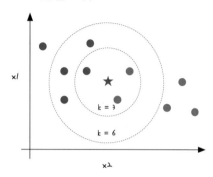

8. 서포트 벡터 머신 - RBF 커널

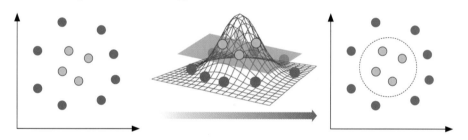

10. 배깅

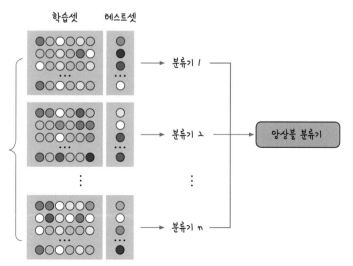

1장 가장 많이 사용하는 머신 러닝 알고리즘 TOP 10

DEEP LEARNING FOR EVERYONE

⊙ **예제 소스** https://github.com/taehojo/deeplearning → 가장 많이 사용하는 머신 러닝 알고리즘 TOP 10 [구글 코랩 실행하기]
⊙ **바로 가기** https://bit.ly/dl3-a1

① 세상의 거의 모든 머신 러닝 알고리즘

딥러닝은 세상의 수많은 머신 러닝 알고리즘 중 하나입니다. 그러면 딥러닝 이외의 머신 러닝 알고리즘에는 어떤 것들이 있으며 어떻게 이용할 수 있을까요?

딥러닝은 일반적으로 과적합을 피하기 위해 많은 데이터가 필요합니다. 딥러닝을 이용하면 복잡하고 어려운 학습을 해낼 수 있지만, 이로 인해 좋은 사양의 컴퓨터가 필요하고 긴 학습 시간이 소요될 때도 있습니다. 데이터가 딥러닝을 구현하기에 충분하게 확보되지 않았거나 빠른 결과가 필요하다면 간단한 머신 러닝 기법을 이용하는 것이 더 바람직할 수 있습니다. 따라서 딥러닝 외에 가장 많이 사용하는 머신 러닝 모델 열 가지를 담아 보았습니다. 딥러닝과 더불어 여기 소개된 열 가지 알고리즘을 모두 익혀서, 현장에서 쓰이는 거의 모든 머신 러닝 알고리즘을 접해 보았다는 자신감을 얻길 바랍니다. 열 가지 알고리즘의 개요를 알아보고 구글 코랩으로 함께 실습해 보겠습니다.

② 실습을 위한 준비 사항

'가장 많이 사용하는 머신 러닝 알고리즘 TOP 10'을 배우기 위해 우리는 11장에 소개하고 있는 피마 인디언 당뇨병 데이터셋을 사용할 것입니다.

머신 러닝은 데이터를 입력하기 전에 데이터를 적절히 전처리해 주는 것(11장 4절, 15장 2절 참조)이 중요합니다. 딥러닝의 경우 가중치 조절을 통해 불필요한 속성을 스스로 제거하려는 성질이 있으나, 일반적인 머신 러닝은 두드러진 몇몇 값이 결과에 큰 영향을 미치는 경우가 있으므로 특히 데이터 전처리 과정이 중요하다고 할 수 있습니다.

우리가 사용할 피마 인디언 데이터셋 역시 데이터 속성 간 편차가 커서 이를 그대로 쓰는 것보다 너무 크거나 동떨어진 값을 일정한 범위 안으로 모아 놓는 데이터 전처리 과정이 필요합니다. 이러한 과정을 데이터 스케일링(data scaling)이라고 합니다. 우리는 여러 데이터 스케일링 방법 중 일반적으로 많이 사용되는 StandardScaler() 함수를 이용하겠습니다. 우선 코드를 보면 다음과 같습니다.

실습 I 데이터 스케일링 및 학습셋, 테스트셋 준비하기

```python
from sklearn.model_selection import train_test_split, cross_val_score,
StratifiedKFold
from matplotlib import pyplot
from sklearn.preprocessing import StandardScaler

import pandas as pd
import matplotlib.pyplot as plt

# 깃허브에 준비된 데이터를 가져옵니다.
!git clone https://github.com/taehojo/data.git

# 피마 인디언 당뇨병 데이터셋을 불러옵니다.
df = pd.read_csv('./data/pima-indians-diabetes3.csv')

# 세부 정보를 X로 지정합니다.
X = df.iloc[:,0:8]

# 당뇨병 여부를 y로 지정합니다.
y = df.iloc[:,8]

ss = StandardScaler()
scaled_X = pd.DataFrame(ss.fit_transform(X), columns=X.columns)
```

```
fig, ax = plt.subplots(1, 2, figsize=(12,4))
X.plot(kind='kde', title='Raw data', ax=ax[0])
scaled_X.plot(kind='kde', title='StandardScaler', ax=ax[1])
plt.show()

# 학습셋과 테스트셋을 75:25의 비율로 나눕니다.
X_train, X_test, y_train, y_test = train_test_split(X, y, test_size=0.25,
random_state=0)
```

이 코드를 실행하면 그림 1-1과 같이 출력되는데, 데이터 스케일링 전후의 결과를 보여 주고 있습니다. 왼쪽에 보이는 데이터 스케일링 이전의 그림은 데이터가 너무 편협하게 분포되어 있고 그래프 간 차이가 심합니다. 하지만 오른쪽에 보이는 데이터 스케일링 이후의 그림은 데이터가 0을 중심으로 모여 있고 그래프 간 차이도 심하지 않습니다.

그림 1-1 | 원본 데이터와 스케일링 이후의 데이터

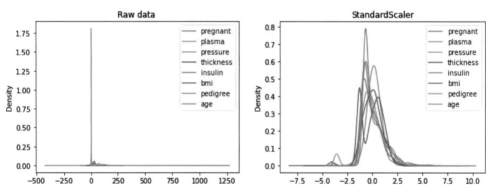

데이터 스케일링을 마치고 데이터를 75:25의 비율로 학습셋과 테스트셋으로 나누었습니다. 이제 알고리즘을 테스트할 준비가 되었습니다.

앞으로 배울 열 가지 알고리즘은 모두 사이킷런(Scikit-learn)을 이용해 실습할 것입니다. 사이킷런은 다양한 머신 러닝 알고리즘을 손쉽게 이용할 수 있도록 해 주는 유명한 파이썬 오픈 소스 라이브러리입니다.[1] 사이킷런을 이용하는 기본 순서는 다음과 같습니다.

---

1 코랩에서는 기본으로 제공되므로 따로 설치할 필요 없으며, 주피터 노트북에서 실습한다면 !pip install sklearn으로 설치해야 합니다. 본문 실습을 모두 마쳤다면 이미 설치되어 있을 것입니다.

1 | 사이킷런 라이브러리에서 적절한 알고리즘을 불러온다.
2 | fit( ) 함수로 학습한다.
3 | predict( ) 함수로 예측한다.

이 세 가지 절차를 통해 수많은 알고리즘을 손쉽게 적용할 수 있으며, 여기에 교차 검증 과정(13.5절 참조) 등을 거치면 좋은 모델을 만들 수 있습니다.

③ 결정 트리

결정 트리(decision tree)는 '예/아니요'라는 답이 나오는 질문을 계속해서 물으며 학습하는 방법입니다. 주어진 데이터에 대해 각각 닭, 개, 고등어, 돌고래로 분류하는 과제가 있을 때 결정 트리 학습 방법은 주어진 데이터를 잘 구분할 수 있는 질문을 던져 다음 그림과 같이 정답을 찾아갑니다.

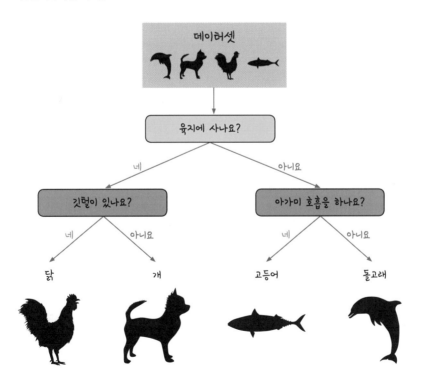

앞에서 스케일링한 데이터셋에 결정 트리를 적용하면 다음과 같이 구현할 수 있습니다.

실습 | 결정 트리 분류기로 학습하기

```
# 결정 트리 분류기를 불러옵니다.
from sklearn.tree import DecisionTreeClassifier ……❶

# 학습 환경을 설정합니다.
classifier = DecisionTreeClassifier() ……❷
classifier.fit(X_train, y_train) ……❸

# 테스트셋에 적용합니다.
y_pred = classifier.predict(X_test) ……❹

# 계층별 교차 검증 환경을 설정합니다.
skf = StratifiedKFold(n_splits=10, shuffle=True)

# 교차 검증을 통해 정확도를 계산합니다.
accuracies = cross_val_score(estimator=classifier, X=X_train, y=y_train,
cv=skf)

# 정확도와 표준편차를 출력합니다.
print("Accuracy: {:.2f} %".format(accuracies.mean()*100))
print("Standard Deviation: {:.2f} %".format(accuracies.std()*100))
```

실행 결과

```
Accuracy: 66.15 %
Standard Deviation: 5.05 %
```

❶ from sklearn.tree import DecisionTreeClassifier 코드를 통해 사이킷런 라이브러리의 결정 트리 알고리즘을 가져왔습니다. ❷를 통해 결정 트리 알고리즘을 분류기로 지정했고, ❸을 통해 이를 실행했습니다. 학습 결과에 테스트셋을 적용한 결과는 ❹를 통해 y_pred에 저장됩니다.

열 개의 서브셋으로 나누어 학습과 테스트를 각각 실시했고 mean( )을 통해 정확도를, std( )를 통해 표준편차를 구했습니다.

> **TIP** 계층별 교차 검증(StratifiedKFold)은 교차 검증을 위한 데이터셋을 만들 때 클래스의 비율(당뇨병 발병 여부)을 맞추어 줍니다. 추출되는 데이터셋이 매번 다르므로 결괏값도 실행할 때마다 조금씩 차이가 납니다.

4 랜덤 포레스트

랜덤 포레스트(random forest)는 앞서 배운 결정 트리를 여러 개 묶어 놓은 것입니다. 트리(tree)를 묶어 놓았으니 포레스트(forest)라는 이름이 붙었지요. 하나의 결정 트리가 아닌, 많은 수의 결정 트리를 실행해 그로부터 나온 분류 결과를 취합해서 최종 예측을 하는 알고리즘입니다. 너무 단순한 원리로 인해 과적합에 빠지기 쉬운, 결정 트리의 단점을 보완해 줍니다.

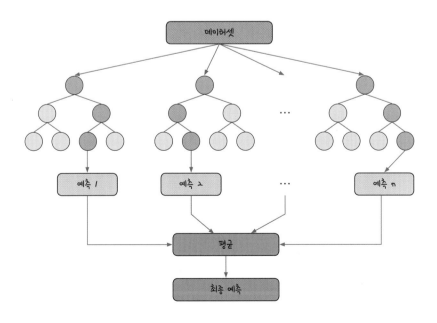

역시 사이킷런을 활용해 랜덤 포레스트를 다음과 같이 구현할 수 있습니다.

실습 | 랜덤 포레스트 분류기로 학습하기

```
# 랜덤 포레스트 분류기를 불러옵니다.
from sklearn.ensemble import RandomForestClassifier

# 학습 환경을 설정합니다.
classifier = RandomForestClassifier(n_estimators=50) ····· ❶
classifier.fit(X_train, y_train)

# 테스트셋에 적용합니다.
y_pred = classifier.predict(X_test)

# 계층별 교차 검증 환경을 설정합니다.
skf = StratifiedKFold(n_splits=10, shuffle=True)

# 교차 검증을 통해 정확도를 계산합니다.
accuracies = cross_val_score(estimator=classifier, X=X_train, y=y_train,
cv=skf)

# 정확도와 표준편차를 출력합니다.
print("Accuracy: {:.2f} %".format(accuracies.mean()*100))
print("Standard Deviation: {:.2f} %".format(accuracies.std()*100))
```

실행 결과

```
Accuracy: 74.83 %
Standard Deviation: 5.41 %
```

앞서 결정 트리는 sklearn.tree에서 가져왔지만 랜덤 포레스트는 sklearn.ensemble 안에 있습니다. 앙상블(ensemble)이란 여러 머신 러닝 모델을 사용해 강력한 모델을 만드는 기법을 의미합니다. 여러 개의 결정 트리를 이용해 학습하는 랜덤 포레스트는 앙상블 기법의 대표적인 방법입니다.

❶ classifier = RandomForestClassifier(n_estimators=50) 코드를 통해 사이킷런 랜덤 포레스트 알고리즘을 가져왔는데, 이때 n_estimators를 사용해 몇 개의 결정 트리를 사용할 것인지 정합니다.

앞서 결정 트리와 마찬가지로 열 개의 서브셋으로 나누어 학습과 테스트를 각각 실시했고 fit()과 predict() 함수가 각각 학습과 예측을, mean()과 std() 함수가 각각 평균과 표준편차를 구했습니다.

⑤ 가우시안 나이브 베이즈

가우시안 나이브 베이즈(gaussian naïve bayes)는 속성이 연속형 변수일 때, 베이즈 정리를 기반으로 각 범주에 속할 확률을 계산하는 방법입니다. 키를 측정한 데이터를 보고 남성인지 여성인지를 예측하는 문제가 있다고 합시다. 남성의 키와 여성의 키는 자체 평균과 표준편차 값이 있으므로 다음 그림과 같이 분포될 것입니다. 이때 목표 데이터가 각 범주에 속할 확률을 계산하고, 가장 높은 확률을 가지는 범주로 데이터를 분류합니다.

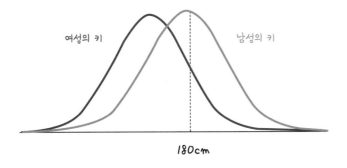

앞서 준비한 데이터셋에 가우시안 나이브 베이즈 분류기를 적용하면 다음과 같습니다.

```python
# 가우시안 나이브 베이즈 분류기를 불러옵니다.
from sklearn.naive_bayes import GaussianNB

# 학습 환경을 설정합니다.
classifier = GaussianNB()
classifier.fit(X_train, y_train)

# 테스트셋에 적용합니다.
y_pred = classifier.predict(X_test)

# 계층별 교차 검증 환경을 설정합니다.
skf = StratifiedKFold(n_splits=10, shuffle=True)

# 교차 검증을 통해 정확도를 계산합니다.
accuracies = cross_val_score(estimator=classifier, X=X_train, y=y_train,
cv=skf)

# 정확도와 표준편차를 출력합니다.
print("Accuracy: {:.2f} %".format(accuracies.mean()*100))
print("Standard Deviation: {:.2f} %".format(accuracies.std()*100))
```

실행 결과

```
Accuracy: 75.88 %
Standard Deviation: 4.29 %
```

베이즈 정리란 조건부 확률을 계산하는 방법의 하나입니다. 이전의 경험과 현재의 정보를 근거로 확률을 구해 가는 방법이라고 할 수 있습니다. 예를 들어 어떤 사람의 키가 180cm 이상이라고 하면, 아마도 이 사람은 남자일 확률이 더 높겠지요. 베이즈 정리를 통해 데이터가 특정한 클래스에 속할 확률을 계산하는 것을 베이즈 분류라고 하며, 예측할 속성들이 상호 독립적일 때(예를 들어 A씨의 키와 B씨의 키는 서로 종속되지 않음) 이를 나이브 베이즈 분류라고 합니다. 여기에 해당 데이터가 연속적으로 분포하고 있을 경우, 가우시안 나이브 베이즈 분류를 사용하는 것입니다.

사이킷런의 sklearn.naive_bayes에서 GaussianNB() 분류기를 불러와 가우시안 나이브 베이즈 분류를 쉽게 적용할 수 있었습니다.

6 k-최근접 이웃

k-최근접 이웃(k-nearest neighbor)은 새로운 데이터가 입력되면 가장 가까이 있는 것을 중심으로 새로운 데이터의 종류를 정해 주는 것입니다. 예를 들어 새로운 데이터(★)가 입력되었을 때 이 데이터가 붉은 원인지 푸른 원인지를 예측한다고 합시다. 주변 데이터의 수를 k라고 하며, $k = 3$의 원을 보니 푸른 원이 더 많습니다. 따라서 별은 푸른 원일 수 있습니다. 그런데 범위를 조금 더 넓혀 $k = 6$의 결과를 보니 붉은 원이 푸른 원보다 더 많습니다. 가장 적절한 k 값은 주어진 데이터마다 다르므로 이를 결정하면서 새로운 데이터를 예측하는 방법입니다.

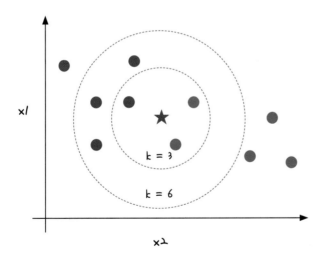

k-최근접 이웃을 적용해 다음과 같이 분류 모델을 만들 수 있습니다.

```python
# k-최근접 이웃 분류기를 불러옵니다.
from sklearn.neighbors import KNeighborsClassifier

# 학습 환경을 설정합니다.
classifier = KNeighborsClassifier()
classifier.fit(X_train, y_train)

# 테스트셋에 적용합니다.
y_pred = classifier.predict(X_test)

# 계층별 교차 검증 환경을 설정합니다.
skf = StratifiedKFold(n_splits=10, shuffle=True)

# 교차 검증을 통해 정확도를 계산합니다.
accuracies = cross_val_score(estimator=classifier, X=X_train, y=y_train,
cv=skf)

# 정확도와 표준편차를 출력합니다.
print("Accuracy: {:.2f} %".format(accuracies.mean()*100))
print("Standard Deviation: {:.2f} %".format(accuracies.std()*100))
```

실행 결과

```
Accuracy: 72.91 %
Standard Deviation: 4.53 %
```

k-최근접 이웃 분류기는 sklearn.neighbors에서 KNeighborsClassifier() 분류기를 불러와 사용할 수 있습니다. 이 알고리즘은 k의 수를 변경해 가면서 새로운 데이터를 예측하는 방법이므로 k 값을 잘 정하는 것이 중요합니다. 최적의 k 값은 어떤 데이터를 학습하는지에

따라 달라지므로 정해진 답은 없습니다. 적절한 범위의 k 값을 바꾸어 입력해 가며 최적의 값을 선택하는 과정이 필요합니다.

⑦ 에이다 부스트

에이다 부스트(ada boost)는 여러 번의 분류를 통해 정답을 예측해 가는 알고리즘입니다. 예를 들어 ❶처럼 분류해 보니 상단의 푸른 원 두 개가 잘못 예측된 것을 알 수 있습니다. 잘못 예측된 이 두 개에 가중치를 두고 ❷처럼 다시 분류합니다. 그러면 하단의 붉은 원 세 개가 잘못되어 있습니다. 이 세 개에 다시 가중치를 두고 ❸처럼 분류합니다. 이와 같은 반복 훈련 후 모든 분류(❶, ❷, ❸) 결과를 합산하면 푸른 원과 붉은 원을 구분하는 분류기가 완성됩니다.

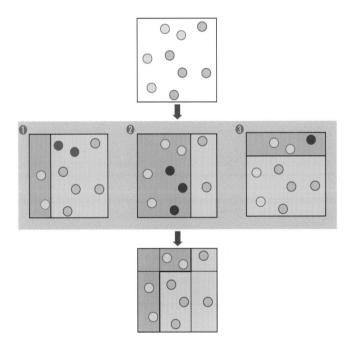

다음과 같이 에이다 부스트를 적용해 보겠습니다.

실습 | 에이다 부스트로 학습하기

```python
# 에이다 부스트 분류기를 불러옵니다.
from sklearn.ensemble import AdaBoostClassifier

# 학습 환경을 설정합니다.
classifier = AdaBoostClassifier()
classifier.fit(X_train, y_train)

# 테스트셋에 적용합니다.
y_pred = classifier.predict(X_test)

# 계층별 교차 검증 환경을 설정합니다.
skf = StratifiedKFold(n_splits=10, shuffle=True)

# 교차 검증을 통해 정확도를 계산합니다.
accuracies = cross_val_score(estimator=classifier, X=X_train, y=y_train,
cv=skf)

# 정확도와 표준편차를 출력합니다.
print("Accuracy: {:.2f} %".format(accuracies.mean()*100))
print("Standard Deviation: {:.2f} %".format(accuracies.std()*100))
```

실행 결과

```
Accuracy: 71.36 %
Standard Deviation: 4.84 %
```

에이다 부스트는 여러 개의 약한 분류기를 사용해 강력한 모델을 만드는 방법이므로 랜덤 포레스트와 함께 앙상블 분류기에 해당됩니다. 따라서 sklearn.ensemble에서 해당 함수를 불러왔습니다.

앙상블 방법의 대표적인 두 가지는 이처럼 이전 분류기와 다음 분류기의 결과를 서로 연결하는 방식의 부스팅(boosting) 방법과, 여러 분류기를 따로따로 훈련한 후 다수의 결과를 통해 최종 결과를 정하는 배깅(bagging) 방법이 있습니다. 배깅 방식은 12절에서 다시 소개합니다.

8 이차 판별 분석

이차 판별 분석(quadratic discriminant analysis)은 각 클래스 간의 경계를 결정해 분류하는 방법입니다. 파란 점, 빨간 점, 노란 점이 다음 그림과 같이 위치해 있을 때, 각 클래스 분포의 중심과 모양을 결정합니다. 그리고 이들 클래스 사이의 경계를 그려 냅니다. 경계가 직선이면 선형 판별 분석, 2차 방정식에 의한 곡선이면 이차 판별 분석이 됩니다.

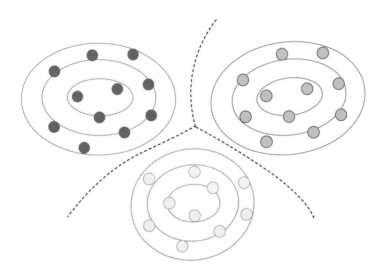

마찬가지로 사이킷런을 이용해 이차 판별 분석 분류기를 구현해 보겠습니다.

```
# 이차 판별 분석 분류기를 불러옵니다.
from sklearn.discriminant_analysis import QuadraticDiscriminantAnalysis

# 학습 환경을 설정합니다.
classifier = QuadraticDiscriminantAnalysis()
classifier.fit(X_train, y_train)

# 테스트셋에 적용합니다.
y_pred = classifier.predict(X_test)

# 계층별 교차 검증 환경을 설정합니다.
skf = StratifiedKFold(n_splits=10, shuffle=True)

# 교차 검증을 통해 정확도를 계산합니다.
accuracies = cross_val_score(estimator=classifier, X=X_train, y=y_train,
cv=skf)

# 정확도와 표준편차를 출력합니다.
print("Accuracy: {:.2f} %".format(accuracies.mean()*100))
print("Standard Deviation: {:.2f} %".format(accuracies.std()*100))
```

실행 결과

```
Accuracy: 72.94 %
Standard Deviation: 8.03 %
```

판별 분석(discriminant analysis) 분류 중 이차 판별 분석 분류기를 사용하기 위해 sklearn.discriminant_analysis에서 QuadraticDiscriminantAnalysis()를 불러왔습니다. 판별 분석에는 이 밖에도 선형으로 경계를 정하는 선형 판별 분석이 있습니다. 다만 선형으로 분류하는 한계로 인해 성능이 좋지 않을 수 있습니다. 이차 판별 분석은 선형 분류보다 더 많은 데이터가 필요하고 연산량도 증가하지만, 비선형 분류가 가능하다는 장점이 있습니다.

9 서포트 벡터 머신

서포트 벡터 머신(support vector machine)은 분류를 위한 기준선을 정의하는 모델입니다. 다음 그림에서 빨간 점과 파란 점을 구분하는 경계선(❶)을 만든다고 할 때, 경계선은 파란색 두 점(❷, ❸)과 빨간색 점(❹)에서 가장 떨어진 곳에 위치해야 할 것입니다. 이 세 점(❷, ❸, ❹)을 서포트 벡터라고 하며, 이로 인해 만들어지는 공간(❺)을 마진이라고 합니다. 마진이 최대화되는 경계를 찾아 분류를 하는 방법입니다.

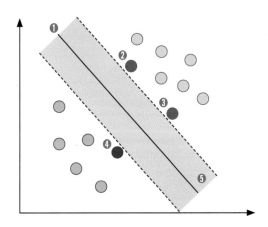

다음과 같이 서포트 벡터 머신을 구현할 수 있습니다.

```
# 서포트 벡터 머신 분류기를 불러옵니다.
from sklearn.svm import SVC

# 학습 환경을 설정합니다.
classifier = SVC(kernel='linear')
classifier.fit(X_train, y_train)

# 테스트셋에 적용합니다.
y_pred = classifier.predict(X_test)

# 계층별 교차 검증 환경을 설정합니다.
skf = StratifiedKFold(n_splits=10, shuffle=True)

# 교차 검증을 통해 정확도를 계산합니다.
accuracies = cross_val_score(estimator=classifier, X=X_train, y=y_train,
cv=skf)

# 정확도와 표준편차를 출력합니다.
print("Accuracy: {:.2f} %".format(accuracies.mean()*100))
print("Standard Deviation: {:.2f} %".format(accuracies.std()*100))
```

실행 결과

```
Accuracy: 75.51 %
Standard Deviation: 3.58 %
```

서포트 벡터 머신은 sklearn.svm의 SVC 분류기를 가져와 사용할 수 있습니다. SVC는 'Support Vector Classifier'의 약어입니다. SVC 분류기의 옵션으로 kernel을 지정할 수 있는데 'linear'라고 정하면 일반적인 선형 SVM이 동작됩니다. 나머지 실행은 이전과 동일합니다.

서포트 벡터 머신 – RBF 커널

서포트 벡터 머신 – RBF 커널(support vector machine using radial basis functions kernel)은 주어진 데이터가 선형으로 분리될 수 없는 경우를 해결하기 위해 만들어졌습니다. ❶처럼 데이터가 분포되어 있을 경우 선으로는 빨간 점과 파란 점을 분리시킬 수 없습니다. 하지만 ❷처럼 3차원 공간을 이용하면 가능해집니다. 커널이란 주어진 데이터를 고차원의 공간으로 새롭게 위치시켜 주는 방법입니다. RBF(방사형) 커널을 이용하면 ❸처럼 주어진 점들을 분리할 수 있습니다.

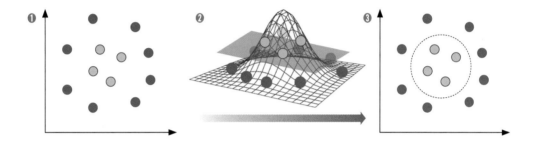

RBF 커널을 적용해 서포트 벡터 머신을 구현하는 방법은 다음과 같습니다.

실습 l RBF 커널을 적용해 서포트 벡터 머신 구현하기

```
# 서포트 벡터 머신 분류기를 불러옵니다.
from sklearn.svm import SVC

# 학습 환경을 설정합니다.
classifier = SVC(kernel='rbf')
classifier.fit(X_train, y_train)

# 테스트셋에 적용합니다.
y_pred = classifier.predict(X_test)

# 계층별 교차 검증 환경을 설정합니다.
```

```
skf = StratifiedKFold(n_splits=10, shuffle=True)

# 교차 검증을 통해 정확도를 계산합니다.
accuracies = cross_val_score(estimator=classifier, X=X_train, y=y_train,
cv=skf)

# 정확도와 표준편차를 출력합니다.
print("Accuracy: {:.2f} %".format(accuracies.mean()*100))
print("Standard Deviation: {:.2f} %".format(accuracies.std()*100))
```

실행 결과

```
Accuracy: 75.86 %
Standard Deviation: 3.37 %
```

앞서 배운 모델과 달라진 것은 SVC(kernel='linear') 부분이 SVC(kernel='rbf')로 바뀌었다는 것입니다. 단순한 옵션의 변화이지만 내부적인 연산은 많이 달라집니다. 자신의 데이터 특성을 파악하고 적절한 옵션을 지정하는 것은 계산량도 줄이고, 더 좋은 결과를 가져올 수 있습니다.

 11 **보팅**

보팅(voting)은 여러 가지 다른 유형의 알고리즘을 같은 데이터셋에 적용해 학습하는 방법입니다. 학습한 결과를 모아 다수의 분류기가 결정한 결과를 선택하거나 클래스별 평균을 종합해 예측합니다. 다양한 알고리즘을 분류기로 활용함으로써 단일 알고리즘의 단점을 극복할 수 있습니다.

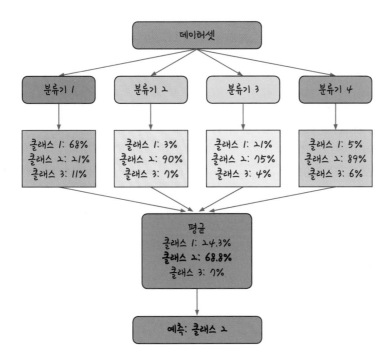

앞서 나온 알고리즘 중에서 에이다 부스트, 랜덤 포레스트, 서포트 벡터 머신을 적용한 보팅 예제는 다음과 같습니다.

실습 | 보팅 분류기로 학습하기

```python
# 보팅 분류기를 불러옵니다.
from sklearn.ensemble import VotingClassifier

# 학습 환경을 설정합니다.
clf1 = AdaBoostClassifier()
clf2 = RandomForestClassifier()
clf3 = SVC(kernel='linear')
classifier = VotingClassifier(estimators=[('lr', clf1), ('rf', clf2),
('gnb', clf3)])
classifier.fit(X_train, y_train)
```

```
# 테스트셋에 적용합니다.
y_pred = classifier.predict(X_test)

# 계층별 교차 검증 환경을 설정합니다.
skf = StratifiedKFold(n_splits=10, shuffle=True)

# 교차 검증을 통해 정확도를 계산합니다.
accuracies = cross_val_score(estimator=classifier, X=X_train, y=y_train,
cv=skf)

# 정확도와 표준편차를 출력합니다.
print("Accuracy: {:.2f} %".format(accuracies.mean()*100))
print("Standard Deviation: {:.2f} %".format(accuracies.std()*100))
```

실행 결과

```
Accuracy: 75.36 %
Standard Deviation: 3.87 %
```

보팅은 여러 가지 분류기를 모두 사용해 본 후 그중 가장 좋은 분류기를 선택하는 것이므로 어떤 분류기를 사용할지 각각 지정해야 합니다. 지금까지 소개한 분류기 중 에이다 부스트, 랜덤 포레스트, 서포트 벡터 머신 분류기를 각각 clf1, clf2, clf3으로 지정하고, sklearn.ensemble에서 불러온 VotingClassifier() 함수를 이용해 최종적으로 분류하는 방법입니다.

12 배깅

배깅(bagging)은 데이터 세트를 여러 개로 분리해 분류를 실행하는 방법입니다. 보팅과 차이점은 하나의 알고리즘을 사용한다는 것이고, 부스팅과 차이점은 각 분류기를 제각각 따로따로 분류한다는 것입니다. 배깅 방식은 단일 분류기를 여러 번 사용함으로써 정확도를 높이고 과적합을 방지하는 효과가 있습니다.

분류기를 n번 반복해서 학습한다면 그때마다 학습셋, 데이터셋을 새롭게 만듭니다. 맨 처음 데이터가 n번의 서로 다른 학습셋, 데이터셋으로 분리될 때는 부트스트랩(bootstrap) 기법을 사용합니다. 이는 학습셋과 테스트셋을 설정 기준에 따라 랜덤으로 선택해 만들어 주는 방법입니다.

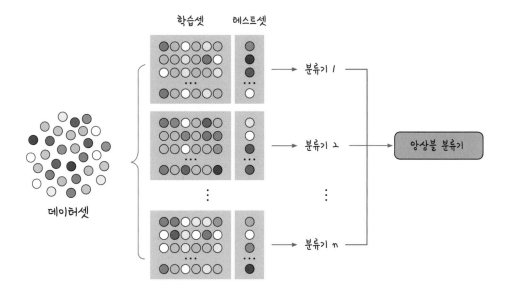

분류기로 서포트 벡터 머신을 이용한 배깅 알고리즘은 다음과 같이 구현됩니다.

실습 | 배깅 분류기로 학습하기

```
# 배깅 분류기를 불러옵니다.
from sklearn.ensemble import BaggingClassifier

# 학습 환경을 설정합니다.
classifier = BaggingClassifier(base_estimator=SVC(kernel='rbf'), n_estima
tors=10)
classifier.fit(X_train, y_train)

# 테스트셋에 적용합니다.
```

```
y_pred = classifier.predict(X_test)

# 계층별 교차 검증 환경을 설정합니다.
skf = StratifiedKFold(n_splits=10, shuffle=True)

# 교차 검증을 통해 정확도를 계산합니다.
accuracies = cross_val_score(estimator=classifier, X=X_train, y=y_train,
cv=skf)

# 정확도와 표준편차를 출력합니다.
print("Accuracy: {:.2f} %".format(accuracies.mean()*100))
print("Standard Deviation: {:.2f} %".format(accuracies.std()*100))
```

실행 결과

```
Accuracy: 75.69 %
Standard Deviation: 3.15 %
```

역시 앙상블 기법이므로 sklearn.ensemble에서 BaggingClassifier 분류기를 가져옵니다. BaggingClassifier(base_estimator=SVC(kernel='rbf'), n_estimators=10)에서 base_estimator는 어떤 분류기를 사용할지 지정해 주며, n_estimators는 반복 횟수를 정합니다. 여기서는 RBF 커널을 사용하는 서포트 벡터 머신을 분류기로 사용하고 열 번 반복하게끔 지정했습니다.

13 여러 알고리즘의 성능을 한눈에 비교하기

지금까지 다룬 열 가지 알고리즘을 한 번에 실행시키고 각각의 성능을 비교해 보겠습니다.

```python
# 사용할 분류기를 모두 지정합니다.
classifiers = [DecisionTreeClassifier(),
               RandomForestClassifier(),
               GaussianNB(),
               KNeighborsClassifier(),
               SVC(kernel='linear'),
               SVC(kernel='rbf'),
               AdaBoostClassifier(),
               QuadraticDiscriminantAnalysis(),
               VotingClassifier(estimators=[('1', AdaBoostClassifier()),
                                            ('2', RandomForestClassifier()),
                                            ('3', SVC(kernel='linear'))]),
               BaggingClassifier(base_estimator=clf3, n_estimators=10,
random_state=0)
               ]

# 각 분류기의 이름을 지정합니다.
classifier_names = ['D_tree',
                    'RF',
                    'GNB',
                    'KNN',
                    'Ada',
                    'QDA',
                    'SVM_l',
                    'SVM_k',
                    'Voting',
                    'Bagging'
                    ]

# 결과가 저장될 리스트를 만듭니다.
```

```python
modelaccuracies = []
modelmeans = []
modelnames = []

# 각 분류기를 실행해 결과를 저장합니다.
classifier_data = zip(classifier_names, classifiers)
for classifier_name, classifier in classifier_data:
    # 계층별 교차 검증 환경을 설정합니다.
    skf = StratifiedKFold(n_splits=10, shuffle=True)
    # 교차 검증을 통해 정확도를 계산합니다.
    accuracies = cross_val_score(classifier, X=X_train, y=y_train, cv=skf)
    # 정확도의 평균값을 출력합니다.
    print("Mean accuracy of", classifier_name, ": {:.2f} %".format
(accuracies.mean()*100))
    # 결과를 저장합니다.
    modelaccuracies.append(accuracies)
    modelnames.append(classifier_name)
    modelmeans.append(accuracies.mean()*100)

# 분류기별 정확도의 평균값을 막대 그래프로 출력합니다.
plt.figure(figsize=(10,5))
plt.ylim([60, 80])
plt.bar(modelnames, modelmeans);

# 분류기별 결과를 박스 그래프로 출력합니다.
fig = plt.figure(figsize=(10,5))
ax = fig.add_subplot(111)
ax.boxplot(modelaccuracies)
ax.set_xticklabels(modelnames)
plt.show()
```

Mean accuracy of D_tree : 67.35 %

Mean accuracy of RF : 74.83 %

Mean accuracy of GNB : 75.00 %

Mean accuracy of KNN : 73.11 %

Mean accuracy of Ada : 75.88 %

Mean accuracy of QDA : 75.50 %

Mean accuracy of SVM_l : 72.58 %

Mean accuracy of SVM_k : 73.80 %

Mean accuracy of Voting : 74.30 %

Mean accuracy of Bagging : 74.82 %

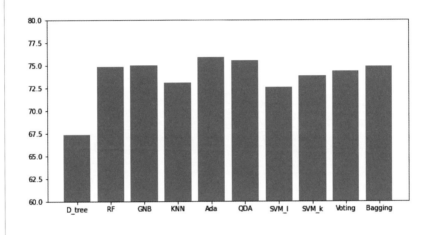

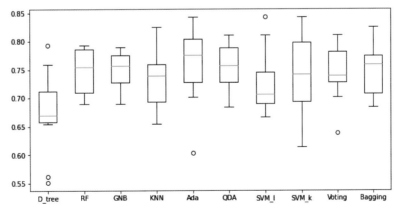

classifiers에 열 가지 분류기를, classifier_names에 각 분류기의 이름을 지정했습니다. 결과가 저장될 빈 리스트를 각각 modelaccuracies, modelmeans, modelnames라고 저장한 후 열 번의 분류기 학습 결과를 저장하게 했습니다.

가장 높은 분류 결과를 보인 것은 75.88% 정확도를 보인 에이다 부스트로 나오고 있네요. 다만 앞서 Tip에서 설명한 것처럼 열 번의 교차 검증을 진행할 때마다 데이터의 조합이 달라지므로 결괏값도 실행할 때마다 조금씩 달라집니다. 대체로 데이터의 수가 많아지면 많아질수록 이러한 차이는 점점 줄어듭니다.

전체를 한눈에 보여 주는 그래프를 통해 직관적으로 어떤 분류기가 지금 실행하는 데이터에 적절한지 알 수 있습니다. 〈모두의 딥러닝〉에 나와 있는 다른 데이터, 혹은 여러분이 직접 만든 데이터에 각종 분류기를 적용해 보면서 내 프로젝트에 꼭 맞는 분류기와 적절한 옵션을 찾는 연습을 해 보길 바랍니다.

데이터 다루기(1~57)

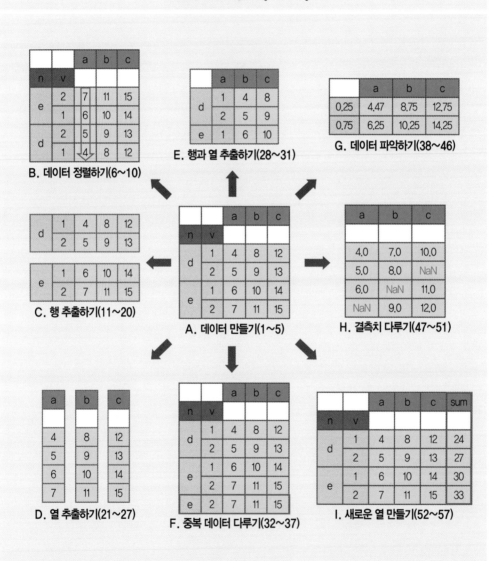

B. 데이터 정렬하기(6~10)

E. 행과 열 추출하기(28~31)

G. 데이터 파악하기(38~46)

C. 행 추출하기(11~20)

A. 데이터 만들기(1~5)

H. 결측치 다루기(47~51)

D. 열 추출하기(21~27)

F. 중복 데이터 다루기(32~37)

I. 새로운 열 만들기(52~57)

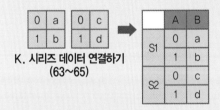

데이터 변환하기(58~69)

J. 행과 열 변환하기(58~62)

	A	B	C
0	a	1	2
1	b	3	4
2	c	5	6

	variable	value
0	A	a
1	A	b
2	A	c
3	B	1
4	B	3
5	B	5
6	C	2
7	C	4
8	C	6

K. 시리즈 데이터 연결하기 (63~65)

0	a
1	b

0	c
1	d

		A	B
S1	0	a	
	1	b	
S2	0	c	
	1	d	

L. 데이터 프레임 연결하기 (66~69)

	A	B
0	a	1
1	b	2

	A	B
0	c	3
1	d	4

	A	B
0	a	1
1	b	2
0	c	3
1	d	4

데이터 가공하기(70~92)

M. 데이터 병합하기 (70~80)

	x1	x2
0	A	1
1	B	2
2	C	3

	x1	x3
0	A	T
1	B	F
2	D	T

	x1	x2
0	B	2
1	C	3
2	D	4

	x1	x2	x3
0	A	1	T
1	B	2	F
2	C	3	NaN

N. 데이터 가공하기 (81~86)

	a	b	c
1	4	8	12
2	5	9	13
3	6	10	14
4	7	11	15

	a	b	c
1	4	8	12
2	20	72	156
3	120	720	2184
4	840	7920	32760

O. 그룹별로 집계하기 (87~92)

	a	b	c
1	4	8	12
2	5	9	13
3	6	10	14
4	7	11	15

a	b	c
4	11	0.56
20	10	0.62
120	9	0.73
840	8	0.84

4	840	7920	32760

2장 데이터 분석을 위한 판다스: 92개의 예제 모음

DEEP LEARNING FOR EVERYONE

◎ **예제 소스** https://github.com/taehojo/deeplearning → 데이터 분석을 위한 판다스 – 92개의 예제 모음 [구글 코랩 실행하기]
◎ **바로 가기** https://bit.ly/dl3-a2

 pandas

판다스(pandas)는 데이터 분석과 관련된 다양한 기능을 제공하는 파이썬 라이브러리입니다. 데이터를 쉽게 조작하고 다룰 수 있도록 도와주기 때문에 딥러닝, 머신 러닝을 공부하면 반드시 함께 배우게 됩니다. 판다스 매뉴얼과 판다스 웹 사이트의 Cheat Sheet 등을 조합해 가장 많이 쓰는 판다스 함수를 모았습니다. 실전에서 바로 써먹는 92개의 판다스 공식을 확인해 보세요!

A 데이터 만들기

■ 1. 판다스 라이브러리 불러오기

```
import pandas as pd
```

■ 2. 데이터 프레임 만들기

```
df = pd.DataFrame(          # df라는 변수에 데이터 프레임을 담아 줍니다.
        {"a" : [4, 5, 6, 7], # 열 이름을 지정해 주고 시리즈 형태로 데이터를 저장합니다.
         "b" : [8, 9, 10, 11],
         "c" : [12, 13, 14, 15]},
        index=[1, 2, 3, 4]) # 인덱스는 1, 2, 3으로 정해 줍니다.
```

■ 3. 데이터 프레임 출력하기

```
df # 데이터 프레임의 이름을 입력해 출력합니다.
```

실행 결과

	a	b	c
1	4	8	12
2	5	9	13
3	6	10	14
4	7	11	15

■ 4. 데이터의 열 이름을 따로 지정해서 만들기

```
df = pd.DataFrame(
        [[4, 8, 12],
         [5, 9, 13],
         [6, 10, 14],
         [7, 11, 15]],
        index=[1, 2, 3, 4],
        columns=['a', 'b', 'c']) # 열 이름을 따로 정해 줄 수 있습니다.
```

	a	b	c
1	4	8	12
2	5	9	13
3	6	10	14
4	7	11	15

■ 5. 인덱스가 두 개인 데이터 프레임 만들기

```python
df = pd.DataFrame(
        {"a" : [4, 5, 6, 7],
         "b" : [8, 9, 10, 11],
         "c" : [12, 13, 14, 15]},
        index=pd.MultiIndex.from_tuples( # 인덱스를 튜플로 지정합니다.
            [('d', 1), ('d', 2), ('e', 1), ('e', 2)],
            names=['n', 'v']))          # 인덱스 이름을 지정합니다.
```

실행 결과

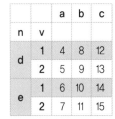

n	v	a	b	c
d	1	4	8	12
	2	5	9	13
e	1	6	10	14
	2	7	11	15

B 데이터 정렬하기

■ 6. 특정 열 값을 기준으로 정렬하기

```python
df.sort_values('a', ascending=False) # ascending=False를 적어 주면 역순으로 정렬
```

■ 7. 열 이름 변경하기

```
df.rename(columns={'c':'d'})  # c 열 이름을 d로 변경합니다.
```

■ 8. 인덱스 값 초기화하기

```
df.reset_index()
```

■ 9. 인덱스 순서대로 정렬하기

```
df.sort_index()
```

n	v	a	b	c
d	1	4	8	12
	2	5	9	13
e	1	6	10	14
	2	7	11	15

■ 10. 특정 열 제거하기

```
df.drop(columns=['a', 'b'])
```

n	v	c
d	1	12
	2	13
e	1	14
	2	15

C 행 추출하기

■ 11. 맨 위의 행 출력하기

```
df.head(2) # 2행을 출력합니다.
```

		a	b	c
n	v			
d	1	4	8	12
	2	5	9	13

■ 12. 맨 아래 행 출력하기

```
df.tail(2) # 2행을 출력합니다.
```

실행 결과

		a	b	c
n	v			
e	1	6	10	14
	2	7	11	15

■ 13. 특정 열의 값을 추출하기

```
df[df["a"] > 4] # a열 중 4보다 큰 값이 있을 경우 해당 행을 추출합니다.
```

실행 결과

		a	b	c
n	v			
d	2	5	9	13
e	1	6	10	14
	2	7	11	15

■ 14. 특정 열에 특정 값이 있을 경우 추출하기

```
df[df["a"] == 6] # a열 중 6이 있을 경우 해당 행을 추출합니다.
```

n	v	a	b	c
e	1	6	10	14

■ 15. 특정 열에 특정 값이 없을 경우 추출하기

```
df[df["a"] != 5] # a열 중 5가 없을 경우 해당 행을 추출합니다.
```

n	v	a	b	c
d	1	4	8	12
e	1	6	10	14
	2	7	11	15

■ 16. 특정 열에 특정 숫자가 있는지 확인하기

```
df[df['a'].isin([4])] # 원하는 숫자를 리스트([int]) 형식으로 써 줍니다.
```

n	v	a	b	c
d	1	4	8	12

■ 17. 특정 비율로 데이터 샘플링하기

```
df.sample(frac=0.75) # 실행할 때마다 정해진 비율만큼 랜덤하게 추출합니다.
```

■ 18. 특정 개수만큼 데이터 샘플링하기

```
df.sample(n=3) # 실행할 때마다 n에서 정한 만큼 랜덤하게 추출합니다.
```

■ 19. 특정 열에서 큰 순서대로 불러오기

```
df.nlargest(3, 'a') # a열에서 큰 순서대로 세 개를 불러옵니다.
```

n	v	a	b	c
e	2	7	11	15
	1	6	10	14
d	2	5	9	13

■ 20. 특정 열에서 작은 순서대로 불러오기

```
df.nsmallest(3, 'a') # a열에서 작은 순서대로 세 개를 불러옵니다.
```

실행 결과

		a	b	c
n	v			
d	1	4	8	12
	2	5	9	13
e	1	6	10	14

D 열 추출하기

■ 21. 인덱스의 범위로 불러오기

```
# 0부터 세므로 첫 번째 줄은 인덱스 0, 4번째 줄은 인덱스 3이 됩니다.
df.iloc[1:4] # [a:b]의 경우 a 인덱스부터 b-1 인덱스까지 불러오라는 의미입니다.
              # a열에서 순서대로 세 개를 불러옵니다.
```

실행 결과

		a	b	c
n	v			
d	2	5	9	13
e	1	6	10	14
	2	7	11	15

■ 22. 첫 인덱스를 지정해 불러오기

```
df.iloc[2:] # [a:]는 a 인덱스부터 마지막 인덱스까지 불러오라는 의미입니다.
```

n	v	a	b	c
e	1	6	10	14
	2	7	11	15

■ 23. 마지막 인덱스를 지정해 불러오기

df.iloc[:3] # [:b]는 처음부터 b-1 인덱스까지 불러오라는 의미입니다.

n	v	a	b	c
d	1	4	8	12
	2	5	9	13
e	1	6	10	14

■ 24. 모든 인덱스 불러오기

df.iloc[:] # [:]는 모든 인덱스를 불러오라는 의미입니다.

n	v	a	b	c
d	1	4	8	12
	2	5	9	13
e	1	6	10	14
	2	7	11	15

■ 25. 특정 열을 지정해 가져오기

```
df[['a', 'b']] # a열과 b열을 가져오라는 의미입니다.
```

실행 결과

n	v	a	b
d	1	4	8
d	2	5	9
e	1	6	10
e	2	7	11

■ 26. 조건을 만족하는 열 가져오기

```
df.filter(regex='c') # 열 이름에 c라는 문자가 포함되어 있으면 출력하라는 의미입니다.
```

실행 결과

n	v	c
d	1	12
d	2	13
e	1	14
e	2	15

■ 27. 특정 문자가 포함되지 않는 열 가져오기

```
# 열 이름에 c라는 문자가 포함되어 있지 않으면 출력하라는 의미입니다.
df.filter(regex='^(?!c$).*')
```

n	v	a	b
d	1	4	8
	2	5	9
e	1	6	10
	2	7	11

E 행과 열 추출하기

■ 28. 특정 행과 열을 지정해 가져오기

```
# df.loc[가져올 행, 가져올 열] 형태로 불러옵니다.
df.loc[:, 'a':'c'] # 모든 인덱스에서 a열부터 c열까지 가져오라는 의미입니다.
```

실행 결과

n	v	a	b	c
d	1	4	8	12
	2	5	9	13
e	1	6	10	14
	2	7	11	15

■ 29. 인덱스로 특정 행과 열 가져오기

```
# 0 인덱스부터 2 인덱스까지 0번째 열과 2번째 열을 가져오라는 의미(첫 열이 0번째)
df.iloc[0:3, [0, 2]]
```

실행 결과

		a	c
n	v		
d	1	4	12
	2	5	13
e	1	6	14

■ 30. 특정 열에서 조건을 만족하는 행과 열 가져오기

```
# a열 값이 5보다 큰 경우 a열과 c열을 출력하라는 의미입니다.
df.loc[df['a'] > 5, ['a', 'c']]
```

실행 결과

		a	c
n	v		
e	1	6	14
	2	7	15

■ 31. 인덱스를 이용해 특정 조건을 만족하는 값 불러오기

```
df.iat[1, 2] # 1번째 인덱스에서 2번째 열 값을 가져옵니다.
```

실행 결과

```
13
```

F 중복 데이터 다루기

```
# 실습을 위해 중복된 값이 포함된 데이터 프레임을 만들겠습니다.
df = pd.DataFrame(
        {"a" : [4, 5, 6, 7, 7],
         "b" : [8, 9, 10, 11, 11],
         "c" : [12, 13, 14, 15, 15]},
         index=pd.MultiIndex.from_tuples(
            [('d', 1), ('d', 2), ('e', 1), ('e', 2), ('e', 3)],
            names=['n', 'v']))
```

실행 결과

n	v	a	b	c
d	1	4	8	12
	2	5	9	13
e	1	6	10	14
	2	7	11	15
	3	7	11	15

■ 32. 특정 열에 어떤 값이 몇 개 들어 있는지 알아보기

```
df['a'].value_counts()
```

실행 결과

```
7    2
4    1
5    1
6    1
Name: a, dtype: int64
```

■ 33. 데이터 프레임의 행이 몇 개인지 세어 보기

```
len(df)
```

실행 결과

```
5
```

■ 34. 데이터 프레임의 행과 열이 몇 개인지 세어 보기

```
df.shape
```

실행 결과

```
(5, 3)
```

■ 35. 특정 열에 유니크한 값이 몇 개인지 세어 보기

```
df['a'].nunique()
```

실행 결과

```
4
```

■ 36. 데이터 프레임의 형태 한눈에 보기

```
df.describe()
```

실행 결과

	a	b	c
count	5.00000	5.00000	5.00000
mean	5.80000	9.80000	13.80000
std	1.30384	1.30384	1.30384
min	4.00000	8.00000	12.00000
25%	5.00000	9.00000	13.00000
50%	6.00000	10.00000	14.00000
75%	7.00000	11.00000	15.00000
max	7.00000	11.00000	15.00000

▪ 37. 중복된 값 제거하기

```
df = df.drop_duplicates()
```

실행 결과

n	v	a	b	c
d	1	4	8	12
	2	5	9	13
e	1	6	10	14
	2	7	11	15

Ⓖ 데이터 파악하기

▪ 38. 각 열의 합 보기

```
df.sum()
```

```
a    22
b    38
c    54
dtype: int64
```

■ 39. 각 열의 값이 모두 몇 개인지 보기

```
df.count()
```

```
a    4
b    4
c    4
dtype: int64
```

■ 40. 각 열의 중간 값 보기

```
df.median()
```

```
a     5.5
b     9.5
c    13.5
dtype: float64
```

■ 41. 특정 열의 평균값 보기

```
df['b'].mean()
```

```
9.5
```

■ 42. 각 열의 25%, 75%에 해당하는 수 보기

```
df.quantile([0.25, 0.75])
```

실행 결과

	a	b	c
0.25	4.75	8.75	12.75
0.75	6.25	10.25	14.25

■ 43. 각 열의 최솟값 보기

```
df.min()
```

실행 결과

```
a      4
b      8
c     12
dtype: int64
```

■ 44. 각 열의 최댓값 보기

```
df.max()
```

```
a     7
b    11
c    15
dtype: int64
```

■ 45. 각 열의 표준편차 보기

```
df.std()
```

```
a    1.290994
b    1.290994
c    1.290994
dtype: float64
```

■ 46. 데이터 프레임 각 값에 일괄 함수 적용하기

```
import numpy as np
df.apply(np.sqrt) # 제곱근 구하기
```

n	v	a	b	c
d	1	2.000000	2.828427	3.464102
	2	2.236068	3.000000	3.605551
e	1	2.449490	3.162278	3.741657
	2	2.645751	3.316625	3.872983

H 결측치 다루기

```python
# 넘파이 라이브러리를 이용해 null 값이 들어 있는 데이터 프레임 만들기

df = pd.DataFrame(
        {"a" : [4, 5, 6, np.nan],
         "b" : [7, 8, np.nan, 9],
         "c" : [10, np.nan, 11, 12]},
        index=pd.MultiIndex.from_tuples(
            [('d', 1), ('d', 2), ('e', 1), ('e', 2)],
            names=['n', 'v']))
```

n	v	a	b	c
d	1	4.0	7.0	10.0
	2	5.0	8.0	NaN
e	1	6.0	NaN	11.0
	2	NaN	9.0	12.0

■ 47. null 값인지 확인하기

```
pd.isnull(df)
```

실행 결과

n	v	a	b	c
d	1	False	False	False
	2	False	False	True
e	1	False	True	False
	2	True	False	False

■ 48. null 값이 아닌지 확인하기

```
pd.notnull(df)
```

실행 결과

n	v	a	b	c
d	1	True	True	True
	2	True	True	False
e	1	True	False	True
	2	False	True	True

■ 49. null 값이 있는 행 삭제하기

```
df_notnull = df.dropna()
```

실행 결과

n	v	a	b	c
d	1	4.0	7.0	10.0

■ 50. null 값을 특정 값으로 대체하기

```
df_fillna = df.fillna(13) # 13으로 대체하는 예
```

n	v	a	b	c
d	1	4.0	7.0	10.0
d	2	5.0	8.0	13.0
e	1	6.0	13.0	11.0
e	2	13.0	9.0	12.0

■ 51. null 값을 특정 계산 결과로 대체하기

```
df_fillna_mean = df.fillna(df['a'].mean()) # a열의 평균값으로 대체합니다.

.

# 새로운 열 만들기 실습을 위한 데이터 프레임 만들기
df = pd.DataFrame(
        {"a" : [4, 5, 6, 7],
         "b" : [8, 9, 10, 11],
         "c" : [12, 13, 14, 15]},
        index=pd.MultiIndex.from_tuples( # 인덱스를 튜플로 지정합니다.
            [('d', 1), ('d', 2), ('e', 1), ('e', 2)],
            names=['n', 'v']))               # 인덱스 이름을 지정합니다.
```

n	v	a	b	c
d	1	4.0	7.0	10.0
d	2	5.0	8.0	5.0
e	1	6.0	5.0	11.0
e	2	5.0	9.0	12.0

새로운 열 만들기

■ **52. 조건에 맞는 새 열 만들기**

```
df['sum'] = df['a'] + df['b'] + df['c']
```

n	v	a	b	c	sum
d	1	4	8	12	24
	2	5	9	13	27
e	1	6	10	14	30
	2	7	11	15	33

■ **53. assign( )을 이용해 조건에 맞는 새 열 만들기**

```
# a열, b열, c열의 값을 모두 더해 d열을 만들어 줍니다.
df = df.assign(multiply=lambda df: df['a']*df['b']*df['c'])
```

n	v	a	b	c	sum	multiply
d	1	4	8	12	24	384
	2	5	9	13	27	585
e	1	6	10	14	30	840
	2	7	11	15	33	1155

■ **54. 숫자형 데이터를 구간으로 나누기**

```
# a열을 두 개로 나누어 각각 새롭게 레이블을 만들라는 의미입니다.
df['qcut'] = pd.qcut(df['a'], 2, labels=["600이하","600이상"])
```

		a	b	c	sum	multiply	qcut
n	v						
d	1	4	8	12	24	384	6000이하
	2	5	9	13	27	585	6000이하
e	1	6	10	14	30	840	6000이상
	2	7	11	15	33	1155	6000이상

■ 55. 기준 값 이하와 이상을 모두 통일시키기

```
# a열에서 5 이하는 모두 5로, 6 이상은 모두 6으로 변환합니다.
df['clip'] = df['a'].clip(lower=5, upper=6)
```

		a	b	c	sum	multiply	qcut	clip
n	v							
d	1	4	8	12	24	384	6000이하	5
	2	5	9	13	27	585	6000이하	5
e	1	6	10	14	30	840	6000이상	6
	2	7	11	15	33	1155	6000이상	6

■ 56. 최댓값 불러오기

```
df.max(axis=0) # axis=0은 행과 행 비교, axis=1은 열과 열 비교
```

```
a         7
b         11
c         15
sum       33
```

```
multiply      1155
qcut        600이상
clip            6
dtype: object
```

■ 57. 최솟값 불러오기

```
df.min(axis=0)
```

```
a              4
b              8
c             12
sum           24
multiply     384
qcut        600이하
clip           5
dtype: object
```

 ## J 행과 열 변환하기

```
# 열을 행으로, 행을 열로 변환하기

# 실습을 위해 새로운 데이터를 만듭니다.
df = pd.DataFrame({'A': {0: 'a', 1: 'b', 2: 'c'},
                   'B': {0: 1, 1: 3, 2: 5},
                   'C': {0: 2, 1: 4, 2: 6}})
```

	A	B	C
0	a	1	2
1	b	3	4
2	c	5	6

▪ 58. 모든 열을 행으로 변환하기

```
pd.melt(df)
```

	variable	value
0	A	a
1	A	b
2	A	c
3	B	1
4	B	3
5	B	5
6	C	2
7	C	4
8	C	6

▪ 59. 하나의 열만 행으로 이동시키기

```
pd.melt(df, id_vars=['A'], value_vars=['B']) # A열만 그대로, B열은 행으로 이동
```

	A	variable	value
0	a	B	1
1	b	B	3
2	c	B	5

■ 60. 여러 개의 열을 행으로 이동시키기

```
# A열만 그대로, B열과 C열은 행으로 이동시킵니다.
df_melt = pd.melt(df, id_vars=['A'], value_vars=['B','C'])
```

실행 결과

	A	variable	value
0	a	B	1
1	b	B	3
2	c	B	5
3	a	C	2
4	b	C	4
5	c	C	6

■ 61. 특정 열의 값을 기준으로 새로운 열 만들기

```
# A열을 새로운 인덱스로 만들고, B열과 C열은 이에 따라 정리합니다.
df_pivot = df_melt.pivot(index='A', columns='variable', values='value')
```

실행 결과

variable	B	C
A		
a	1	2
b	3	4
c	5	6

■ 62. 원래 데이터 형태로 되돌리기

```
df_origin = df_pivot.reset_index()  # 인덱스를 리셋합니다.
df_origin.columns.name = None        # 인덱스 열의 이름을 초기화합니다.
```

	A	B	C
0	a	1	2
1	b	3	4
2	c	5	6

Ⓚ 시리즈 데이터 연결하기

```
# 시리즈 데이터 만들기
s1 = pd.Series(['a', 'b'])
```

```
0    a
1    b
dtype: object
```

```
s2 = pd.Series(['c', 'd'])
```

```
0    c
1    d
dtype: object
```

■ 63. 시리즈 데이터 합치기

```
pd.concat([s1, s2])
```

실행 결과

```
0    a
1    b
0    c
1    d
dtype: object
```

■ 64. 데이터를 병합할 때 새로운 인덱스 만들기

```
pd.concat([s1, s2], ignore_index=True)
```

실행 결과

```
0    a
1    b
2    c
3    d
dtype: object
```

■ 65. 계층적 인덱스를 추가하고 열 이름 지정하기

```
pd.concat([s1, s2],
          keys=['s1', 's2'],
          names=['Series name', 'Row ID'])
```

```
Series name  Row ID
s1            0        a
              1        b
s2            0        c
              1        d
dtype: object
```

L 데이터 프레임 연결하기

```python
# 데이터 프레임 병합 실습을 위한 데이터 프레임 1
df1 = pd.DataFrame([['a', 1],
                    ['b', 2]],
                   columns=['letter', 'number'])
```

	letter	number
0	a	1
1	b	2

```python
# 데이터 프레임 2
df2 = pd.DataFrame([['c', 3],
                    ['d', 4]],
                   columns=['letter', 'number'])
```

	letter	number
0	c	3
1	d	4

```
# 데이터 프레임 3
df3 = pd.DataFrame([['c', 3, 'cat'],
                    ['d', 4, 'dog']],
                   columns=['letter', 'number', 'animal'])
```

	letter	number	animal
0	c	3	cat
1	d	4	dog

```
# 데이터 프레임 4
df4 = pd.DataFrame([['bird', 'polly'],
                    ['monkey', 'george']],
                   columns=['animal', 'name'])
```

	animal	name
0	bird	polly
1	monkey	george

■ 66. 데이터 프레임 합치기

```
pd.concat([df1, df2])
```

	letter	number
0	a	1
1	b	2
0	c	3
1	d	4

■ 67. 열의 수가 다른 두 데이터 프레임 합치기

```
pd.concat([df1, df3])
```

	letter	number	animal
0	a	1	NaN
1	b	2	NaN
0	c	3	cat
1	d	4	dog

■ 68. 함께 공유하는 열만 합치기

```
pd.concat([df1, df3], join="inner")
```

	letter	number
0	a	1
1	b	2
0	c	3
1	d	4

■ 69. 열 이름이 서로 다른 데이터 합치기

```
pd.concat([df1, df4], axis=1)
```

	letter	number	animal	name
0	a	1	bird	polly
1	b	2	monkey	george

M 데이터 병합하기

```
# 실습을 위한 데이터 프레임 만들기 1
adf = pd.DataFrame({"x1" : ["A","B","C"],
                    "x2": [1,2,3]})
```

실행 결과

	x1	x2
0	A	1
1	B	2
2	C	3

```
# 데이터 프레임 만들기 2
bdf = pd.DataFrame({"x1" : ["A","B","D"],
                    "x3": ["T","F","T"]})
```

실행 결과

	x1	x3
0	A	T
1	B	F
2	D	T

```
# 데이터 프레임 만들기 3
cdf = pd.DataFrame({"x1" : ["B","C","D"],
                    "x2": [2,3,4]})
```

실행 결과

	x1	x2
0	B	2
1	C	3
2	D	4

■ 70. 왼쪽 열을 축으로 병합하기

```
# x1을 키로 해서 병합, 왼쪽(adf)을 기준으로
# 왼쪽의 adf에는 D가 없으므로 해당 값은 NaN으로 변환합니다.
pd.merge(adf, bdf, how='left', on='x1')
```

	x1	x2	x3
0	A	1	T
1	B	2	F
2	C	3	NaN

■ 71. 오른쪽 열을 축으로 병합하기

```
# x1을 키로 해서 병합, 오른쪽(bdf)을 기준으로
# 오른쪽의 bdf에는 C가 없으므로 해당 값은 NaN으로 변환합니다.
pd.merge(adf, bdf, how='right', on='x1')
```

	x1	x2	x3
0	A	1.0	T
1	B	2.0	F
2	D	NaN	T

■ 72. 공통 값만 병합하기

```
pd.merge(adf, bdf, how='inner', on='x1')
```

	x1	x2	x3
0	A	1	T
1	B	2	F

■ 73. 모든 값을 병합하기

```python
pd.merge(adf, bdf, how='outer', on='x1')
```

실행 결과

	x1	x2	x3
0	A	1.0	T
1	B	2.0	F
2	C	3.0	NaN
3	D	NaN	T

■ 74. 특정한 열을 비교해서 공통 값이 존재하는 경우만 가져오기

```python
# adf와 bdf의 특정한 열을 비교해서 공통 값이 존재하는 경우만 가져옵니다.
# adf.x1열과 bdf.x1열은 A와 B가 같으므로 adf의 해당 값만 출력합니다.
adf[adf.x1.isin(bdf.x1)]
```

실행 결과

	x1	x2
0	A	1
1	B	2

■ 75. 공통 값이 존재하는 경우 해당 값을 제외하고 병합하기

```python
adf[~adf.x1.isin(bdf.x1)] # 해당 값만 빼고 출력합니다.
```

실행 결과

	x1	x2
2	C	3

■ 76. 공통 값이 있는 것만 병합하기

```
pd.merge(adf, cdf)
```

실행 결과

	x1	x2
0	B	2
1	C	3

■ 77. 모두 병합하기

```
pd.merge(adf, cdf, how='outer')
```

실행 결과

	x1	x2
0	A	1
1	B	2
2	C	3
3	D	4

■ 78. 어디서 병합되었는지 표시하기

```
pd.merge(adf, cdf, how='outer', indicator=True)
```

실행 결과

	x1	x2	_merge
0	A	1	left_only
1	B	2	both
2	C	3	both
3	D	4	right_only

■ 79.원하는 병합만 남기기

```
pd.merge(adf, cdf, how='outer', indicator=True).query('_merge=="left_only"')
```

실행 결과

	x1	x2	_merge
0	A	1	left_only

■ 80. merge 칼럼 없애기

```
pd.merge(adf, cdf, how='outer', indicator=True).query('_merge=="left_
only"').drop(columns=['_merge'])
```

실행 결과

	x1	x2
0	A	1

 데이터 가공하기

```
df = pd.DataFrame(
        {"a" : [4, 5, 6, 7], # 열 이름을 지정해 주고 시리즈 형태로 데이터 저장
         "b" : [8, 9, 10, 11],
         "c" : [12, 13, 14, 15]},
        index=[1, 2, 3, 4]) # 인덱스는 1, 2, 3으로 정해 줍니다.
```

■ 81. 행 전체를 한 칸 아래로 이동하기

```
df.shift(1)
```

■ 82. 행 전체를 한 칸 위로 이동하기

```
df.shift(-1)
```

■ 83. 첫 행부터 누적해서 더하기

```
df.cumsum()
```

실행 결과

	a	b	c
1	4	8	12
2	9	17	25
3	15	27	39
4	22	38	54

■ 84. 새 행과 이전 행을 비교하면서 최댓값 출력하기

```
df.cummax()
```

실행 결과

	a	b	c
1	4	8	12
2	5	9	13
3	6	10	14
4	7	11	15

■ 85. 새 행과 이전 행을 비교하면서 최솟값 출력하기

```
df.cummin()
```

실행 결과

	a	b	c
1	4	8	12
2	4	8	12
3	4	8	12
4	4	8	12

▪ 86. 첫 행부터 누적해서 곱하기

```
df.cumprod()
```

	a	b	c
1	4	8	12
2	20	72	156
3	120	720	2184
4	840	7920	32760

그룹별로 집계하기

```
# 실습을 위해 데이터를 불러옵니다.
!git clone https://github.com/taehojo/data.git

# 15장의 주택 가격 예측 데이터를 불러옵니다.
df = pd.read_csv("../data/house_train.csv")
```

	Id	MSSubClass	LotFrontage	LotArea	...	YrSold	SaleCondition	SalePrice
0	1	60	65.0	8450	...	2008	Normal	208500
1	2	20	80.0	9600	...	2007	Normal	181500
2	3	60	68.0	11250	...	2008	Normal	223500
3	4	70	60.0	9550	...	2006	Abnormal	140000
4	5	60	84.0	14260	...	2008	Normal	250000
...	...	...	...	...	...	...	...	...
1455	1456	60	62.0	7917	...	2007	Normal	175000
1456	1457	20	85.0	13175	...	2010	Normal	210000
1457	1458	70	66.0	9042	...	2010	Normal	266500
1458	1459	20	68.0	9717	...	2010	Normal	142125
1459	1460	20	75.0	9937	...	2008	Normal	147500

1460 rows × 81 columns

■ 87. 그룹 지정 및 그룹별 데이터 수 표시

```
df.groupby(by="YrSold").size() # 팔린 연도를 중심으로 그룹을 만든 후 그룹별 수 표시
```

실행 결과

```
YrSold
2006    314
2007    329
2008    304
2009    338
2010    175
dtype: int64
```

■ 88. 그룹 지정 후 원하는 칼럼 표시하기

```
# 팔린 연도를 중심으로 그룹을 만든 후 각 그룹별로 주차장의 넓이를 표시합니다.
df.groupby(by="YrSold")['LotArea'].mean()
```

실행 결과

```
YrSold
2006    10489.458599
2007    10863.686930
2008    10587.687500
2009    10294.248521
2010    10220.645714
Name: LotArea, dtype: float64
```

■ 89. 밀집도 기준으로 순위 부여하기

```
df['SalePrice'].rank(method='dense') # 각 집 값은 밀집도를 기준으로 몇 번째인가
```

```
0        413.0
1        340.0
2        443.0
3        195.0
4        495.0
       ...
1455     315.0
1456     416.0
1457     528.0
1458     200.0
1459     222.0
Name: SalePrice, Length: 1460, dtype: float64
```

■ 90. 최젓값을 기준으로 순위 부여하기

```
df['SalePrice'].rank(method='min') # 각 집 값이 최젓값을 기준으로 몇 번째인가
```

```
0       1072.0
1        909.0
2       1135.0
3        490.0
4       1236.0
       ...
1455     828.0
```

```
1456      1076.0
1457      1285.0
1458       524.0
1459       591.0
Name: SalePrice, Length: 1460, dtype: float64
```

■ 91. 순위를 비율로 표시하기

```
# 집 값의 순위를 비율로 표시합니다(0=가장 싼 집, 1=가장 비싼 집).
df['SalePrice'].rank(pct=True)
```

실행 결과

```
0         0.734247
1         0.622603
2         0.777740
3         0.342123
4         0.848973
    ...
1455      0.569863
1456      0.738356
1457      0.880137
1458      0.358904
1459      0.404795
Name: SalePrice, Length: 1460, dtype: float64
```

■ 92. 동일 순위에 대한 처리 방법 정하기

```python
# 순위가 같을 때 순서가 빠른 사람을 상위로 처리합니다.
df['SalePrice'].rank(method='first')
```

```
0        1072.0
1         909.0
2        1135.0
3         490.0
4        1236.0
         ...
1455      836.0
1456     1080.0
1457     1285.0
1458      524.0
1459      591.0
Name: SalePrice, Length: 1460, dtype: float64
```

누구나 딥러닝을 이해하고, 나만의 모델을 구현할 수 있다!

준비

딥러닝을 이해하고, 학습을 위한 준비하기

딥러닝 실행 환경을 갖추고, 기초 수학을 배우며 학습에 들어갈 준비를 합니다. 또한, 딥러닝의 기본 동작 원리인 선형 회귀와 로지스틱 회귀도 배웁니다.

기본

딥러닝 기본 다지기

딥러닝을 설계할 때 꼭 필요한 신경망과 역전파의 개념을 배우고, 여섯 개의 프로젝트를 실습하며 딥러닝 이론이 실제 프로젝트에 어떻게 적용되는지 확인합니다. 각 프로젝트는 딥러닝에서 꼭 필요한 기술을 하나씩 담고 있습니다.

활용

주요 딥러닝 모델을 이해하고 구현해 보기

지금까지 배운 내용을 바탕으로 CNN, RNN, 자연어 처리, GAN, 전이 학습, 설명 가능한 딥러닝, 캐글 도전 등을 익히고 실습과 함께 다뤄 봅니다.

 심화 학습 역전파와 신경망 깊이 있게 알아보기

 별책 가장 많이 사용하는 머신 러닝 알고리즘 TOP 10, 데이터 분석을 위한 판다스 예제 92개

 이 책을 먼저 본 베타테스터의 한마디

친절한 해설과 구체화된 그림으로 전체적인 딥러닝 뷰를 볼 수 있습니다. :: 박찬웅 ::

친숙한 문제들로 실습하며, 코드가 정말 깔끔하게 잘 짜여 있습니다. :: 장승호 ::

딥러닝 입문을 희망하는 이들에게 꼭 추천하고 싶습니다. :: 장대혁 ::

딥러닝을 입문하는 데 부족함이 없는 책이며, 강력 추천합니다. :: 안종식 ::

첫 입문서로 더할 나위 없이 좋은 도서입니다. :: 이진 ::

딥러닝을 처음 접하는 사람들도 개념을 확실하게 이해할 수 있습니다. :: 이혜민 ::

관련도서
모두의 인공지능 기초 수학 | 모두의 인공지능 with 파이썬 | 케라스 창시자에게 배우는 딥러닝

모두의 딥러닝(개정 3판)
Deep Learning for Everyone, Third Edition
정가 24,000원

93000
9 791165 219246
ISBN 979-11-6521-924-6